RE: formation thoughts

Re:framing our minds, **re:questing** actions and **re:shaping** the church life

獻給

百老匯循道教會

眾竭力效忠於上帝國度的弟兄姊妹

To my brothers and sisters
in Christ in China.

Peace and love,
Stanley Hauerwas

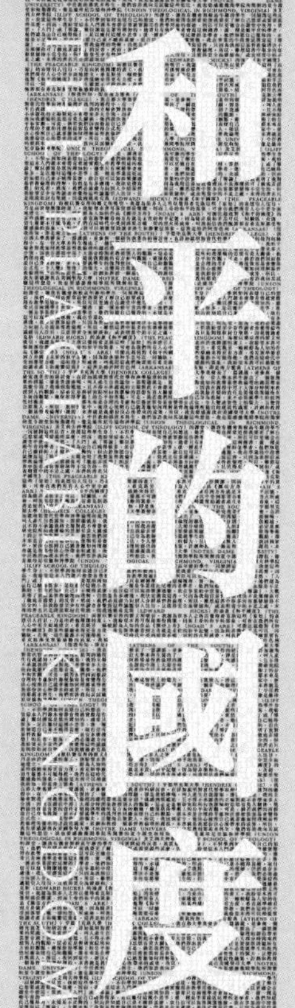

和平的國度

THE PEACEABLE KINGDOM

基督教倫理學獻議

A PRIMER IN CHRISTIAN ETHICS

STANLEY HAUERWAS

侯活士 著　紀榮智 譯　鄧紹光 學術校閱

教會倫理系列

基道出版社

▼

Re: 教會倫理系列

和平的國度

基督教倫理學獻議

The Peaceable Kingdom

A Primer in Christian Ethics

作者

侯活士 Stanley Hauerwas

譯者

紀榮智

學術校閱

鄧紹光

責任編輯

梁冠霆、吳國雄

裝幀設計

奇文雲海．設計顧問

■

出版 / 發行

基道出版社

香港沙田火炭坳背灣街 26 號富騰工業中心 1011 室

LOGOS PUBLISHERS

Unit 1011, Fo Tan Ind. Centre, 26 Au Pui Wan St., Shatin, Hong Kong

電話：(852) 2687-0331　傳真：(852) 2687-0281

網址：https://www.logos.com.hk

承印

海洋印務有限公司

●

3/2010 初版

Cat. No. LP924A

ISBN: 978-962-457-394-7

Originally published in English under the title

The Peaceable Kingdom: A Primer in Christian Ethics by Stanley Hauerwas.

Licensed by The University of Notre Dame Press, Notre Dame, Indiana, U.S.A.

Printed in Hong Kong

刷次	10	9	8	7	6	5	4	3	
年份	2027	2026	2025	2024	2023	2022	2021	2020	2019

中文版序

我很榮幸《和平的國度——基督教倫理學獻議》(*The Peaceable Kingdom: A Primer in Christian Ethics*)可譯成中文，但我也因而感到謙卑。我感到謙卑，因你們是與我處於截然不同背景中的基督徒，但仍覺得這書對你們有幫助。

我寫《和平的國度》時，設想自己是寫給非常順應文化的美國教會的。這書是要給基督徒一些必須的工具，使他們重新覺得教會有能力向「美式卓異」(American difference；譯按：這「卓異」是指到基督教在歐洲已漸式微，但在美國仍然蓬勃)發出挑戰。這書很注重敍事與德性，因我嘗試要發展一個觀念架構，幫助我們在美國的基督徒有更佳的表達能力，並因而盼望可更忠於福音。

按我對在中國做基督徒的意思的理解，中國基督徒似乎不太會以為身為中國人就是身為基督徒。我的好友哈維(Tom Harvey)寫了一本關於王明道的著作，書名叫《常經憂患》(*Acquainted with Grief*)。無論世人怎樣看王明道，他的人生已表明，僅僅是做一個基督徒，已可視為是深入威脅到何謂身為中國公民的好些理解。所以，我認為中國的基督徒已採納了某種立場，叫美國的基督徒可以學習，用以處理美國教會的問題。

如果有甚麼是我想華人讀者可以從這書得到的，那就是強調必須從基督論的角度理解非暴力。非暴力的生活並不特別，但卻構成做耶穌門徒的真正意義。考慮到我們面前的挑戰，要在美國實踐非暴力，可能比在中國來得容易。在美國「容易」實踐非暴力，可能會促使基督徒以為不需要基督得勝死亡，我們也能實踐非暴力。我盼望中國的基督徒不會犯上同樣的錯誤。

我認為基督論與非暴力的關係特別重要，因中國與美國於未來發生衝突之可能性猶存。經濟學家與政治學家指出，接下來幾個世紀中，中國與美國難免會展開激烈競爭，甚至可能會彼此敵對。若情況真的如此，中國與美國的基督徒最要緊的是，不要由得國族之身分認同，主導了我們如何與其他基督徒相處。

《和平的國度》譯成中文，或可以稍為有助我們認出大家最首要的身分是基督徒，上帝真正救了我們脱離暴力的恐怖。

最後，我盼望讀者看了這書，會來信告訴我，這書在哪些方面上有助你們過基督徒的生活，在哪些方面上不能給予幫助。我們是受到西方文化牢籠的基督徒，迫切需要來自背景截然不同的基督徒的見證，以幫助我們更欣賞沒有經過西方基督教世界（Christendom）磨難洗禮的基督徒會是怎樣的。我盼望《和平的國度》就像一封信，寫給我在中國與其他地方在基督裏的弟兄姊妹。願我們可更明白在基督裏合而為一的真正意義。

侯活士

二〇一〇年二月十二日

龔序

「教會的責任是要成為教會，讓世界知道它是世界」——這是侯活士的基督教倫理。這簡短地對基督教倫理的理解，便帶出侯活士的神學特性。第一，教會沒有一套社會倫理，也不需要建立一套社會倫理觀，因教會本身已是社會倫理。換句話說，教會的存在與生活已是社會倫理。對侯活士來說，教會與世界是分不開的。所以，批評侯活士的基督教倫理為一種退縮和缺乏與世界接觸的倫理，其實並不準確。問題只在於批評者不贊同侯活士的基督教社會倫理，可以對世界有他們所期望的影響。第二，侯活士所指的教會不是無形的教會，而是在歷史和地方性的教會。所以，他將基督教倫理與教會崇拜生活放在一起討論。[1] 事實上，沒有對上主的敬拜，就沒有教會。對上主的敬拜提醒教會，基督教倫理不純是對教義的應用，也不只是與不同學科的對話，更重要的是從投入對上主的敬拜，回憶耶穌基督的故事（特別是聖餐），並從中體驗上主在世界中的自我啟示。在崇拜中，基督徒被上帝塑造了，就是被那位在聖餐向基督徒啟示的上主所塑造。第三，成為教會的基督教倫理，並不是一種以解決難題為核心的倫理，而是以德性生活彰顯出來的倫理，因為成為「教會」一詞的意思，就是關乎生命的素質。然而，侯活士很清楚指出，基督教的德性倫理不是一般的德性倫理，而是由基督教故事塑造的德性。[2] 對侯活士來說，基督教倫理的「基督教」一詞是基本的。其中，他特別指出非暴力德性的重要。

侯活士的基督教倫理給人的印象，屬於林貝克（George A. Lindbeck）的文化—言語模式（cultural-linguistic）。[3] 也有批評者指出，他的基督教倫理屬於理查．尼布爾（Richard Niebuhr）的基督敵對文化這一模式。[4] 對於模式的設計，我肯定其價值，因為模式提供我們一種類比式視野，但模式的限制就是將人或事化約。以理查．尼布爾之模式為例，侯活士的基督教倫理，可以被理解為基督敵對文化這一模式，也可被視為基督轉化文化這一模式。當下另一個相關的問題是：侯活士的基督教倫理是否屬於以英國為主的本源正統（radical orthodoxy）運動？毫無疑問，侯活士的名字往往與本源正統運動的神學家的名字連在一起（例如，米爾班克〔John Milbank〕、奧當路雲〔Oliver O'Donovan〕），因為他們都共同關心教會作為「真正的社羣」這課題。[5] 雖是如此，我對將侯活士歸類為本源正統運動之一員有一些保留，因為侯活士始終沒有視世俗社會本身已是一套神學理念。相反，他積極挑戰教會生活的非信仰元素，讓教會成為教會。侯活士所描述的教會真的可以出現嗎？

神學畢業後（指哲學博士），在侯活士影響下，我選擇於教會牧會。對我來說，牧會是參與一場「政治」行動，因為牧會是要建立一羣對上主呼召忠誠的人，向世界見證上主的創造、愛與救贖。我所牧養的教會只有七十至八十人左右，長者也不少。雖然如此，但我對會友堅定地說：「我們對長者加以照顧，讓他們可以安心終老，這行動本身，已是我們對一個只強調生產力的資本主義社會之挑戰。」這不只是慈悲，更是對價值的見證。所以，我堅持人數增長不是教會存在的目的。然而，牧會的經驗讓我更認識到教會生活的矛盾性。例如，有已婚會友發生婚外情、有懷孕會友計劃墮胎、有會友歧視同性戀會友等等。受信義宗神學影響的我，對人是罪人和強調福音的理解使我意識到，上主透過建立一個有德性的羣體，見證上主的救贖；但也可透過一個不盡完美、且充滿矛盾的羣體，見證上主的恩典。可能受約翰·衛斯理（John Wesley）和門諾會（Mennonite）傳統影響所致，後一個觀念沒有在侯活士的基督教倫理中佔一重要位置。

我最近一次接觸侯活士，是在二○一○年一月於丹麥奧胡斯大學（Aarhus University）舉行的一次有關教會與宣教的學術會議。他的演講仍充滿挑戰性和幽默感，但其面容已漸見蒼老。一如既往，他的演說也引發極豐富的討論。例如，他說：「說故事者（教會）與故事是一。」[6] 究竟他所指的故事，是耶穌基督的還是上主救贖的故事？或許，因著演講前我曾跟他談話，演講時，他亦提到這本書將翻譯成中文。他說，「在這時候翻譯此書，似乎要提醒中美兩地的教會，可以為世界締造和平，最低限度，不用以暴力相待。」我相信這也是讀者的態度——以和平的國度為世界締造和平。

龔立人

香港中文大學崇基學院神學院副教授

寫於二○一○年二月十六日（庚寅年正月初三）

曾序

說這是一個無神論的世界，不如說是一個多神的世界。所謂多神的世界，指的就是一方面存在著多元的價值，且價值與價值之間存在著衝突的情形；另一方面，又必須決定依從某個價值。因此，多元主義的價值中立的主張，只會使個體更陷於兩難中，畢竟我們最終必須做出決定，必須選擇某個價值。但是，僅僅依賴個體的自由意志做判斷，是可能的嗎？所以侯活士才會說：「世界充滿混亂不是因為沒有道德標準，而是太多」，關於這個問題，自由主義哲學不是迴避就是無力於面對。

在一個奉自由主義「價值中立」的政治哲學為奎臬的社會，基督教如何還能宣稱自己的價值立場和主張？多元主義的社會容得下基督教採取自己的倫理行動和實踐嗎？面對日漸複雜和多變的倫理議題，基督教有沒有一種與自己的神學思想相合宜的倫理學，以及同時又可以回應自由主義的挑戰，以免落入原教旨主義的暴力和教條？這些都一再考驗著基督教倫理學的開展，以及其相應的實踐和行動等。

基本上，侯活士的基督教倫理學是與美國政治哲學的自由主義和社羣主義之爭相關連的，毫無疑問，侯活士的立場和觀點屬於後者，並與麥金太爾(Alasdair MacIntyre)、泰勒(Charles Taylor)等人屬同一陣營,這也就是為甚麼學界有些人認為,侯活士的神學可以被歸結為「後自由神學」。如果林貝克的神學是為了質疑自由主義的多元神學,侯活士的神學則是回應來自於自由主義的(政治)倫理哲學的挑戰,他們共同的神學方法即是主張敍事法,不管是「教義的本質」或是「倫理神學」,都是以敍事作為構成他們思想的核心或起點。理解這點,對於我們理解《和平的國度》尤為重要,至少對於本書的問題意識以及思想的核心而言,上述的背景説明,將有助於明白其重要性和價值。

侯活士充分地意識到自由主義社會倫理抉擇的困難,以及教會在多元主義環境的事實性底下,應有自己的一種因應之道。所以,社羣倫理是作為以教會這樣一種特殊性的團體可茲發展的一個方向。一方面,可以顧及到傳統價值的保存;另一方面,則可以形成實踐中的身分識別和認同,這兩方面都是自由主義的個體倫理學所忽略的。因此,有別於一般政治神學(political theology)的看法,侯活士的神學性政治(theological politics),並不認為教會應該為現實政治獻策,教會應該扮演的是一種「另類」(alternative)的可能性選擇,並扮演「他異的居民」(resident aliens)的角色,教會本身即是一個政治體。無疑,侯活士有條件地視自由為當代社會的一項重要價值,只是自由不應該成為一種空洞或摧毀其他價值的藉口。相反,通過自由來實踐的倫理價值,最終是有助於形塑品格和德性的;換言之,敍事倫理可以作為自由主義倫理的一項重大補充,同樣可以成就個體,但又可以從團體中獲得實踐的力量和支持。

所以,侯活士的神學倫理學,也可以被理解為教會倫理學(ecclesial ethics)。教會沒有理由從這個社會中撤離,相反,教會可以在分享了自由主義的基本價值前提的情況下,以實現基督徒的宣教。這種宣教的行動與社會倫理是結合起來的,但又不是某種社會福音(social gospel)的變種,因為保持基督教的獨特性,正好是一種多元價值的彰顯方式。侯活士的神學倫理學保持了教會與世界之間的必要張力，獨特與普遍不應彼此抵消。所以，真正實現自由主義核心價值的，也許正是通過承認多樣性（diversity）而非多元性（plurality），這樣才能真正面向我們今天生活的世界。因此，教會不應視為是站在公共的對立面，相反，教會更應該分享其價值信念並實踐其主張，以此更豐富我們的公共生活。基督教的信息本來就具備了這種社會倫理的姿態（gesture），這就是政治。

神學無法與其實踐性格分離，所以廣義來說，神學必然是倫理學，而且所有倫理學都無例外的必然與公共（政治）生活有關；認清楚這個現實，就可以區別哪些神學是「思辯的」，哪些神學是「實踐的」。在本書中，侯活士就這方面表現出了他傑出的睿智和洞察力。在我看來，他是當代美國最為經典的神學家之一，一眼望過去，還沒有哪一位當代的美國神學家，能像他如此活躍且多產。無疑，他在學界和教會界的影響力只會有增無減。

華人教會與神學界嚴重缺乏像侯活士這類型的思想家，且遲遲未對他作認真的引介，《和平的國度》算作是他在漢語學界中的第一本譯作，説明了我們尚有一段漫長的路要走，特別是當本書放置於華人的現實處境中，甚麼是我們的敘事，我們將以何種面貌來展現出我們的社羣性質，都考驗著我們的信仰是否真的具有實踐性格。不然，我們頂多只是抽象的高呼屬靈口號，以掩飾自己的無能與無力而已，即表面上推重聖經，實質上無條件地向自由主義政治（倫理）俯首稱臣，要不然就是完全從公共生活中撤離，無條件地任自由主義倫理（政治）決定世界的命運。

曾慶豹

台灣中原大學宗教研究所教授

二〇一〇年三月二日

中文版導讀

近年來，品格（character）能夠逐漸成為基督教倫理的一個重要觀念，侯活士功不可沒，而麥金太爾在一九八一年出版的《德性之後》（*After Virtue*），更是這個發展趨勢的關鍵。[1]

侯活士在杜克大學（Duke University）的門生約拿單．威爾遜（Jonathan Wilson）曾於一九八七年指出，麥金太爾論述的欠缺，就是「沒有特定的道德傳統存在」，猶如只有軀體而沒有靈魂，故此，威氏嘗試在麥氏的架構上加入重要的福音實質及神學反省。[2]事實上，其師傅侯活士早已嘗試解決這個問題。雖然本書《和平的國度》是侯氏二十多年前的作品，卻似是愈久愈醇的佳釀，甚至可視為基督教倫理學的劃時代作品。

建基於麥金太爾的論述，首先，侯活士反對把倫理學淪為一種解決道德疑難（quandaries）的思考，只會關切如何在進退維谷的窘境中作艱難的抉擇。換言之，侯氏認為倫理學主要的關注點，不應是「作正確的決定」，即「我應怎樣做？」而是關乎「成為合宜的人」，即「我們應是何等樣的人？」（第一章）

其次，對於倫理學者（包括基督教）傾向採用「非限定的」（unqualified）倫理立場，侯活士不以為然。因為這是一種不需考慮人與事的歷史背景，卻被視為客觀和放諸四海皆準的觀點。諷刺的是，所有倫理學者，包括康德（Immanuel Kant）及其傳人，都是受到特定的歷史與羣體所限制的。事實上，這種對羣體（community）的否定，不單缺乏客觀性和普遍性的標準，更只會帶來道德的混亂。[3]

因此，侯活士回歸中世紀的古典方法：透過德性（virtue）的踐行（practice）來發展人類的品格。根據亞里士多德的觀點，一個人不可單靠仿效好人的行動而成為好人，德性的建立首先要藉著訓練（training）而養成習慣（habits）。該等訓練須包含兩項要素：學徒制和羣體。前者乃學徒藉著師傅的智慧指出其對與錯，後者是學徒成為一個羣體的成員，從羣體生活中學習達至美善的德性。[4] 對基督徒而言，這羣體就是教會。因為他們是被呼召作耶穌的門徒，所以他們必須在教會羣體中生活和學習作門徒。侯活士解釋由於「基督教的信念是以故事（⋯⋯一連串的故事）的形式來表達的，這些故事構成一個傳統，這傳統反過來會創造和塑造一個羣體，而這事實就決定了基督教倫理學的性質」（頁 49；頁碼為本書頁碼，下同）。簡言之，基督徒是一羣被故事所塑造的人（a story-formed people），他們的品格必須在教會羣體中被塑造。（第二、三章）

第三，侯活士以巴特（Karl Barth）的神學為基礎論述倫理學的任務，認為基督教倫理學乃神學（Christian ethics is theology）：「基督教倫理學是位於神學任務的中心，因為神學是一踐行的活動，並要展示出基督教的信念如何理解自我和世界。」（頁 92）其後關於教會與世界的關係的論述，開始顯出尤達（John Howard Yoder）的神學影子。（第四章）

第四，侯活士提出耶穌在基督教倫理學的重要性，明言這部分乃本書其一重點，進一步流露濃烈的尤達神學味道。對侯氏而言，一般基督教倫理學的弊端在於以「基督論」,「而並非耶穌本身作為起始點⋯⋯因而，基督教倫理學通常是始於一些概括勾畫出來的神學主張，即關乎上帝成為人的重要性的那些主張，卻忽略了或只是選擇性地運用耶穌這人的生命」(頁 113 ~ 114)。侯氏進一步指出,「我們藉著跟從耶穌的教導，並因而學習成為祂的門徒，從而學習變得好像上帝」(頁 117)。「故此，基督教倫理學，首要地並非是一有關原則、規條或價值的倫理學，而是要求我們注意拿撒勒人耶穌這特別之人的生命」(頁 118)。

侯活士繼而討論救恩和信心的倫理學。信心乃對救恩恰當的回應，從根本上的道德回應與轉化。信心不是相信某些抽象的命題，乃信念和信任的結合。簡言之，信心是對耶穌的忠誠，祂就是上帝和平國度的引進者(initiator)。所以「信就是在基督的生命裏找到我們真正的生命」(頁 139)。值得留意的是，侯氏提出「這生命從根本上說是一種社羣性的生命(a social life)」。我們成為那個忠於基督的羣體之一員，意謂我們就是「在基督裏」。耶穌所成就的是為「和平」立下模楷，令我們在生命中認識和彰顯上帝的和平，從而我們能夠與上帝、與自己、與他人建立和平(參頁 139 ~ 140)。所以，侯氏堅持以耶穌的真實、非暴力、對客旅的照顧，並其十字架和復活，作為基督信仰的神學與倫理學的核心。[5](第五章)

第五，侯活士所建構的「僕人羣體：基督教社會/社羣倫理學」絕對是本書的精髓。教會並非國度的本身，而是國度的預嘗(the foretaste)。前述侯氏堅持倫理學必須是「有限定的」，所以基督徒倫理學並非為一般人而寫，對象只是被上帝呼召的子民，其內容是上帝的救恩故事，承載於不同時代的信仰羣體中(參頁 143 ~ 144)。教會首要的社會倫理任務乃作為僕人羣體，忠心地把和平的國度彰顯於世；教會要幫助世界明白自己也是上帝的創造；雖被罪惡所扭曲，但仍被上帝的美善所包圍。由於教會本身就是一套社會倫理（social ethic），所以教會不需要其他的社會倫理。「教會要成為教會」並非意味要反世界（anti-world），而是嘗試讓世界明白其應有的本相（參頁 147～149）。因此，教會的社會/社羣倫理學，並非一種退縮的倫理，也非自義，而是呼籲教會成為一個見證和平國度的羣體。作為基督徒，我們的家不在國家之內，真正的家是教會本身，所以這是基督徒學習和培育德性的場所（參 150～151）。故此，教會是一羣「德性的人」，一個「德性的羣體」；不過這些德性卻是獨特的，在憶述被釘十字架的救主時不可少的，例如：忍耐、盼望、非暴力的和平主義。這等德性讓基督徒明白，「與其說追求成效，不如說要求忠心……我們不能用不公義的途徑以求達成『有結果』的事」（頁 153）。（第六章）

第六，侯活士提出決疑法（casuistry）的需要性及其與作決定的關係。決疑法是源於一個羣體及其德性的識別力的指引。事實上，道德規範與禁令皆反映該羣體的德性與價值取向。換言之，決疑法是羣體對其自身經驗所作的反省，測試其信仰與踐行是否一致和無偽，或需要更新（參頁 172～173）。這是整個信仰羣體一起進行的道德反省與推理，歷代信徒必須不斷更新、相傳的活動（參頁 189）。（第七章）

第七，侯活士以締造和平的靈性生活作最後一章，但也是極重要的論述。此乃侯氏的和平（非暴力）踐行的告白，其保證來自一個終末的盼望。基督徒面對不公義和暴力帶來的苦難，「甚麼都不做」其實是「屬靈操練」（spiritual disciplines），因為其假設是「世上有上帝的」。所以基督徒那種「甚麼都不做」是恩典，這需對上帝有特別的信心，相信祂有能力叫和平的國度臨到我們中間。基督徒締造和平的能力來自學習和平的習慣，而和平的習慣則由一特定的「靈性生活」（spirituality）所塑造出來。故此，當基督徒面對暴力而選擇「甚麼都不做」，其實是要建立一種靈性生活，有助於持續地委身於締造和平（參頁 191～195）。和平的操練與德性的關係，乃「要在面對暴力時仍懷有盼望，便需要有忍耐，而忍耐則需要有一種以指望為基礎的靈性操練……這就是指望我們經如此塑造，就能更清楚聽見上帝的話」（頁 195～196）。愛好和平乃在面對悲劇時操練忍耐，也學習以喜樂活在其中。基督的終末盼望令我們的活得「超越悲劇」（參頁 208）。侯活士引用伯勒爾（David B. Burrell）的話很重要：「（聖經）從沒囑咐我們要成就任何事……就是祂為我們所行的大事。而我們又如何？上帝要求我們忠誠信實，如同上帝是信實的一樣」（頁 211～212）。侯氏在全書的結語很有意思，且須緊記與細嚼：「我們這樣做，不是由於這是有效的，只是由於這是真的」（頁 212）。（第八章）

正如本書的論述所反映的觀點，倘若一個基督徒母親從其信仰羣體中學習到生命的價值和意義，因而反對墮胎，那麼，其反墮胎的決定，乃她持守對信仰的真誠與誠實的表現，否則就違反了她的品格與身分。這就是本書的核心：基督教倫理學關注「我們是誰？」多於「我們做甚麼或我們作甚麼決定？」決定與行動是重要的，不過它們只是反映我們的品格而已。[6]

劉振鵬

香港浸信會神學院實用神學（基督教倫理）助理教授

二〇一〇年三月四日

原書序

誰人會幫助我決定要怎樣做？如果倫理學家太忙於建立一些融貫一致（coherent）的系統來幫助人決定怎樣做，那麼，基督教倫理學家至少會尊重我們「作決定和證立（justifying）那決定是合理的時候，需要有具體的指引」。[1] 然而，侯活士從一開始便避開這種責任。還是，他並沒有避開？侯活士豈不是同樣催促我和所有人一同嚴謹地踏出每一步，以幫助我們在破碎和暴力的世界中，**仔細考慮**自己身為基督徒的人生？侯活士豈不是如同其他人一樣，不斷訓練我採取細微的行動，最終累積成一些重大的決定？若果這樣做行不通，就根本沒有做法可以行得通，因與其說決定是可以由我們來作出（或選擇）的，不如說決定幾乎都是為我們而作的，並終究會塑造我們後來的生命，從而令我們變成某種模樣。

所以，長久以來，侯活士一直挑戰我們的倫理觀的傾向，因我們傾向會把倫理觀與「困難的決定」（difficult decisions）聯繫起來。侯活士反而提醒我們，我們所能夠做的，就是創造一個處境（context），使有助於我們用某種、而不是另一種方式來做決定。

教會有望成為這個處境：這社羣建制（social institution）致力叫其中的成員體現出某種特定的德行格局（configuration of virtues）。基督教倫理學家可以指出這系統應該是怎樣，並為何要是這樣。故此，他們的論據會引導我們要追求那一種生活，並活出我們應該格外表現出來的行為。用這種不直截了當卻是有機的（organic）方式，基督教倫理學家幾乎肯定可幫助我們決定在人生中應要怎樣做，這就是侯活士那延伸的論據的藝術。

我要指出，這完全是大公教會（Catholic）的論據，從這角度來說，這是超越了「羅馬天主教」的，並愈加令那些願意有分於久遠傳統的新教徒（Protestants）包括在內。因這論據將自我牢固地定位在一個羣體之內，由得其自由受到那羣體的語言和習慣所塑造，並透過持續地從那羣體的回應中受訓，藉以學習如何跟隨耶穌。此外，這論據也追溯到那個自南美到目前北美的眾主教所指出的回
x 應：對耶路撒冷所作出的回應，耶穌就是在那裏面對這世界的勢力。這世界是由那些選擇**不以**上帝的故事作為自己的故事的人所構成的（當中也包括我們），所以，若有人願意將耶穌的故事作為自己的故事，他們首要的任務就是要站在那世界之中（他們的世界中），見證出一個「和平的國度」（peaceable kingdom），這國度會反映出對這世界的正確理解。

這種立場會對願意如此跟隨耶穌的人發出苛刻的要求。甘地（Mohandas Gandhi）認為非暴力不合作運動（*satyagraha*；譯按：甘地發起的政治宗教運動）的政策，要求參與的羣體實踐某種生活方式，其中也會訓練他們作出非暴力抗爭。同樣，侯活士主張教會要塑造當中的成員養成忍耐和盼望的德性，並在某些情境中有能力作出正確辨別。在這點上，再一次，引導我們的並不是規則（rules），而是踐行（practices）：那些在羣體中體現出來的踐行，並透過那羣體不斷努力按照自己的信念行事，以證

立那些踐行是合理的。這種新式的決疑法（casuistry），使到那些描繪出大公教會道德教導方面的細微敘事（mini-narratives）變得充實，藉以在願意跟隨耶穌的人的生命中，產生一個遠為具形塑力（formative）的過程——這些人願意跟隨耶穌前往耶路撒冷。

這個見證著和平國度的真實羣體，確實需要以忍耐和盼望的德性來生成。相對於侯活士先前的著作，他在本書中則帶領我們進一步欣賞這兩種德性，並清楚說明這兩種德性如何以人與人的關係來加以發展：我們所能曉得的和平（自己內心的和平），乃是由寬恕別人而來的，而我們需要一個真確性（truthfulness；或會譯作「真理性」）的處境，幫助我們粉碎自己的幻象，才能寬恕別人。由於我們活在其中的世界決不是這樣子，故此，我們所組成的羣體就必須要變成這樣子，變得好像耶穌所傳講和體現出來的國度一樣。

此外，我們追求這目標時，會經歷到因作出**那一件**真確的**事**而帶來的喜樂！這事實可勾畫出忍耐和盼望這兩種德性的另一個面向：這兩種德性如何預備我們按著真理（truth；或會譯作「真相」）而活。阿奎那（Thomas Aquinas）知道這種生活就是默觀的生活（contemplative life），又教導人實踐積極的基督徒生命所需的德性，而這些德性至終都會叫我們傾向默想。[2] 本書是一個了解基督徒生命的練習，而本書的最後篇幅，也會叫我們傾向默想，因在侯活士為我們略述的計劃中，忍耐和盼望都佔有其自身的位置，不只是因為這兩種德性可幫助我們克服那悲劇性的鴻溝（the tragic gap）——我們所處身的世界和我們所要見證的國度之間的鴻溝。這兩種德性可幫助我們做到這點，但之所以能夠做到，只因為這兩種德性也會使我們可與這世界的實在（reality）和國度的實在變得協調。如果忍耐和盼望叫我們能以非暴力抗爭的方式來面對自己裏頭和外面的邪惡，這是由於忍耐和盼望也教導我們如何默想那應許會叫我們得自由的真理。

伯勒爾（David B. Burrell C.S.C.）

前言

這書是始於阿肯色州（Arkansas）（按我所知，即是南方雅典〔Athens of the South〕）康威的亨德里克斯大學（Hendrix College, Conway），我在那大學裏發表了一篇講説，並參與一個研究我著作的研討會。在詳加說明對當代哲學和神學倫理的批判的過程中，有一位大學本科生提出了一個很簡單的問題，卻是當頭棒喝，叫人產生自我認知，那問題就是：我的立場會對我如何教導基督教倫理的課程帶來甚麼分別？我感到十分尷尬，且不得不承認我的立場對此不會帶來多大分別，因我在課程中用上大部分時間來教授別人的觀點。這必定是與研究院所向我灌輸的思想有莫大關係，他們指出我最首要的責任是要提供問題所有方面的觀點，確保取得學術上的公平和客觀。可是，倘若我們因而假設自己身為教師，並不必要就學生的批判性回應表達自己的觀點，那本來是合理的考慮和任務便很容易會變得公式化，令人變成智性上的懦夫，且變得自欺欺人。所以，我回到家中，便決心按照自己就著應如何理解基督教倫理所提出的建設性議案，計劃和教授一個基督教倫理的課程。 xii

本書就是我那份決心所帶來的成果，所以，我先要感謝我在美國聖母大學（Notre Dame University）的那班本科生，他們容許我向其試驗這些想法。我也要感激幾間學院所開辦的夏令課堂和短期課程，像是維珍尼亞的協和神學院（Union Theological in Richmond, Virginia）及艾利夫神學院（Iliff School of Theology）的課堂，讓我有機會與較高年級的學生一同展開這些反省。我從這些學生身上，不但學到如何表達自己的想法，他們的提問也經常迫使我要更了解自己想要或需要說些甚麼。因而，我盼望這本入門課本會帶有曾被實際用作教學用途的痕迹，所以可以更適合在課堂中使用。

當然，「入門」或「導論」難以撰寫是眾所周知的，通常只有兩
xiii 種學者會寫這兩種書：前一種是較年青的學者，他們認為自己曉得很多，足以應付這種小差事；後一種是事業接近尾聲的老學者，他們知道自己懂得的，永遠是不足夠的，但由於知道自己並不曉得甚麼，故自信可以寫得簡潔透徹。我在事業的中段嘗試撰寫這「導論」，大概表明了我對基督教倫理的理解，仍然是有多膚淺。我決定撰寫這書，只因為我相信基督教倫理決不是那種你可「徹底弄清楚」的反省。然而，我們必須盡力向別人介紹基督教倫理。所以，儘管這書中很多內容都是發展得不完全的，但我盼望至少有些讀者會覺得這些議題引人注目，且值得更全面發展和／或表明當中的不足之處。

本書的書名只是間接取材自聖經，因我透過希克斯（Edward Hicks）的油畫《和平的國度》（*The Peaceable Kingdom*）而被以賽亞書的經文所吸引。我認為很多人之所以覺得希克斯這些「原始」的表達引人注目，乃是由於他簡潔的畫工。我盼望本書可保留那份簡潔，因而，上帝的和平的異象，會在我們所有人心中更全面地建立。希克斯另一幅較鮮為人知的作品《挪亞方舟》（*Noah's Ark*）可

能比起他對《和平的國度》的某些描繪來得更有力度，希克斯準確看到方舟就是終末的和平記號，因為除非狼和羊羔可以一同躺臥，否則一切生靈都不可能得救。我們在這時代中受到那要吞噬一切的烈火所威脅，叫我相信我們極需要有希克斯那受聖靈感動的異象。我盼望本書可以稍微幫助讀者產生和維繫這異象。

一如既往，有很多人幫助我審閱和評論了這書的初稿，我尤其要感謝以下的學生：舍溫特（Mark Sherwindt）、福伯特（Phil Foubert）、韋德爾（Paul Wadell）及平奇斯（Charles Pinches），他們不但評論了書中的內容，也評論了當中的寫作風格。只有他們才知道他們教導了我多少東西，又明白我在哪些方面仍無法充分回應他們的批評。我也要感謝我的同事伯克爾（James Burtchaell）、尤達（John Howard Yoder）及威爾肯（Rober Wilken），經他們縝密思考的批評，我只願自己的思想和寫作可達到他們批評的高標準。格里爾（Rowan Greer）、麥克多納（Enda McDonagh）、麥乾頓（James McClendon）、奇爾德雷斯（Jim Childress）及施米特（David Schmidt）也審閱了我這本書，並指出其中一些明顯的錯處。從書中接下來的內容可見，我會常常感謝麥金太爾和大衛．所羅門（David Solomon）。

伯勒爾願意為這書題序，說明了我一直欠了他多大的恩情。伯
勒爾不但是我源源不絕的靈感之源，他也從不間斷履行自己教牧的 xiv
職分，並提醒我決不要過分認真看待神學。

一如既往，我要感激美國聖母大學出版社的社長蘭福特（James Langford），他建議我要依循這些思路寫一本書，他的熱心和耐心時常鼓勵我要堅持下去。同樣，我要感謝賴斯（Ann Rice）不斷改良我的寫作，叫我所寫的文字能被人讀懂。很多人告訴我，在《品格的羣體》（*Community of Character*）一書中，我的文筆進步了；他們並不知道賴斯是我的編輯。

我也必須感謝自己的妻子安妮（Anne）和兒子亞當（Adam），感謝他們不斷支持我，又有耐性給我所必須的寫作和思想空間。安妮不斷改正我的寫作風格；此外，凡是我認為是「絕妙」的想法，竟全都無法觸動她的心。於是，她就叫我展開沉痛的反思過程，重新修訂我自以為寫得正確的東西。但我更加要感謝安妮和亞當願意留在我的身邊。我們都是過分專注自己的存有，但寫作似乎尤其會叫我們意識不到自己的自我沉溺（self-involvment）。我欠了家人很多，但他們不斷要求我視他們是屬於上帝的，而不只是我的進一步延伸，實在沒有禮物（gift）是比這更重要的了。

最後，我在過去曾提及自己含糊的教會立場，雖然當下我在知性上仍沒有更清晰的立場，但至少在過去幾年來，我一直也有參與一個羣體，他們願意視我為一分子，這羣體就是印地安那州（Indiana）南本德（South Bend）的百老匯循道教會（Broadway Methodist Church）。我特別要感謝百老匯循道教會的約翰．史密斯牧師（John Smith），感謝他挑戰我要成為一個實在的羣體的一分子。百老匯循道教會的會眾致力要追求和平，從不間斷，所以我將此書獻給他們。

目錄

導論
Introduction

1. 介紹「導論」

雖然這書是為了作為基督教倫理學的入門或導論而寫的，盼望可供神學院入門課程及成人研習小組使用，但我並不打算要綜覽不同的倫理學家如何思想當下的倫理學議題，也不會大量分析基督教倫理學過去和現在的人物。反而，這本書會嘗試提出一種對基督教倫理直截了當的論述，從這角度來說，這書是一本導論。

書中會提出其他的基督教倫理論述，但都只是為了澄清我自己的立場。因而這本書作為導論，可說完全是「一面之詞」（one-sided）。我惟一的辯護是：我不知道有其他方法可寫成這書。我在全書中也會嘗試指出，由於人們在兩個問題上並沒有共識——基督教倫理學到底是甚麼？基督教倫理學到底應如何研究，才不致涉及到大量的神學和哲學分歧？——所以根本沒有方法可從中立的角度來研究基督教倫理學。因此，我沒有依照福蘭克納（William Frankena）所寫的《倫理學》（*Ethics*）的格式來寫作。反而，這「導論」會更接近伯納德．威廉斯（Bernard Williams）所寫的《道德觀：倫理學導論》（*Morality: An Introduction to Ethics*），因我好像伯納德．威廉斯一樣，沒有嘗試論到甚麼使倫理學成為倫理學。

福蘭克納仔細區分和描寫各式各樣可供選擇的倫理反省，沒有人可以懷疑他這樣做的用處。然而，福蘭克納的著作會令人留下不適當的印象，以為倫理學主要涉及如何從各種可供選擇的倫理學理論中，選出一種或混合多種的理論。相反，伯納德．威廉斯的著作卻提醒學生（及教師），倫理學終究是與理論無關的；更確切地說，倫理學是一門不容易學習的反省活動。本著同樣的精神，我不預期讀者在閱畢本書後，就會覺得自己知道「倫理學」是甚麼，或就會同意我所構想的立場。不過，我確實盼望他們會相信書中所展
xvi 示的活動，是值得進行下去的。此外，我盼望通過本書，讀者將會發展出一些技巧，可幫助他們繼續進行這種活動，或至少會曉得在考慮到並活出基督教倫理時，會碰上甚麼議題和問題。

可是，我作出如此的免責聲明，並不意味著我對書中所構想的立場漠不關心。我很關心（而且是非常關心）讀者是否能夠體會到對非暴力(nonviolence)的中心性的強調乃基督教道德生命的標誌，即或讀者不同意這點。我盼望表明這種立場不僅僅是少數人的一個選擇，卻是所有想要竭力在國度中盡忠生活的基督徒，都理應義不容辭的，而因著耶穌的生平、受死和復活，使之得以實現。非暴力不像其他可從福音書中直接引申出來的、於行為上具有的含義一樣，但卻是基督教信念在整體上不可或缺的部分。

我在本書中也會介紹一些我在從前的著作中曾觸及的主題，例如：德性（virtues）和品格（character）的重要性、敘事（narratives）作為一種道德反省的模式，以及耶穌的生平對塑造基督徒生命的中心性等。所以，這本書是針對**一種**基督教倫理而寫的導論，但我並不打算只表達自己的「個人觀點」，而是要主張，我所構想的立場

應該成為所有基督徒的立場；因我盼望我所介紹的分析模式，可恰當處理基督教的信念——就是從聖經、傳統和忠心信徒（他們是致力以效忠上帝的國度的方式來生活的人）的生命中所找到的那些基督教信念。

由於我從前的著作大部分是以文章的形式寫成，所以很多人建議我需要將所有文章「化零為整」（pull it all together），以寫成一本書。在某些方面來說，雖則這是絕對合理的建議，卻不是一個好主意，我不但不知道自己如何可將所有文章「化零為整」，更重要的是，我仍會堅持，若要試圖作出歸納，就會扭曲我對神學的基本理解。神學是不可以用一個支配一切的教義或原則建構出來的。我會嘗試表明，神學帶有其固有的實踐性格（practical character），且必然是一種牧養的操練，故此我乾脆不容許使其變得太系統化。

當然，我相信神學需要有系統地展示和分析基督教的諸多信念與這些信念彼此之間的關係；此外，我認為神學家必須設法透過分析這些信念之間的關係，以表明在何種意義上基督教的信念可以稱為是真確的。儘管我不表示會在這書中將一切「化零為整」，但卻會嘗試比從前更清楚地說明一些自己的概念性基礎（conceptual foundation）。我過去曾就應怎樣研究神學（尤其是基督教倫理學）而提出一些建議，當中便有那些潛在的概念性基礎。

對於熟悉我過去的著作的人來說，我相信這本書最出人意料的
發展，就是我對非暴力的強調。很多人會帶著許多懷疑來看我的 xvii
和平主義（pacifism），只視之為我的特色之一。如此解釋並非不公正，因我沒有清楚揭示出和平主義的中心性。我盼望此書可有助於解釋清楚，為何和平主義在方法論的角度上是如此重要，因我會嘗試表明，為何非暴力的立場會叫人對耶穌的生平、受死和復活的含義產生不同的理解，並有別於其他形式的基督教倫理學所提供的理解。非暴力並非只是從我們的基督教信仰中引申出來的其中一種含

義，而是我們理解上帝的核心所在。

我把非暴力作為一本導論書的中心議題，可能看起來是最糟糕的策略，令人覺得基督徒的道德生命只涉及到這一件事；但實情肯定不是這樣。不過，我盼望表明以締造和平（peaceableness）作為基督徒生命的標誌，是如何有助於闡明其他議題，諸如道德論據的性質、自由的意義和狀況，以及宗教的信念如何才可以稱為是正確或錯誤等。因而，我在這書前面的部分，沒有集中寫到和平這個主題，甚至在後面的部分中，和平也只是與其他神學的議題一併討論。我盼望這樣做可以清楚表示，對基督徒來說，和平並非一種可抽離於我們的神學信念來認識的理想；反之，藉著耶穌基督的生平、受死和復活，才決定了我們渴求的和平到底是怎麼樣的和平，並使這種和平得以實現。

讀者將會發現，這本書關乎到倫理學，又同樣關乎到神學，其主要的關注之一，就是要表明為何基督教倫理學本身就是一種神學形式（a mode of theology）。事實上，以探問神學與倫理學的關係作起始點，已經是一種錯誤，基督教的信念就其性質而言，應要塑造和光照人的生命的。由於我認為倫理學就是神學，故此我在這書中有時會處理一些通常只會在系統神學（systematic theology）或哲學性神學（philosophical theology）處理的議題，諸如聖經的權威、或理性與啟示的關係等問題。我無法假裝可就這些議題和其他複雜的議題提供足夠的講述或分析，但我盼望自己可足以表明：如果基督教倫理學是神學研究的核心所在，那麼這些議題就是不能迴避的了。

我會於本書的前幾章，嘗試發展一些維繫上述主張所必須的概念性工具，因而我會強調敘事、品格、德性和傳統，指明這幾個觀念對解釋基督徒生命來說乃是十分關鍵的。這幾個觀念都是我先前的著作中為人熟悉的主題，但我盼望可在這本書清楚研究這幾個觀念之間的相互關連性，藉以在這幾個觀念上帶來新的亮光。

我也會嘗試考量人們對我先前的著作所作出的批評，盼望從本 xviii
書所寫的內容，可表明我從這些批評中學到了很多，儘管很多批評我的人，可能會覺得我沒有充分回應他們所關注的東西。我沒有充分回應，通常是由於我不曉得如何回應。舉一個例，我仍在掙扎著展示踐行者的性質及其與品格有何關係這問題。然而，我沒有正面地回應好些對我著作的批評，是由於我相信那些批評大大偏離了正題。不過，我盼望這可表明我是很看重批評的，因批評有助我更清楚言明自己的思想，並叫我意識到這些不同意見的重要性。

我會在本書嘗試完成一個不可能的目標：我希望這書可以同時吸引不太熟悉神學和非常熟悉神學的讀者。對於前一類讀者，我盼望他們透過此一方式，即依照一個人如何建構不同基督教信念之間的關係，藉此略為認識神學反省涉及甚麼，並明白到為何神學這門知性的研究，可稱得上是完整的。此外，我盼望這些讀者會從而建立信心，嘗試從事比我做得更好的神學研究，並且看神學研究是令人非常振奮的知性活動，既令人陶醉，又是十分重要的。

對於較資深的讀者來說，這書可以有助澄清我的立場（就我的「立場」可以清晰表達的程度而言），並指出在哪些方面，我代表著一種頗為獨一無二的神學選擇。對神學而言，獨特性或創意本身並非優點，因為神學家的任務是要服事一個傳統和一個羣體。我們的自由（尤其是知性上的自由）是來自這些服事。然而，當人要服事一個以被釘十字架的上帝為中心的傳統時，就不可能迴避那對我們的想像力所持續發出的挑戰。

雖然有些人會認為我的立場在某些要點上是相當保守的，但在另一些要點上則非常自由（liberal），但其實我對這些標籤實在不感興趣，只盼望說出自己相信是與上帝性情相符的事，這位上帝希望我們在充滿暴力的世界中，活出一羣真理與和平的子民的樣式。我會指出，於神學上而言，那是不能以關於創造和救贖的主張來開始思考倫理學的，而是必須始於上帝對以色列的揀選和耶穌的生平，而我並不知道這樣說算是保守派還是自由派。我也要指出，教會最首要的社會任務就是成為教會，要求教會成為一個可批判人類一切偽裝的羣體，我也不知道這樣說算是保守派還是自由派的。神學是與某人是保守派還是自由派並不相干，卻是關乎真理。我盼望這本書會闡明情況為何是如此，並究竟怎樣會是如此。

xix

2. 論我欠了誰並欠了甚麼

我的立場不容易歸類，也不容易根據其他過去和現在的神學家的立場作出定位，對一些人來說，這情況一向是個問題。此外，由於我沒有自覺地以新教徒或天主教徒的身分從事研究，就使到我的著作變得更令人混淆。於是，有些人建議我要講清楚自己的思想發展歷程，但我卻會懷疑這種做法是否奏效，因我根本不知道自己究竟可否提供一個準確的論述，也恐怕這種嘗試會令人集中留意那位思想的人，而過於留意那人的思想。不過，我會嘗試粗略交代自己的思想發展，盼望可提供一些背景，叫讀者更清楚明白我在這書中發展出來的立場。

人們若是熟悉過去五十年來神學和哲學知識的主流發展，就肯定會看出我的立場決非原創。我從很多人身上學到和借用了很多東西，包括理查．尼布爾（Richard Niebuhr）、萊因霍爾德．尼布爾（Reinhold Niebuhr）、巴特（Karl Barth）、拉姆齊（Paul Ramsey）、古斯塔夫森（James Gustafson）、卡尼（Fred Carney）、尤達（John Howard Yoder）、麥金太爾（Alasdair MacIntyre），並包括很多古典人物，像亞里士多德（Aristotle）、阿奎那（Thomas Aquinas）、奧古斯丁（Augustine）、加爾文（John Calvin）、約翰．衞斯理（John

Wesley）及愛德華滋（Jonathan Edwards）。可能沒那麼明顯，但我也從杜威（John Dewey）、科林伍德（R. G. Collingwood）、維根斯坦（Ludwig Wittgenstein）及柏拉圖（Plato）等人身上學到很多。雖然我很倚仗這些思想家，但我盼望自己已避開了任何拙劣的折衷主義（eclecticism）。我從沒興趣研究思想家甲與思想家乙的關係，反而我一向最首要的關注是系統性（systematic），即基督教的信念如何才可稱得上是真確，而不致於用扭曲或化約主義（reductionistic）的方式，論述基督徒實際上應該相信甚麼。

從這方面來說，我提到自己生平的一個重點可能會有用。雖然我在基督教家庭中長大，又在教會中成長，卻從不覺得自己對基督教包含甚麼東西有充足的認識，能足以叫我接受或拒絕基督教。我讀大學的時候，曾有一段時間頗肯定基督教不可能是真確的。後來，透過攻讀哲學，並在斯科爾（John Score）諄諄善誘之下，我開始發現自己對基督教了解得並不足夠，故不宜妄下定論。事實上，我現在仍時常覺得如此。我提到這些事，只是想要指出，我從不覺得自己需要用很多人似乎用來反對基督教的方式來反對基督教，這些反對的人，因應自己的背景而更加相信他們自己是知道基督教到底包含甚麼信念和行為的。對於我來說，我仍總是在設法更了解我們基督徒到底需要相信甚麼和需要做甚麼。

我進入神學院後，曾相信系統神學就是最適合去探究基督教真確性（truthfulness）問題的學科。我尤其想集中研究「歷史問題」 xx
（problem of history；後來發現原來這問題牽涉到一大堆「問題」），藉以理解上帝在歷史中所行的——並特別在耶穌這人身上的工作——究竟可以有何意義。我進入神學院之前，已被科林伍德對歷史的考究調查和建構的分析（並與之相關的人類行為分析）所深深吸引，因而確信耶穌生平的論述都是真實的，也確信這些論述與那些與我們自己有關的問題，即那些歷史解釋和人類活動的問題，都是相關的。

不過，我在哈特（Julian Hartt）的指導下，逐漸懷疑「系統」神學所隱含的思考方法。甚至，當我愈多思索巴特實際上如何研究神學，過於思想他怎樣談論如何研究神學時，就變得愈發相信「系統」的想法（至少從十九世紀對系統的意義來說），是會扭曲神學作為一門教會學科所帶有那種即時並針對性（ad hoc）的特性。此外，面對哲學對神學主張之「能證明性」（verifiability）的挑戰，我開始相信一點，即雖然這類挑戰通常會沒趣地帶有實證式（positivist）的假設，但畢竟這是合理的挑戰。然而，我當時肯定自己若要作出充分的回應，就必須注意到神學信念的實踐性力量。於是，我決定修讀基督教倫理學，最低限度這種研究活動會致力提供一個方法，以指出基督教的信念可以怎樣改變我們的生命，因而暗示這些信念究竟孰真孰假。我也猜想自己之所以對基督教倫理學產生興趣，也是由於我的循道會（Methodist）傳統強調「成聖」（sanctification），這對我不斷產生強大的影響，但我當時並未察覺這一影響。

那時候，我開始大量閱讀兩位截然不同的思想家的著作，其中一位是理查．尼布爾，他在我入讀神學院的那一年逝世，而另一位則是維根斯坦。我發現理查．尼布爾很早之前已開始從事我以為是自己所發現的研究進路，但他成為從事倫理學的神學家，只因為倫理學可提供途徑，使其可根據神學信念的實踐性力量，從而闡述神學信念的可理解性（intelligibility）。此外，理查．尼布爾亦嘗試提供一種道德經驗的現象學（phenomenology），即既要與人類的經驗吻合，又要可切合基督教對我們與上帝的關係的理解。我當時相信理查．尼布爾這進路是方向正確的，即使我不同意他一些更「自由派」的神學前設。

那位深深吸引我的理查．尼布爾，就是寫下《啟示的意義》（*The Meaning of Revelation*）的理查．尼布爾。在該書中，他費力地掛酌基督論（Christological）的議題，將內在的歷史和外內的歷史作出劃分，但這在我來看只會造成更多麻煩，得不償失。不過，理查·尼布爾卻是在著手處理一些正確的問題。有見及此，理查· xxi
尼布爾既寫下《啟示的意義》，竟又能寫出《徹底獨一神論和西方文化》（*Radical Monotheism and Western Culture*），就實在令我感到驚訝，因為後者的上帝，似乎欠缺了與某一個特定羣體及其獨特的歷史產生共鳴所必須的特質。或許，這兩本書的立場所產生的張力，正可反映出理查·尼布爾人生中三方面的張力，分別是特殊性與普遍性（particular and universal）的張力、歷史性與超越性（historical and transcendent）的張力，以及教會作為教派和普世教會（church as sect and as universal）的張力。雖然我現在會想對這些極端對立所暗示的非此即彼（either / or）的立場發出挑戰，但我當時相信這些對立是可供選擇的立場。而如果我被迫要從理查·尼布爾這兩方面的思想中作出選擇的話，我就會選擇特殊性的那一面。否則，我就根本不明白人們怎能理解耶穌的生平和受死對基督徒的生命和思想的含義。這並不是説，我想繼續從古典的範疇來研究「基督論」。在弗萊（Hans Frei）的指導下，加上繼續閱讀巴特的著作，我開始愈來愈意識到無論怎樣更「正統」的基督論，都無法公正看待聖經中對耶穌的描繪。事實上，當我明白到初期教會認為敘事是一種適當的表達方式，以表達他們看為就是耶穌之含義所在的那些內容時，便觸發了我對敘事的興趣。

維根斯坦對我造成的影響，與理查·尼布爾對我造成的影響截然不同。我本以為哲學主要是涉及到立場、見解和／或理論，但維根斯坦慢慢地治好我這種誤解。我從維根斯坦及後來伯勒爾（David Burrell）身上學會從治療性（therapeutic）的模式來理解和從事哲學。不過，我還從維根斯坦身上學到更多東西。我最初由於對歷史產生興趣，因而觸發我開始研究一些心靈哲學（philosophy of mind）的議題，像是「心靈—身體問題」（mind-body problem）、「意向性」（intentionality），以及「動機」（motivation）這三者的關係。維根斯坦（及賴爾〔Gilbert Ryle〕和奧斯汀〔John L. Austin〕）幫助我明白到「心靈」與身體的關係並非因果關係，因「心靈」並不是一單一的東西或功能。此外，維根斯坦永遠終止了我再嘗試把神學固定在某些「人類經驗」的普遍論述之中，因維根斯坦的寫作教我明白到，神學家所書寫的對象，最好是根據信徒所採用的語言的文法來作出定位。

因著我對這些神學和哲學課題的興趣，我被古斯塔夫森（James Gustafson）的建議打動，他提出神學倫理學（theological ethics）最好集中在品格和德性之上，以展示基督徒之道德存在（Christian moral existence）的性質。道德心理學中的品格論述背
xxii 後所包含的那些議題，似乎就正是那些可幫助人明白耶穌的生命並曉得這生命對我們有何含義的議題。在我看來，我們對上帝的認識和對自己的認識存在一種關聯性（correlation；加爾文已很清楚展示了這種關聯性），而這種關聯性可能最好是從品格和德性兩方面表達出來。

我懷著這種預期，開始認真研究亞里士多德和阿奎那。與一般對這二人的定型相反，我發現他們是極相近的思想家，並幫助我取得很多發展自己的神學議題所必須的哲學和神學進展。有趣的是，我並沒有發現阿奎那——首要地——是一個「自然律式倫理學家」（natural law ethicist），卻發現他明白到神學的德性可如何有助我們理解和塑造自己的生活。

此外，我愈來愈相信，除非是恢復亞里士多德和阿奎那那種研究倫理學的進路，否則就根本沒法打破由弗萊徹（Joseph Fletcher）所寫的《情境倫理學》（*Situation Ethics*）所釀成的僵局。那僵局其實很大程度上是一場散亂的辯論，因為，那些辯論

完全不能表達出下述講法的原委，即那怕是更為實證的神學信念（positive theological convictions），惟有當它們能形塑我們的生活時，它們才是合理的。埃文（Donald Evan）運用奧斯汀的「施事」（performatives；譯按：即以言語行事）的分析以闡明創世的主張，我認為這就是我們所需的建構性分析（即使埃文已不再這樣想），因為這種角度可打開那可用於倫理解釋的神學主張的整個範圍，而不致於集中在我們信仰的「道德要點」（moral upshot），諸如「愛」和「公義」。在我的第一本著作《品格與基督徒生活》（*Character and the Christian Life*）中，我藉著說明品格的觀念，嘗試表明我們能更明白自己在生命中可以怎樣受基督教的信念感染。

可是，我在該書中提供的品格分析，實在是太形式化和抽象化。那書強調品格和德性，可抗衡神學和倫理學中大行其道的偶因論（occasionalism），但品格的具體內容，很大程度上仍是發展不足。雖然在《品格與基督徒生活》一書中，我運用了成聖的主題更具體地説明基督徒品格的性質，但很大程度上這仍是依賴一些次要的神學觀念，而沒有展示出那些更基本的基督教信念怎樣可以或應該如何帶來改變。

坦白説，我猜想自己那時仍很不成熟，仍不知道自己的宗教信念是甚麼或因著那些信念到底繼承了甚麼。畢竟，我從耶魯大學（Yale University）獲得了倫理學博士學位，叫我覺得自己不需要有任何實質的信念。而且，我有些更好的東西，就是專業的召命，去幫助別人明白到他們所抱持的實質性信念，到底帶有甚麼含義和／或不連貫的地方。事實上，若去研究一下為何我們很多人成了「倫理學家」後，就想把倫理學的任務，從擁護神學變成寄生式的神學分析，這種研究會很吸引。

有兩件事令我很快想到，要成為一個「倫理學家」，不只要成 xxiii
為一闡述者，闡述宗教論述（religious discourse）所具有的邏輯的和行為的涵義這麼簡單。第一件事是，我在越戰的高峯期開始自己的教學生涯；第二件事是，那時我開始閱讀默多克(Iris Murdoch)的小說和哲學。默多克以分析的名義，極力批判當代哲學假裝出來的客觀性，我認為這些分析是確實無疑的。此外，她強調識見(vision；或譯作「異象」)是道德生命的標誌，這令我留下深刻印象，而那正是大多數關乎德性的論述所缺少的元素。至於怎樣才能有這種看見，我對默多克的闡述雖然有點懷疑，尤其是她柏拉圖式的傾向(認為語言總是會扭曲真確的識見)，但她確是幫助了我，使我明白德性如何教導我們不帶著幻象或虛假的希望來看這世界。

同一時間，對於越戰的挑戰，我感到愈來愈困擾。我離開研究院後，以為某些實在主義(realism)的論述(諸如萊因霍爾德·尼布爾的論述)，就是人能從基督教社會/社羣倫理學中找到的最佳論述。雖然我認為萊因霍爾德·尼布爾對公義的理解，對我來說，是有點憑直覺而得，但那時我想，透過發展一些更具區別性的道德規範——像是拉姆齊論到的正義之戰(just war)——來協助社會政策的導引，萊因霍爾德·尼布爾的理解就能得到充分的補充。可是，我後來發現萊因霍爾德·尼布爾的立場不足以提供資源來批判地理解越戰。

此外，我仍繼續閱讀社會和政治學理論，於是愈來愈意識到萊因霍爾德·尼布爾的實在主義的不足之處，就在於其暗中把多元主義(pluralism)和權力均衡(balance of power)變得合理化，並視之為理想政體的規範。沃爾弗(Robert Paul Wolff)及洛伊(Ted Lowi)等人抨擊「多元主義的偏見」，這些抨擊可同時適用於萊因霍爾德·尼布爾和一眾政治學家身上，但這些抨擊叫我發現到一個更深邃的議題。對萊因霍爾德·尼布爾的思想，我提出的問題，不只關乎到某些多元民主(pluralist democracy)理論的地位的問題，更是關注到自由主義(liberalism)作為美國首屈一指的公共哲學所佔有的地位的問題。那時，我才第一次明白和欣賞到某些馬克思主義對美國的批判所帶有的力量。於是，雖然萊因霍爾德·尼布爾對美國樂觀的自由主義和浪漫主義作出了出色的批判，但在我看來，他其實是一個典範性的美國自由主義者。我愈是擔心這一系列的議題，就愈發覺得任何建構性的基督教社會/社羣倫理學，都不得不尋找方法幫助教會恢復其自身的整全性，而非單單作為一個為了使「民主」更好地運作而設的建制。

在這些事發生之間，我開始明白自己之所以對萊因霍爾德·尼
布爾感到有幾分不自在，是由於我強調品格和德性。既以稱義作其 xxiv
主題，他只留下很少空間容納基督徒生命成長的可能性。萊因霍爾德·尼布爾所欠缺的，以及品格和德性的成長所要求的，就是一個相應的品格和德性的羣體。我逐漸明白自己嘗試要發展出一種德性的倫理學，這嘗試竟可能帶有我意想不到的小數派主義的含義。

那時候，我去到美國聖母大學，在那裏首次接觸和開始認真閱讀尤達的著作。當時尤達正在印地安那州（Indiana）埃爾克哈特的（Elkhart）門諾會神學院（Mennonite Seminary）任教，現時則在聖母大學任教。我愈多閱讀尤達零碎的文章，就愈發開始想到他代表著一種根本的挑戰，就是向我過去一直被人教導去思想「社會/社羣倫理學」的那種方式發出挑戰。出乎意料地，尤達對教會的論述，幾乎完全切合那種我剛剛開始認為是德性倫理學所必不可少的羣體。

不過，尤達的觀點並不是我所渴望採納的，他把耶穌和非暴力的中心性理解為就是基督徒生命的標誌，而他的教會論亦不能抽離這種理解來獨立運作。我最不希望是成為和平主義者，主要是因為我渴望可以以帶有廣泛影響力的方式研究倫理學。此外，我天性不是太傾向非暴力。不過，我愈多閱讀尤達的著作，就愈相信他論述耶穌和其相關的非暴力倫理學的主線都是正確的。我也慢慢開始明

白到，耶穌那種形式的非暴力決不被動，相反，作祂的門徒，不僅是容許、而且是要求基督徒積極參與創造公義與和平的環境。

不過，尤達對我構成了另一些影響。他強調了耶穌整生的意義（即耶穌的受死和復活並祂的教訓），這向我提供了一些方法來改良自己對品格和德性的論述，使之變得較不形式化。我能夠帶著新的異象回到自己原初的計劃。例如，我也許發現了一種方法，可用來欣賞馬可福音對作門徒那強而有力的發展（以耶穌的生命作為我們生命的模範），而不致帶著虔誠的心來扭曲這些論述。

與尤達的思想及立場搏鬥，也幫助我清楚道出自己發展中的信念：現代倫理學所帶有的非歷史（ahistorical）的特性，實在會造成非常深刻的扭曲。由於認識論（epistemology）和科學哲學（philosophy of science）那哲學性的進展，加上我的神學信念逐漸形成，就叫我相信神學（及倫理學）不必有一個非歷史的「基礎」
xxv （foundation）。伯納德．威廉斯和麥金太爾——在他們對當代哲學倫理學的批判中——幫助我明白到在倫理學上（或任何事上）放棄尋找一個「基礎」，並不必然會導致喪失理性。此外，麥金太爾繼續建立另一個建構性的選擇，叫人可就方法論和社會／社羣倫理的問題，富有成效的欣賞到教會的正面意義。

我的著作中有一個強調點是仍未解釋的，那就是敘事。敘事到底是從何而來？坦白說，我並不知道。藉著弗萊和哈特所喚起的神學議題來說，以及心靈與行動的哲學而言，我確是一直已在苦思敘事的含義了。我愈是想清楚描述具意圖的行動這問題時，就愈發相信敘事是展示踐行性的重要概念。當然，從永續的踐行性（perduring agency）的角度來強調品格，就會需要到敘事的面向。

當我努力要找方法鞏固這一切主題時，就發現敘事的確是一個極其豐富的概念。可惜，敘事也不斷有危險要變成一個一時興起的新神學潮流的流行術語。所以，我希望可清楚指明我在過去和現在也不曾打算要發展一套敍事神學(narrative theology)或關於敍事的神學(theology of narrative),我並不知道這兩種神學會是怎麼模樣的。神學本身並不説故事,卻是從批判的角度反省故事;或更好的説法是,必先有一個活生生的羣體可追溯至過去,又處身於現在,並可仰望將來,而由這羣體所體現出來的傳統就是神學了。因而,若有人以為我立場的中心焦點就是強調敍事(若果我能説得上是帶有立場的話),就弄錯了。我努力發展出不同的主題,嘗試提出一個基督徒道德生命的建構性論述,而敍事只不過是一個有助澄清這些主題之間帶有怎樣的相互關係的概念。

我欠了誰甚麼,對這問題的理解,説到此處也差不多了。我恐怕講得太簡單,又太複雜。麥乾頓(James McClendon)、威爾肯(Robert Wilken)、布倫金索普(Joseph Blenkinsopp)及伯勒爾等人也影響了我,此處並沒有充分表達對他們的謝意。我也沒有探索自己好些更「實際」的考慮(像是智障人士的位置),如何影響了我一些更基本的方法論上的考慮。不過,我盼望即使部分讀者仍未被我在這書中採取的立場説服,這論述仍可有助他們更理解我所一直發展的研究計劃。最低限度,我盼望可清楚指出我的「原創性」並非如假包換的,因我大部分的思想都是借用別人的。

3. 我的教會立場 xxvi

我想考驗讀者忍耐的極限,覺得自己最後一定要説到一件事,就是:我究竟是以天主教徒還是新教徒的身分來寫作?答案是:我根本不知道。我不相信正確研究出來的神學,會是天主教的神學或是新教的神學。神學家探究的目標只不過是上帝,而不是天主教或新教。「大公的」(catholic)這形容詞,只可用來修飾教會,而不適宜用來修飾神學或神學家。神學家都理應渴望自己的神學可反映出教會的大公特色。因而，我盼望自己的神學是大公的，能同時忠於新教和羅馬天主教，因這兩者是一同構成大公教會的。

當然，從個人生平來說，我是新教徒，這事實對我寫作的方式並不是沒有影響的。我不打算抹掉自己循道會（Evangelical Methodist）的特殊背景，但我相信好像其他基督教傳統一樣，循道會也帶有自己的限制和可能性，但仍有助我們所有人醒悟到自己要成為基督全教會的一分子。因而，即使我會批判自己的傳統，但只要那批判可以引導新教徒和天主教徒一同來到那位統管萬民的主跟前，我就認為自己做得正確了。

1

破碎和暴力世界中的基督教倫理學

Christian Ethics in a Fragmented and Violent World

1. 倫理學和對絕對的東西的需求

所有倫理反省都是相對於某一個特定的時間和地點而進行的，倫理的問題也會隨著時間而改變，倫理學的性質和架構，更是由某一羣體的歷史和信念的特殊性（particularities）所決定的。從這角度來看，「倫理學」這一觀念是會容易引起誤解的，因這觀念似乎會令人想到「倫理學」是一門能被清楚確認的學科，並且能穿越歷史洪流而不變。事實上，本書的主要重責，就是要指出倫理學總是要求有一個形容詞或限定詞（qualifier）——比方說是猶太教的倫理學、基督教的倫理學、印度教的倫理學、存在主義的（existentialist）倫理學、實用主義的（pragmatic）倫理學、效益主義的（utilitarian）倫理學、人文主義的（humanist）倫理學、中世紀的倫理學及現代的倫理學等——以致可指明倫理學作為一門學科的社會性/社羣性和歷史性。[1] 這並不意味著倫理學不會處理一系列能被清楚確認、相對地恆常不變的問題——像是善惡的性質、自由與人類行為的性質、規則與德性的位置及地位等——但任何就這些問題所作出的回應，都必然需要考量真正出現於歷史中的羣體的那些特殊信念，而對於不同的羣體來說，這些問題可能會帶有截然不同的意義。

倫理學是一種相對於特定時間、地點和羣體的活動，這事實看來清楚不過，但也容易被人遺忘，其重要性亦備受忽視。我們都覺得很渴望宣稱那指導著自己的倫理，是並不包含歷史的相對性和/或任意性的（arbitrariness；或譯作「武斷性」）。始終，道德觀通常會涉及一些要求我們和別人作出犧牲的事情，而我們則認為只有根據一些不變的原則，才能證明這些犧牲是合理的。

因而，人們通常會認為倫理學的首要任務之一，就是去表明道
德觀如何建基於一些不變的原則和信念。此外，很多人也會假定：
為了確保我們那些原則的不變性，最好的方法就是宣稱那些原則是
2 上帝所認可的。如果我們可表明這些原則是根據上帝的旨意而定
的，那就可以肯定這些原則了。因著這原因，有些人便主張：如果
上帝並不存在，那麼，一切事情，在道德上都是可允許的。雖然這
種主張掩飾了宗教信念與道德觀的關係所帶有的複雜性，但很多信
徒和非信徒也似乎同樣認為，如果上帝不以某種方式來保證我們道
德系統的絕對性（absoluteness），我們就不能說謀殺、說謊或偷竊
等事有甚麼錯。

我身為一個基督教倫理學家，通常會被人問到：「再沒有任何絕對的東西存在了嗎？」發問的人往往會假定，若果答案是「沒有」的話，倫理學就乾脆會消失。他們假定情況必是這樣，即使他們運用「絕對」這字時，根本完全不清楚這字是應用在甚麼方面——絕對的價值？絕對的規則？或絕對的信念？——也不理會這些絕對的東西是否與基督教的信仰和踐行有關。

對於持守上述觀點的人來說，我主張倫理學總是需要一個限定

詞，就似乎是在推卸責任。他們會認為，我們這一代倫理學家的任務，就是要重新肯定那些絕對的規範之持續的可能性（那些規範不必附屬於某一特殊的羣體歷史），以維持我們生活方式的道德特點。我極力主張這種倫理觀是完全錯誤的，尤其是在基督教的處境中研究倫理學時，這種倫理觀就錯得更甚。不過，在指出何以這種倫理觀是錯誤之前，必須先設法理解我們這時代的人渴求絕對的東西背後所埋藏的原因。

2. 生活在破碎之中：倫理學的不足

我們試圖否定倫理學是回應我們現時社會和歷史處境的特殊性，只會叫到我們更受制於那個處境，這可說是對我們現況的一大諷刺。我們聽到有人說，我們是生活在道德破產的時代。人們思想一些從前曾一度被視為不能想像的事情；甚至，人們**做出**曾被視為不能想像的事情。我們經歷到自己的世界在道德上極其混亂，叫我們當下感到自己只剩下一個選擇，就是要給各人「去選擇」——若非「創造」—— 自己行事為人的標準。

雖然這種感覺很有說服力，但究竟何以我們會感到自己在道德上不知所措，確實原因仍未清楚。既然沒有另一個時代或另一個社會可擺脫道德上模稜兩可的含混性（ambiguity），那麼，我們何以要覺得自己的時代發生了某些決定性的巨變呢？事實上，我們是否肯定我們的價值觀真的已改變了？還是，改變了的只是人們的建制處境（institutional setting）？舉一個例，我們仍重視家庭，但就「家庭」帶有甚麼意義，卻抱持很不同的理解。單憑引述一些離婚的統計數字，並不足以表明我們在道德上對家庭感到困惑，又或者已不再重視家庭。這些統計數字或可能指出人們發覺到傳統的婚姻承 3
諾，只不過是過度熱心而已。也許，婚姻的道德力量可以在其他處境中得以維持；例如，婚姻和與多於一人發生性行為這兩件事，可能並沒有內在的不相容。

我猜想人們感到這世界在道德上迷失了，不只是由於他們觀察到人們可做出一些曾被視為不能想像的事，而是還帶有一個更深邃的因由。我們對道德觀感到忐忑不安，很可能是源於自己的內心。儘管我們對墮胎、離婚和不誠實等事會有強烈的感覺，但我們不知道自己為何會有這些感覺。而我們愈是不肯定自己為何要相信自己所相信的東西，就愈會用教條主義的方式來持守這些信念，並以之作為我們在道德混亂的世界中惟一的立足點。諷刺的是，我們的教條主義只是掩飾我們內心深處更深的懷疑，因雖然我們以強硬的態度持守某些道德信念，卻是暗地裏懷疑自己之所以相信自己要那樣堅持，是由於我們是受到制約的（conditioned）。我們持守某些信念，彷彿這些信念是不受制約的，卻又強烈感到一切信念都是由環境所生成的結果，因而，這些信念至少有可能是任意性的。這種認知繼而似乎會把一切的道德分歧化約為主觀的意見，而主觀意見乃是不容有任何爭議的。

我們暗地裏懷疑自己對真正所信之事，其實是沒有穩固的基礎的，於是我們便更不願意批判地審視自己的思想。因而，我們躲藏在一些與自己有同樣思想的人中間，希望人數增多，便能免除我們的知識的不確定性。或者有時我們也會假設：只要我們深入和批判地思考自己的道德信念，就能為自己所信之事，提供充分的辯解。在這兩種情況中，我們也假定「倫理學」必須提供一些途徑，以防止我們的世界陷入更深的道德混亂之中。

這種觀點或道德觀背後卻隱藏著一個前設：因著我們現代人的困境，我們必須「由自己決定」甚麼是好、甚麼是壞。事實上，有些人下定決心這樣做，就被視為道德模範，因他們自動自覺地做這些事，而並非不加思索便接受約定俗成的東西。但是，若我們認為自己正在「選擇」或「編造」自己的道德觀，這種想法其實埋下了自我毀滅的種子，因道德的本真性（authenticity）似乎在要求著：道德觀不是由一個人自己塑造出來的，相反，道德觀是一些會塑造人的東西。我們並沒有創造道德價值觀、道德原則和德性；反之，這些東西為我們建構一受用的人生。我們以為自己可以選擇「甚麼才是有價值的」，這種想法反會損害我們對那些事自身之價值的信心。

從多方面來說，「倫理學」現時大受歡迎，這情況實在十分怪
異，因大多數人在大部分時間也寧願不去思想甚麼才是正確或錯誤 4
的事。他們純粹想繼續過著自己的生活：墮入愛河，建立家庭，擁有令人滿足的事業，支持正派的和值得支持的機構等。

我們今天被迫「思考」太多與「倫理學」相關的事。這種感受固然有幾分正確。[2] 可是，我們並不是不得不思考「倫理學」——每個社會不論其「倫理學」如何，也會就如何行事才是最好一事，發展出某些形式的批判反省——反而，我們應該思考「**甚麼**」才是重點。當代的倫理學都集中在道德疑難（moral quandaries）之上：我們應否為了保護朋友而說謊？隱瞞一些事實真相，是否說謊？我們是否必須告訴一個垂死的人他或她快將死去？諸如此類。因而，看來「倫理學」主要是關乎一些模棱兩可的處境和困難的抉擇。[3] 如此集中在「疑難」之上，會使到一個事實變得模糊：惟有根據那些能告訴我們自己是誰的信念來思考，對這些疑難的求問才是有意義的。我們最重要的道德信念，就如同我們所呼吸的空氣一樣：我們從不察覺到這些東西存在，因我們要依賴這些東西才能生存。舉一個例，我們關注說謊的問題，乃是源於我們相信我們應該誠實。我們現在感到混亂，背後是埋藏了「我們所呼吸的空氣」受到質疑的事實。我猜想我們並不是沒有道德指引，反而是有太多指引。如麥金太爾指出，我們生活在過去道德觀的零碎片段中，各式各樣的道德觀都帶著正當的理由，並爭相要贏得我們的忠誠，這就正是我

們的問題所在。他為了叫我們明白這說法的含義，便叫我們：

> 試想像一下，自然科學遭受到一個大災難的影響，普羅大眾將一連串發生的環境災難歸咎於科學家。到處發生暴動，實驗室被焚燬，物理學家被私刑處死，科學書籍和用具被銷毀。最後，一場鼓吹「一無所知」的政治運動奪得政權，成功廢除中小學和大學的科學教育，又將剩下來的科學家都收監和處死。後來，有一場反對這場毀滅性運動的反動，並有開明的人嘗試復興科學，可是，他們在很大程度上已忘記科學是怎麼一回事了。他們手頭上擁有的都是零碎的資料：懂得某些實驗，卻不認識那些令實驗產生意義的理論背景；某些理論部分，若不是與他們擁有的零碎資料並不相關，就是與實驗結果並不相符；儀器的用途亦被遺忘；書籍只剩下幾章，文章只有幾頁，但由於已破
> 5 爛不堪，不是統統能夠完全讀懂。不過，人們打著物理學、化學和生物學復蘇的名號，在一連串的實習中重新具體表達出這些零碎的資料。成年人為相對論、進化論和燃素論（phlogiston theory）各自的好處而爭論不休，但他們對這三種理論所掌握的知識都只有很少。兒童死記元素周期表剩下的部分，又硬背好些歐幾里得的定理（theorems of Euclid）。沒有人（幾乎沒有人）意識到他們所進行的根本並非正統的自然科學。他們所作的和所說的，都符合某些一致性和融貫性的準則，但那些用來理解他們正在做甚麼所必須的處境卻遺失了，或許也不能復原。

在這種文化中，人們會以系統的、並有時彼此相關的方式來運用一些術語，像是「微中子」（neutrino）、「質量」

> （mass）、「比重」（specific gravity）及「原子量」（atomic weight）等，而運用的方式，則或多或少會類似於這些術語在科學知識未曾損失慘重之前所用過的方式。但很多使用這些術語上所預設的信念已經失落了，故他們應用這些術語時，就似乎帶有一點任意性的和甚至是自由選擇的元素，那在我們看來會感到十分驚訝。到處充滿很多看來爭持不下的前提，且沒有進一步的論據可以提供。[4]

麥金太爾主張，就道德的語言來說，我們所棲身的真實世界，與他那虛構世界中的自然科學的亂局十分相似。「我們擁有的⋯⋯是一堆概念架構的零碎資料，當下欠缺那些可叫這些零碎資料衍生含義的處境。我們確實帶著道德觀的擬像（simulacra），繼續使用很多關鍵的術語，卻是（若非完全地、也是在很大程度上）失去我們對道德觀的理解力（無論在理論和實踐的層面上）。」[5] 麥金太爾指出，把我們的世界與他所虛構的世界作出類比，卻帶有一個限制，就是我們在記錄上並不曾有近似的大災難發生，致使我們的道德世界變得如此破碎。我們有的只是其影響的結果。

如果麥金太爾是正確的話，我們就是處於一個不穩的局面中。生活在道德破碎的世界裏，總是處於暴力的邊緣上，因為根本沒有方法可保證道德論據本身可以解決我們的道德衝突。難怪我們在這種世界中渴望找到絕對的東西，因我們確實渴望得到自己內心的和
平（peace；或譯作「平安」）和人與人關係上的和平。假使這世界 6
總是充滿暴力，而我們自己的文明似乎欠缺可確保其自身內在之和平的方法時，我們就看似絕望迷失。

此外，我們的世界變得破碎，不只是「外面發生的事」，也是在我們自己心靈（souls）深處發生的。我們處於破碎之間，極難維持自己的道德身分。我們感到被自己不同的角色和信念拉往不同的

方向，並不確定自己的人生到底會否或能否有任何融貫性存在。我們成為分裂的自我，更容易傾向暴力，因為我們不能確定自己；故當遭受任何挑戰，而那種挑戰可能會剝奪我們所得到的那份僅有的對自我的感覺時，我們便很容易會感到受威脅。

我們缺乏任何足以維持自尊自重的氛圍的習慣或制度，於是就變得犬儒。我們懷疑一切東西，並假設一切動機背後也埋藏利己的心態，而一切慈善事業的背後，都是出於心理上的補償，於是便希望保護自己，不致被人利用或有所損失。可是，犬儒的殺傷力無疑太大了，以致最終會荼毒自己，沒留下自我尊重的基礎，因這種心態使我們對一切活動都不值得作出道德委身（moral committment）。

在這種世界中，基督教倫理學強調「基督教的」這限定詞的意義，在很多人看來，就等於是向那混亂的局面屈服。他們指出，我們需要重新規劃一套普遍的道德觀（universal morality），能把秩序帶給我們那破碎的世界，並確保我們人與人之間和自己內心能得到和平。可是，若果基督徒沒有認真看待自己那些特殊的信念，這種普遍性就不會來臨。我希望指出，我們基督徒必須委身於一能締造和平的世界（peaceable world），並相信惟有當我們學會承認和服事這一世界的主（祂藉著一段很明確和具體的歷史，渴望被人認識），和平才可能出現。因此，基督教倫理學堅持這限定詞的重要性，因為基督徒所體現和貢獻給這世界的和平，是建基於一個國度（kingdom）——它已在拿撒勒人耶穌的生命中顯明出來。

不過，大多數人會覺得要忠於這樣的特殊性實在太不可靠，而且他們會繼續追尋一種起碼能確保確定性的普遍的倫理學，即或那不能確保和平。可是，我就是想指出，這種追尋會叫我們變得更易受暴力影響，我現在必須說明情況何以會是這樣。

2.1 當自由成為命運

我們意識到自己生活在道德混亂和破碎的世界裏，這種意識可
說明近來倫理學理論兩個主要特徵：(1) 強調道德生活的本質，就 7
是自由、自主和選擇，以及 (2) 嘗試確保一個道德生活的基礎，
那是不受我們歷史和羣體的偶發性 (contingencies) 所束縛的。我
們將會看到，若我們假設自由是取決於我們要尋找方法令自己從
自己的各種糾纏中解放出來，就這角度來說，上述兩點是息息相
關的。

我們被互相競爭的利益纏住，愈來愈感到被迫要創造或選擇自己的道德觀。不同的道德理論也可反映出這種情況，像是情感論 (emotivism)、存在主義 (existentialism) 及情境論 (situationalism) 等，都主張道德知識並非是發現出來的，而是透過個人選擇而「創造出來」的。所以，可作選擇的自由，並願意承擔所作選擇的責任，被視為是真正的道德觀所必須有的基礎。

但當我們記得我們另一個主要的假設，就是認為我們在很大程度上是被自己的環境和生物性所決定、控制的，那麼，我們如此強烈地肯定自由，看來就有點奇怪。事實上，我們同時覺得自己既是被決定了的 (determined)，又是自由的，這就是現代性 (modernity) 的標誌之一。伯格 (Peter Berger) 寫下《異端的律令》(*Heretical Imperative*)[6] 一書，就這種明顯火水不容的情況作出解釋。

按照伯格所說，前現代 (premodern) 的人多半活在一個已給定 (given) 的世界裏，活在那世界的人，從事甚麼職業，或在與誰人結婚等事上，都只有很少選擇。於是，他們沒有受到現代人那種內心矛盾的困擾。雖然前現代的人可能會為人生的意義而掙扎，但他們不用質疑自己的生命是否夠融貫一致，至一程度，可合法地探問生命的意義，倒不像我們之看來好像不得不問到這方面。

伯格指出，現代人發覺自己不但要面對很多行動方針的可能

性，還要面對很多思考這世界的方式的可能性。於是，所有生命也變成了消費者導向的（consumer oriented）。我們可選擇用哪一種牙膏，更可選擇用哪一種「似真」的架構，為自己的生命賦予融貫性和意義。我們甚至需要選擇一些基本信念，以解釋事物何以是這樣而不是那樣，這意味著這些信念本身帶有任意性，因而貶損這些信念的真確性。最後，我們在這世界中惟一覺得自己有把握的，就是自己絕對需要有自主性（autonomy）。事實上，我們最內心深處相信，如果我們的人生要有意義，我們就必須創造自己的人生意義，這就是我們所最肯定的「似真性結構」（plausibility structure）。

因而，我們注定要受自由的折騰，或如伯格喜歡的說法，我們被判遵守「異端的律令」。「對前現代的人來說，異端（heresy）是一個可能性（大抵遙不可及）；但對現代人來說，異端卻典型地成
8 了一種必然性。或者，現代性再次創造出一個新情境，在其中，挑挑揀揀成了一個律令。」[7] 因而，我們的倫理學的理論化過程會令人認為，自由不但是必需品，更是一種道德理想。自由本身就是人要作一個道德的人所必須和充分的條件。

不過，這種處境是如此獨一無二嗎？所有道德理論豈不是幾乎都用不同的方式指出，人只需為自己有能力做到的事負責？自由豈是總會被視為是道德行為的關鍵？然而，對亞里士多德等哲學家來說，自由**本身並不是目的**；當我們獲得道德的能力來引導自己的生活時，我們才會變得自由。若是缺乏這類能力，人就會受到無紀律的慾望和不成熟的選擇所控制。所以，自由並不在於作決定，而是在於成為那種乾脆不會考慮某些選擇的人。舉一個例：勇敢的人不明白懦夫的恐懼，儘管他們需要明白，做勇敢的人也得有恰當的恐懼。若看自由不是一種狀況（status），而是一種技巧（skill），從這角度來看，有德性的人才能得自由。

與我們可「自由選擇」的感覺相反，有德性的人不會面臨「情

境」，並在其中作出決定；相反，他會堅持理解那不是一個「情境」，卻是一件在具有目的性的敘事中的事件，藉以讓自己決定了情境。品格決定環境，即使環境看來要強加在我們身上，當我們靠著那種獨特的解釋能力，即能解釋我們於故事中——能說明道德活動的故事——之行動的那種能力，仍可以決定環境。

相反，現代的觀念把自由變成了道德生命的內容本身，而它並不關乎我們渴求**甚麼**，只關乎**那**正是我們所渴求的。我們的任務就是要得自由，但不是透過獲得德性而得到，而是要靠阻止自己被決定，以致我們總是可以有「開放的選擇」（options open）而得。因而，我們成了自身歷史的官僚，永遠不為任何決定負責任，即使那些是由我們親自作出的決定。

可是，如此試圖逃避自身的歷史，會導致我們缺乏自足性（self-sufficiency），而無法宣稱自己的生命是屬於自己的。因我們回顧自己的人生時，當初很多自以為是由自己自由地作出的決定，在現在看來，都變得比我們所意識到的來得更像是被決定了的。我們說：「但願當時我知道現在所知道的。」利用這句話來推卸對過去的責任，我們便想像**下一次**自己將會真正「自由地」行事。於是，我們往往會認為道德生命和倫理反省都是關乎到預期的決定，並要確保必須的條件得到滿足，以保證那些「決定」是自己自由而作的。我們忽略了一個事實：較重要的道德立場都是回顧性的
（retrospective），因我們透過回憶和接受，才能學會宣稱自己的生 9
命是屬於自己的，包括那些回想起來顯得較為不自由的決定在內。諷刺地，我是否自由，結果是取決於我是否能夠將一些不能夠「自由選擇」不去做的事——而不是自己「自由選擇」不去做的事——看為是由自己所做的。因我們的身分（即我們對自己的意識）同時是以我們遭遇到甚麼困難和我們做了甚麼為基礎的。

現代的假設是：自由是道德觀所必須和充分的條件，這假設

不容易改變，因這假設也決定了我們如何掌控自己的社會／社羣關係。我們的社會看來也普遍認為，做一個道德的人並以負責任的方式行事，就等於是用公平的方式去追求自己的慾望——這就是說，一個人的追求方式，不應侵犯別人的自由。我們假設：只要自己沒有損害或限制別人的選擇，就可以做任何自己喜歡做的事。一個好的社會，就是能向最多人提供最大程度的自由。雖然這種倫理學看來非常致力於追求大眾的共同利益，但其實它所支持的理論，是個人主義式的，因那所謂的共同利益，反過來只是我們個人慾望的總和。

比起這種個人主義，更令人困擾的，就是我們這樣來看自己和別人所要付出的代價；那代價就是一種系統式的自我欺騙。只要我們對任何事物表示關心，就必然會侵犯到別人的「自由」。但我們行事的時候，卻彷彿自己沒有侵犯別人的「自由」一樣，因而，對自己和別人也隱藏了一個真相：其實我們必然會互相牽連，到一個地步，必會彼此限制對方的生命。我們教導自己把自己的道德信念描述成自己的「個人慾求」，從而暗示這些信念不必對別人構成重大的影響。可是，事實上，根本**沒有**道德觀是不要求別人為我們的承諾而承擔後果，而我們請求別人分享自己相信是有價值的事，並為此而作出犧牲，這樣做並沒有錯。而到底我們所委身的事究竟是否有價值，這才是更恰當的考慮。

由於我們的自我欺騙，我們在人際關係上，變得想要無情地操縱別人。[8] 我們看自己和別人都只是權力和利己的精密遊戲中的棋子。我並不是想暗示，曾有任何時代或社會秩序不曾出現過操縱。我們現在的處境的新奇之處，在於我們最精良的道德智慧竟也無法想到其他選擇。我們似乎只能提議一些方法，叫這遊戲可玩得更公平一點。我們不能提供任何道德觀的論述，是值得叫自己和別人願意承擔後果的，並因而可以使我們從那只求利己的監牢中釋放出來。

我們強調自由和自由的倫理表達，叫我們無法解釋一些看來是
位於人類生命工程（human project）核心的活動。請想一想，如父 10
母決定是否生孩子這麼簡單的問題。從一種自由的倫理學來看，我們怎能證立這決定是合理的？因這決定明顯會把我們的意願和慾求強加在那新生命之上。不管父母付出多少關心和／或愛心，也不足以彌補這情況中的自由失衡。我們為了滿足自己的慾求，迫使了那小孩子出生！從自由的道德氛圍來看，父母和子女的關係無可避免地會惹來仇恨，繼而展開討價還價的遊戲。我們憎恨子女霸佔了我們的時間，子女又為父母在不情願下對自己所付出的關心感到內疚，並憎恨這種內疚的感覺。因而，我們跌入彼此操縱的網羅，似乎無法逃脫。

2.2 易碎的基礎

現代倫理學理論強調自由，與之同樣具有説服力的，就是強調要為倫理學尋找一個基礎。固然，嘗試為倫理學提供一個基礎，與嘗試把自由確立為踐行者那不可或缺的特點，這兩種嘗試是相互關聯的。麥金太爾指出，現代的分析哲學家和存在主義哲學家也認為，自我（self）有能力避免與任何特殊偶發性的事態產生認同，這就是道德踐行（moral agency）的精髓所在。

> 在這看來，人作為一個道德踐行者，就正是要有能力從那人自己所涉及到的任何處境中後退一步，能抽離那人自己可能帶有的任何特點，繼而從純粹的普遍性和抽象的觀點作出判斷，而那種觀點是完全抽離於所有社會的特殊性的。因而，任何人也能作道德踐行者，因道德踐行者是定位在自我之上，而不是定位於社會／社羣的角色或慣例之上。[9]

因而，倫理學理論的任務就變成了去尋找一個可擺脫歷史之偶發性的基礎，能以保證踐行者可行使這種自由。

當然，康德（Immanuel Kant）的著作是這類規劃的表表者，他致力把道德觀建基於自由的必要性上。康德的偉業，就是使到道德觀擺脫任意性和偶發性，以致至少可確保帶有不同信念、來自不同的社會的人，可取得最低限度的共識。此外，康德勇敢地嘗試將道德觀的領域從他認為是自然世界的特點的決定論
11 （determinism）中脫離出來。康德嘗試不把道德觀建基於宗教或形而上的（metaphysical）信念之上，也不建基於任何對人性所作的經驗的（empirical）論述之上，而是建基在理性**作為**理性（rationality *qua* rationality）之上，藉以保證道德觀的「自主性」。

康德主張，理性之受造物有能力只按照自己所創造出來的法則過生活，這就是理性受造物特有的道德特點。因而，對康德來說，理性的自主性和道德的自主性都是根據相同的基礎。康德認為這法則是理性固有的特質，他把這法則稱為定言律令（categorical imperative），而這法則要求我們履行自己的義務（duty），就只因為那是我們的義務。康德最先對定言律令作出的表達公式是：「你行事為人必須按照一定的行為準則，而你能同時渴望那準則能成為一項普遍法則。」[10] 這原則（及其與康德對這定律的其他形構表達所帶有的關係）一向會被人用不同的方式詮釋和重申，但普遍公認這原則就是證立道德判斷是否合理的基本聲明，並把這原則稱為「普遍化原則」（principle of generalization），或是更富存在主義色彩而稱之為「道德觀點」（moral point of view）。這原則的力量總是一樣的：叫踐行者作出道德判斷和評價時，不必考慮其自身偶發性的歷史，並要求我們的決定，從不同人的角度看來都是合理的。

此處我的興趣並不在於評估康德的規劃及其後來的詮釋者，卻是在於觀察那種為道德尋找一個基礎的普遍規劃，是怎樣與反對特

殊性和偶發性的傾向連在了一起。為甚麼倫理學突然需要有一個「基礎」，尤其是一個以普遍性和必然性為特徵的基礎——即使看來這種要求會扭曲道德判斷的性質？亞里士多德提醒我們，倫理學就其本質而言，是可以處理非普遍性的事的：即特殊性的事。[11] 哲學家面對我們世界的破碎特性，無疑會想辦法保住一個制高點，能以帶來安全感、確定性，以及和平。這是值得付出的努力，但也是註定會失敗的努力，因這種制高點並無法訓練我們的慾求，無法引導我們的注意力，以致無法叫我們成為道德的人。

儘管很多宗教思想家也熱中於為道德尋找一個基礎，但這種基礎諷刺地必然會使到宗教信念在道德上變得次要。[12] 在這點上，我們不經意碰上了一個問題，這問題其實非常古遠，至少可追溯至柏拉圖所寫的《優西弗洛篇》(*Euthyphro*)，這問題就是：宗教與道德如何產生關係？某件事是正確，是因為那是上帝的命令使然？還是因為這事本身是正確的？如果這事本身是正確，為甚麼我們又需要上帝之命令？在此處我無法充分著眼於這議題，只能指出人們討論這議題時，一般會聚焦在對道德太狹義的理解上。我後面將會討
論到，有些傳統已強調自然律 (natural law) 可以回答這問題，但 12
這些傳統往往會把道德生活的「宗教」方面降格成一種「高等」的道德或道德的動機要素。結果，不但基督教信念的道德力量消失了，道德經驗的特質也遭到了扭曲。

更重要的，是當那所謂更根本的「道德」使到基督教信念的特殊性變成次要時，我們就會失去成為締結和平的人的途徑，因把道德單單建基於理性或其他「內在固有」的人類特質，並以此來嘗試確保和平，卻反而會支持人採取脅迫的手段，這實在是諷刺：若果其他人不肯接納我的「理性」論述，我似乎就有權迫使他們要真誠地面對他們自己的「真」(true) 我呢！

我們身為基督徒，必須不斷堅持和平不是一些可**靠自己的力量**

來實現的東西。反而，和平是上帝的恩賜，惟有藉著我們成為一個以被釘十字架的救主為中心的羣體——這位救主教導我們怎樣在這叛逆其真正主宰的世界中締造和平——和平才會臨到。我們當曉得，上帝之和平的國度得以到臨，不是藉著設定一普遍的人類道德，而是藉著我們忠心地作一和平的羣體——於其中我們無懼彼此之差異。

3. 宗教的私有化

很多類似的進程，即塑造了我們對道德的現代理解的那些進程，都同樣對我們的宗教信念和制度造成了巨大且具侵蝕性的影響。如果宗教已不再被視為關乎真理，就不能和不應要求我們認為宗教是本身有其價值以及配得上此價值的，宗教的含義頂多被化約為功能性的（functional）。所以，宗教信念可能是一力量的來源，幫助人面對個人的危險和／或改善人際關係。因而，教會只不過是林林總總的志願團體的一種，聚集一羣來自相似經濟階層並志同道合的人。

宗教保守主義的高速增長，或許最能夠揭示出當代宗教信念的功能性質。雖然這看來像是「傳統」宗教信念的復蘇，然而，當中有些運動其實業已證明是喪失了我們文化和我們自己裏頭的宗教實質的。基督教受到維護，不是由於基督教是真實的，而是由於基督教可鞏固「美國人的生活方式」。因而，這類運動便無法注視到作基督徒和作「好美國人」之間所可能存在的不能消解的張力。

13 從一個更精細的層面來說，很多人仍會試圖利用我們的宗教傳統，以支持民主政府和民主社會的發展和維繫。所以，有人說民主需要一種公民宗教（civil religion）——即是一種對超越性的意識（sense of transcendence），並能以之作為一種批判原則，反抗國家權力的張狂，並作為一種資源來支持發展一些更接近公正的建制。可是，這種「公民宗教」不能由任何特殊性的宗教信念所組成，因這樣做便會侵犯宗教寬容這必要條件。於是，我們一切較具特殊性的信念，都必須被社會定義為「私人的」(private)，亦因而不具有社會角色。這情況產生一種很特別的諷刺，因那「公民宗教」所要支持的文化和政治秩序，竟要求人否定宗教信念的公共角色，從而支持這一假定：即自己的宗教信念也只不過是某些意見而已。[13]

基督教竟接受自己是眾「宗教」中之一種，沒有其他事比這個更能顯明我們文化中宗教過剩(super fluity)的狀況了。這情況揭示那種所謂要優先「相信」某些特殊的基督教信念(例如對上帝的性情、耶穌的含義及世界的終末命運等)的假設。[14] 於是，基督教在實踐上及其於複雜的神學表達上，被化約為人類所要尋找的意義的一種詮釋，又或者是其他激起爭端的人論主張。我並不否認所有神學也包含人論的主張，可是，今天的神學變得尤其善於以此開始，並以此結束。費爾巴哈(Ludwig Feuerbach)聲稱宗教只是把人類的願望放大了並投射出來，我們只是比前人更具體地證實了他的主張而已。

人們若是關注基督教信念的倫理意義，就尤其會傾向如此把基督教神學變得人論化。這些人懷疑基督教剩下來的就只有其倫理的要素，於是便從宗教中抽出倫理，嘗試使到基督教變得更具相關性。雖然這種策略在神學上和倫理學上時常表現得激進，但最後通常地會變成以宗教的名義重申業已盛行的人文主義(humanism)。

這種現代的護教學(apologetics)背後藏有一個假設：除非宗教可以保證我們所渴望的能得以實現，並確保我們可以得到終極的幸福，否則宗教就不能留住我們。當然，在某種意義上，這是正確的，因基督教的核心乃是相信在基督裏所成就的國度，是為要滿足我們內心最深處最大的渴望。就我們是上帝的受造物而言，上帝的

14 救贖必定能使人天然的需要得以滿足。但可惜的是，於我們尋找滿足之時，沒有意識到要正確地認識和敬拜上帝，我們必須由得自己的慾求被轉化，因而使得這種深邃的滿足變得平庸不堪。我們的慾求必須被轉化（我們必須受訓練去渴求正確的東西），因為我們已被罪所扭曲，很少意識到自己應正確渴求的東西是甚麼。

這種還原主義式的神學（reductionistic theology）會帶來一個很嚴重的後果，就是使到基督教信念的真確性無法再被宣稱，因我們不再知道怎樣才可宣稱宗教信念是真的，也不曉得這樣做有何意義，這現象可以最有力地表明現代的宗教情況。我們只剩下兩種選擇：「唯信論」（fideism）——即宗教信念必須以信心持守，因這些信念是無法應付提供證據這等挑戰的——或者索性投降。[15] 我們沒有時間找出這種情況背後的所有原因；但其中一個主要原因，必定是由於我們賦予了科學有決定事情真確性的首要地位。受到科學驗證的準則所支配，宗教看來就只不過是個人的意見。雖然科學無法確立某些假設的真確性，但科學至少可有方法測試那些假設是否錯誤。但我們必定無法知道，如何能用科學的方法來測定到底上帝曾否呼召一羣子民進入世界，以見證國度的大能。

有些人認為兩者的分別是好的，因宗教與科學和科技是如此的不同，以致不會影響我們對世界所具有的科學面相的理解。但根據這種論述，科學仍需要宗教來指陳：科學應要服務哪些人類的價值。這策略的問題在於，這樣做便會使宗教的真理價值（truth value）變得只具有功能性。

宗教真理的問題所面對的另一個挑戰，則是來自宗教本身。我們變得愈來愈意識到基督教信仰在歷史上的偶發性的起始點。我們既不知道一切有關耶穌的歷史「真相」（truth），看來也沒有任何歷史方法可得悉那真相。因此，萊辛（Gotthold Lessing）提出的問題仍會繼續糾纏我們，叫我們訝異怎可能將自己的人生，押在一個在歷史上偶發性的起始點上。[16] 我們覺得自己只應將自己和別人的生命，押在可以絕對肯定的事上。歷史性的「真理」(truth) 似乎實在太脆弱了，以致無法作為我們生命的基礎。

而這循環仍會繼續。我們愈是不肯定自己的宗教信仰是真理，
就愈會認為這些信念經不起公眾的評審。但在這過程中，我們似
乎失去了這些信念之所以為真的精髓：那就是我們願意把這些信念
推薦給別人。因為對基督教的信念來說，作見證的必要性並非次要
的，而是基督徒生命的核心。除非有人見證這些信念是真實的，並
親身示範出這些信念，否則別人就不能學習到這些信念。最基本 15
和必須的基督徒見證，並不是個人的經歷或談論基督教對「我」來
說是甚麼，而是要見證這世界是由一位美善的上帝所創造——這
位上帝透過以色列人和耶穌基督的生平、死亡和復活，向人顯明
了自己。

沒有這種見證，我們只是把這世界交給那些蠶食我們生命的謊話所衍生出來的暴力。所以，真理性與和平存在一種內在固有的關係，因為惟有我們被真理轉化（那真理能叫我們有信心不依靠別的，只單單依靠那真理的見證），和平才會臨到。凡是必須使用暴力來確保其存在的「真理」，都不可能是真理；但那推動太陽和星辰的那一「真理」，卻肯定極有說服力，因其根本不必借助暴力來迫使別人依從或認同，卻透過耗時的、不辭勞苦的、看似沒有收穫的見證來工作——甚至在破碎和暴力的世界中，真理仍相信這些見證最終將得勝。

4. 基督教信念的真確性

我前面所評論的現代的道德和宗教情況，至多使到基督教倫理學的任務變得岌岌可危。其實試探和陷阱是數之不盡的。我們處

於不再肯定自己的宗教信念是否真實的時代，而或許最具破壞力的試探，就是宣稱宗教可用來制止那威脅著我們的道德亂局，藉以為宗教挽回一些意義。我們要求宗教提供絕對的價值觀，以為這些價值觀是堵住我們現代社會的缺口所不可缺少的，於是便訓練「宗教倫理學家」教授商業倫理、醫學倫理和價值澄清理論（value clarification）的課程。

但這種策略迴避了最基本的問題。我們不應想要知道到底宗教信念是否帶有功能性，卻是應想要知道宗教信念究竟是否真確。此外，這種進路似乎在暗示當一種道德失去的時候，基督教倫理學能創造另一種道德。可是，這樣做只會是徒然的，因為倫理學需要有一些足以培育美好生活（well-lived lives）並充滿活力的羣體。倘若這些美好的生活並不存在，那麼，無論我們作出多少反省，也無法使到我們的倫理學變得豐富。

我們不能假設，倫理反省會叫我們擺脱活於破碎之中所感到的含混性。事實上，當作出誠實和仔細的倫理反省時，往往總會為一個身處破碎世界的道德行動者（moral actor），揭示更多難以捉摸
16 的難題。基督教倫理學的任務，不是要紓解我們的含混性，而是幫助我們正確地明白到，我們在沒有把握的世界中按照真理而活，那到底是甚麼意思。

最後，絕對論者（absolutist）的策略，是曲解了基督教倫理學的意義和任務的。基督教倫理學的任務，是要幫助我們明白我們的信念本身如何**就是**一種道德。我們並非首先相信一些關乎上帝、耶穌和教會的信念，後來才從這些信念中引申出倫理意義。反之，我們的信念體現出我們的道德；我們的信念就是我們的行動。我們基督徒不必尋找自己信念的「行為含義」（behavioral implications），我們的道德生命不是由信念加上選擇而構成的；這生命是一個過程，在其中我們的信念會叫我們塑造出合符真理的

品格。

我們若要公平對待基督教信念運作的方式，就必須先發展出一些概念工具，以探索這些信念究竟會如何塑造道德生活。我正盼望在下一章達到這目標，並同時注意到敘事、異象和品格。我意識到，在嘗試論到基督教倫理學會涉及到哪些特定信念之前，先要論述一下我們的道德經驗是在甚麼層面上與我們的信念會合。這不是說，基督教的信念總是與道德生命分開——我們已看到並沒有抽象的倫理學論述——但我們嘗試展示出這關係時，就必須逐一分開來說。無論如何，基督教信念內在固有的實踐性質必定不可摒棄。宣稱這些信念是真的，究竟是甚麼意思呢？要理解這問題，就必須明白基督教的信念如何就是一種道德。太多時候，宗教信念會被描述為某種原始的神祕世界觀，或是形而上學，在任何驗證意義上都不能視之為真的。有人會假設宗教語言只是用間接的、隱喻的或詩意的方式描寫世界。

我會在本書中主張，基督教的信念並不會從詩意的角度撫慰這種當代式的自我所感到的焦慮，反而會透過創造一個在生活上忠於這宇宙獨一真神的羣體，從而將自我轉化而面向真確的信仰（true faith）。當自我和大自然因而恢復正確的關係後，我們便會察覺自身的存在的真理性。不過，由於自我先要經過相應的轉化才能得著真理，而「倫理學」既是要研究這種轉化，它便必定不會跟隨那先驗的基督教信仰之系統性表述，反而會處於基督教神學反省的**起點**。

2

一種限定的倫理：基督教倫理學的敘事性質

A Qualified Ethic:
The Narrative Character of Christian Ethics

1. 非限定的倫理的抽象性

第一章提出根本沒有普遍性的「倫理學」這東西，而各種倫理學也需要一個限定詞。這種提議與現代倫理學理論的主要方向可謂大相徑庭，因後者會嘗試為道德尋找一個基礎，使道德判斷不必依仗一些歷史上偶發的羣體。我已經指出了後一種研究進路的問題；此處會更進一步探討這些問題，並主要會集中論到這種研究進路，如何忽略了我們的道德經驗中的一些重要方面，諸如敘事和德性。更重要的是，我會開始說明，為何基督教「倫理學」必須堅持「基督教」這限定詞的重要性。與普遍化的傾向相反，我會主張基督教倫理學應反映出一特殊羣體的歷史，要挪用（appropriation）這羣體的歷史，我們就必須承認我們是罪人。

現代的倫理學理論，通常會用上了很不同的方式，以支持那種伯納德．威廉斯描述為「懸在半空」（midair）的立場。[1] 倫理學家希望避免任何任意的規範性忠告，於是便設法構思出一種「後設倫理學」(metaethics;或譯作「元倫理學」)——這是一種對道德概念的性質和基礎所作的一種形式論述——這種倫理學本身不帶有任何禁制性的選擇。這種理論架構意圖鞏固我們實際的道德的非任意方面。雖然後設倫理學的反省有時會被批評為過於空洞,但這種反省則希望透過表明有一制高點存在便可確保道德的客觀性,從而保證不斷有能力從特殊性的判斷中「退一步想」(step back),並有能力不以任何個人觀點來作判斷,以否決一切惡性的主體主義(subjectivism)或相對主義(relativism)。

可是,這種假設的客觀性,其實是一種給扭曲了的主體主義,並使我們學會假定自己能夠(或總是應該)用「我是誰,能為這事定對錯?」這問題,以回應一切聲稱是不道德的行動。伯納德.威
18 廉斯指出,由於那回應本身都是一種道德的想法,故主體主義者和非主體主義者也同樣無法充分證明自己的回應是合理的。懸在半空中,「那回應試圖立足於一切道德立場之外(連同那思想家本身的立場在內),但卻仍然是一種道德的想法。可是,根據主體主義本身,這種懸在半空之處,並不是一處任何人都能抱有道德想法之處」,因這種懸在半空的處境,迫使我們要接受一種立場,是外在於我們所委身的和所關懷的——而這種委身和關懷,卻是一切道德的命脈。[2]

這種客觀性的論述會對道德踐行者產生一種不尋常的影響,使道德踐行者與自己的道德規劃(moral projects)疏離。這種論述需要一個人不斷把自己的道德規劃當成是任何人的道德規劃來看,但當我們不斷從自己的道德規劃「退一步想」,並從一種「客觀」的角度來評估這些規劃時,就會從道德生命中掠奪了那些可衍生出道德生命的理據(rationale)的特性,那理據就是:我們理應去做甚麼,與我們身為一個具體的道德踐行者想要成為甚麼,兩者乃是帶有密切關係的。但我們不能(也不應)生活得猶如不絕地批判自己和別

人；反之，我們必須和應該按照自己的意欲、需要和所關懷的，以塑造自己的生命。

伯納德．威廉斯不認為那些希望持守「懸在半空」的立場的人，可恰當地爭論「我為何要有道德？」這問題。倫理學並非始於（也不要求是始於）嘗試回答這問題。倫理學作為一套遵守紀律的分析技巧，是始於認識到一件事，即認識到我們**已經**處身於道德冒險的旅途上。我們能以向前走，不是由於我們有相同的理性論據，而是由於發現我們都是關心某些事的人。[3] 只要我們都願意關心，那麼便足以確保能與那些人——即任何以為自己可選擇脫離道德參與的人——進行有意義的對話。

從這種角度來看，言行一致的非道德主義者（amoralist）並沒有犯上理性上的錯誤，卻只是犯上人性上的錯誤。然而，如伯納德．威廉斯所說，非道德主義者很難保持言行一致：

> 如果他（那非道德主義者）反對（他必定會反對）別人按照他怎樣待人的方式來對待他，只要他能帶著無道德判斷成分來不喜歡並作出反擊，他仍算是完全言行一致。他不能**憎恨**或不同意別人這樣對待他，否則就會變成言行不一致了，因憎恨或不同意這兩種態度，也是屬於絕對的道德系統的（the moral system）……
>
> 從這例子和他的其他很多行徑實可闡明，這人明顯只是那
> 道德系統的寄生蟲。這人以及他要得到的滿足根本就不能
> 以這種方式存在——除非別人都以別的方式行事。因社
> 會普遍上都會有一些道德規則，而這人又需要社會；這人
> 更尤其會利用道德制度（像是承諾）和身邊的人的道德習 19
> 性以利己。[4]

伯納德．威廉斯的論據很有力量，卻是因提到「那絕對的道德系統」而變弱。「道德系統」並不只有一個，卻是有很多個的。此外，這些系統並非明顯地主要是由「道德規則」（moral rule）建構出來的。事實上，伯納德．威廉斯提到規則，於是便為這一假設提供了有力的證據，即道德反省的主要焦點應放在原則、規則和／或承諾這一假設。就希望這類規則可為道德提供一個客觀、理性的基礎而言，強調原則和規則是屬於後設倫理學體系的一部分。

1.1 規則和責任

當然，有人可以指出，強調規則（rule）對道德的中心性並無半點不妥。大多數道德的特徵，都是強調某些規則的重要性，儘管這些規則在內容或優先次序上會有所不同。舉一個例，請想一想道德教育的過程：先是訓練年青人遵守規則，之後他們才能學會規則細微的差別，並對那些規則作出修訂。

我當然沒有打算要否定規則的意義，卻是希望把社會中一般存在的規則，與現代道德和道德理論中所顯著強調的規則作出區分。並非所有社會都以我們相同的程度來強調規則。亞里士多德便極少提及規則；雖然聖經中與律法相似的表述佔有很突出的位置，但這些表述肯定不被視為自身就是目的所在，或是可以獨立證立的。為了正確地理解規則對我們品行（conduct）的意義，我必須簡單分析很多不同種類的規則和規則的功能。

我們近來相對地對規則著迷，是由於規則似乎有望以非個人化（impersonal）的方式，以證立我們的道德行為是合理的。規則看來好像可以保證客觀性，不然我們作出個人的決定和判斷時，就會顯得不客觀。因此，道德推理（moral reasoning）嘗試透過考量一個較普遍性的規則或原則（principle；乃是所有有理性的受造物也需要遵守的），藉以證明任何特殊性的判斷究竟是否合理。所以，道德被視作具備不偏不倚之質素，（也許錯誤地）且令人聯想到法律程序，並因而確保道德協定所必須的客觀性。

這幅道德生命的圖畫，無法公平處理規則的多樣性及其在我們 20
實際道德中的功能。雖然規則存在於很多活動之中，但規則在某方面的特性，卻可能不會存在於另一方面之中。所以，遊戲中的規則與科學研究上的規則會發揮不同的作用，遊戲中的規則亦與禮節上、法律上和宗教上的規則有所不同。此外，有些規則的力量，則會與其他規則截然不同。有些規則會作出限制，另一些規則會作出監管，有些規則則會授予許可。我們會用不同的角度審視由執法團體所制定的規則，又或者由習俗（custom；它會改變的）所制定的規則；另有一些規則，看來已在日常生活中極其根深柢固，以致我們從不認為這些算是規則。此外，規則的範圍也有分別，我們相信有些規則適用於所有情況（這些不必然是最基本的規則），但另一些規則就只適用於執行某些功能。[5]

柏拉圖和亞里士多德認為規則是較德性次要的，因德性引導我們邁向規則的真正意義，那就是人類的善（human good）。可是，在我們的時代中，那些關乎我們終極目的（ultimate end；即 "*telos*"）或問及何謂「美好人生」（the good life）的問題，都已不再被人考慮，因這些問題不受制於理性論據。[6] 所以，我們社會中的規則，並非衍生自某些關乎人類的善的根本概念。這些規則代表一種人為了確保社會和平及能以生存所不可或缺的東西而達成的共識，只有從這角度來看，這些規則才算是道德的基礎。

由於某些規則需要有 *telos* 的存在，才能使其變得可以理解，但人們卻是失去了 *telos*，故此我們似乎就只能從兩種截然不同的道德規則論述中作出選擇：康德的論述或效益主義（utilitarians）的論述。在康德看來，規則就是一切理性的受造物——不管帶有甚麼目標——必須遵守的行動條件。相反，穆爾（John Stuart Mill）

和效益主義者則主張，道德規則只不過是在我們經驗上、就如何才能為最多人帶來最大的幸福而所作出的歸納。儘管這些立場之間有重大的差別，但其實都持有一個共同的假設：倫理學首要地是要去體現一個充分的道德責任（moral obligation）理論，那道德責任是衍生自或從根本上是牽涉到規則和原則的。[7] 倫理學只會因應考慮哪一個單一原則，最能夠支持和整理我們由規則所決定出來（rule-determined）的責任，這是不同立場之間的惟一分別。

因而，看來對於很多哲學家來說，考慮到我們現今時代的混亂，倫理學的根本任務，就是要發展出一個足以說明我們基本的道德責任的理論。理論看來變得必要，因有人假設常規（convention）本身無法足以決定，究竟我們哪些道德原則和規則才可說得上是客觀而非任意的。因而，倫理學的主要爭論，便轉移到一個問題：究竟是「目的論的」（teleological）還是「義務論的」（deontological）理論，才最能夠說明我們的道德經驗？雖然這兩種理論有很多變化
21 版本，但一般來說，目的論強調後果（consequences）是可用來決定分辨道德上對與錯的準則，即權衡如何達致最佳的善；另一方面，義務論則堅持某些行動的對錯是由那行動本身來決定，即是說，根據我們的義務（duty）就能決定那行動是善是惡。所以，目的論者普遍認為，我們必須遵守承諾，因為這樣做可得到更多的善、更小的惡。義務論者主張我們必須遵守承諾，因為諾言在本質上是需要遵守的。因此，比起義務論的理論，目的論的論述則傾向認為規則只有較次等的地位。

雖然這兩種立場通常會被描述為是彼此對立的，但事實上，這兩種立場都帶有一些共同的根本假設。這兩種立場也假設道德哲學會藉著承認某些道德疑難（moral quandary）而取得其主要的理論基礎，例如是當規則之間發生衝突的時候。因而，兩者一開始便很少會留意到某「情境」（situation）如何或何以會被描述成一個「道德」

問題。看來，倫理學是始於一些問題，像是「我應不應墮胎？」，但卻沒有解釋我們為何和如何只會描述某一系列的情況，像是墮胎、姦淫或謀殺等等。

集中在「責任」和「規則」上，也會使到我們的行動與我們的踐行性（agency）變得割裂，因而便扭曲了我們的道德心理狀態。由於「責任」必須是從觀察者的立場來決定的，故此就假定行動可以被描繪成是獨立於踐行者和踐行者的意向；因而，看來踐行者的意向，在對行為作出道德描述和道德評價中，是不重要的（inconsequential）。當我們反對這種立場時，並不是要否定羣體能夠和確實已對某些主流的情境之描述取得一致看法，而這些情境之描述，則訓練我們應如何理解別人的行為和我們自己的行為。有時候，特定的踐行者會指出，這類描述不足以說明他們所面對的情境的複雜性；其實，這類情境僅提醒我們，踐行者的意向對一切行動描述是具有意義的。而羣體卻會教導我們哪種意向才是適合的——如果我們要成為適合在那羣體當中生活的人。因而，「我們應成為甚麼人？」等問題是「我們應做甚麼事」等問題所必須的背景。若把「責任」和「規則」視為道德上最首要的方面，便是忽略了這事實：行動的描述是透過其於某一羣體歷史中所扮演的角色而取得其可理解性的，因而，行動的描述是為了那羣體中的個人而設的。當「行動」從其歷史中抽離出來時，道德的自我便不禁會顯得像是一連串斷斷續續的行動，欠缺連續性（continuity）和一致性（unity）。

或許，由於我們感到太需要有一致性和整全性（integrity），於 22
是便把另一個目的論和義務論所共有的假設看為是必然的。目的論和義務論也假設惟有確立一個單一根本的原則，作為可以衍生出不同規則和責任、並為這些規則和責任劃分等級的準則，才能確保道德作為一種制度而有其秩序和融貫性，並因而確保個人有其秩序和融貫性。或許，效益主義可提出這方面最清楚的例子，因其「為最多的人帶來最大的善」這公式實在簡單不過，但義務論的系統也通常會尋找一個相似的主導原則。這類單一的原則即使相當形式化，但似乎是必不可少的，因這兩種理論也假設，任何表面上的道德衝突，都必須根據某個更普遍性的原則，而使之最終得到調解。於是，這兩種理論也容不下道德悲劇（moral tragedy；即有些道德衝突可能是不可能調解的）的想法。

可是，我們確實活在一個充滿這類衝突的世界，除非我們能培養出一些足以支持自己努力下去的德性，否則就不可能應付這種世界。但嘗試透過以規則和責任為著重點來發展出一種非限定的倫理（unqualified ethic），則正正會導致無法凸顯我們活在這種世界中所必不可少的那些德性。從非限定的倫理的角度來看，已假設除非我們能先回答「我們應怎樣做？」這問題，才能回答「我們應成為甚麼人？」這問題。雖然我無意主張「德性的倫理學」必須先於「責任的倫理學」，[8] 但集中在後者的倫理學，肯定會令我們只剩下太少資源，可用來面對這暴力世界的道德危機。尤其是，我們沒有明白到，那些必不可少的德性，只能透過借用某個特殊羣體對善的論述才能展示出來，而那羣體的論述，也必然會以一種敘事的形式呈現出來。

此外，我們注重要發展一種非限定的倫理，希望藉以確保帶有不同信念和歷史的人可以和平共處，就忽視了基督教的信念可為道德生命所作出的一個最重要的貢獻。因非限定的倫理會使到一些關乎上帝的本性（the nature of God），以及關乎上帝藉著對以色列的呼召和耶穌的生命來看顧我們這一重要的基督教信念，都變得與道德無關。我們對這些事情的「信仰」（belief），降格成我們生活中的一些分離開來的「宗教面向」，而它們只對我們的道德存在帶來很少的影響。

1.2 基督教倫理學作為一種非限定的倫理所承受的痛苦

我們在第四章會看到，有些基督教倫理學家已別具一格地主張一種普遍性（universality），且十分接近新近哲學倫理學的普遍 23
性。這些基督教倫理學家假定，我們在神學上可以對非限定的倫理在哲學上作出充分維護。然而，實在很奇怪，這假設使到在倫理層面上實證的神學信念變得次要，因如果我們可根據自己宗教信念以外的觀念來曉得自己應怎樣做，那麼我們又要如何從道德上理解自己的那些神學信念？這些倫理學家經常會把這些神學信念降格成「較高等的道德觀」（higher morality）或有關道德生命「動機面向」（motivational aspects），這兩種降格也會帶來一種道德心理狀態：踐行者與他們的行動遭人為地割裂；「我們應怎樣做」這問題，從「我們是誰」的問題中給抽離出來。

我們假設自己必須從目的論和義務論這兩種責任理論中二選其一，其實這假設也會嚴重扭曲基督教倫理學。[9] 當然，基督教傳統有一些方面看來是可切合這兩種理論的。那些傾向選擇義務論的人，往往會強調上帝威嚴的臨在或立約忠誠的必要性。[10] 那些更被目的論所吸引的人，則通常會強調愛才是基督教倫理學的主導面向。[11] 我們沒理由否定聖經的記載和基督教的傳統有呈現出義務論和目的論的傾向，但若是假設基督教倫理學要求我們在當中二擇其一，又或者選擇某種兩者的融合，就是弄錯了。因我們這樣做的時候，就會使神學信念從屬於（subordinating）道德論據的先驗形式的圖樣（prior formal patterns），因而難免往往會使到基督教「倫理」從其理論基礎中抽離出來。

舉一個例，有些人相信倫理學主要是關乎規則，就會假設基督教倫理學必定主要是源自十誡或登山寶訓。這兩段經文對基督教倫理思想也極具意義，但若被當成是一些可證立其自身的規則，就會變得不可理喻了。十誡是屬於上帝與以色列人立約的一部分，脱離那立約事件，十誡就會變得毫無道理。上帝確實命令人順服，但我們的上帝是「曾將你從埃及地為奴之家領出來」（申五 6）的上帝。因著上帝這行動，「除了我以外你不可有別的上帝」這誡命才能成立。同樣地，不可殺人，不可姦淫，不可偷盜等誡命，也必然只有在上帝與以色列人相處的故事的特殊性中才是合理的。[12] 因此，每次我們領受上帝的命令時，也會記得：

> 我們在埃及作過法老的奴僕；耶和華用大能的手將我們從
> 24 埃及領出來，在我們眼前，將重大可怕的神蹟奇事施行在
> 埃及地和法老並他全家的身上，將我們從那裏領出來，要
> 領我們進入他向我們列祖起誓應許之地，把這地賜給我
> 們。耶和華又吩咐我們遵行這一切律例，要敬畏耶和華——
> 我們的上帝，使我們常得好處，蒙他保全我們的生命，像
> 今日一樣。我們若照耶和華——我們上帝所吩咐的一切誡
> 命謹守遵行，這就是我們的義了。（申六 21～25）

難怪有些人為了發展一種非歷史的倫理而強調某一種責任的倫理時，便會忽略了聖經道德的這面向。因聖經在根本上是一個羣體與他們的上帝一同踏上旅程的故事，故「聖經倫理」（biblical ethics）必然是一種描繪生命是會成長和發展的倫理。相反，抽離這故事而強調那是由規則所決定的一種責任，則會使到我們的存在看似只是「一件又一件的倒霉事」。

那麼，如果基督徒所持守的信念，是可透過德性的分析而較佳地展示出來的話，我們就不必感到意外。麥金太爾已指出，要發展

> 一種對德性的立場，便要採納一種對生命敘事性質的立

> 場。情況何以是這樣，其實並不難理解。如果一個人的人生，被理解為是一個過程，當中會經過道德和肉身上的傷害和危險，而那人會以或好或壞的方式，面對和克服這些傷害和危險，並得著或多或少的成功，那麼德性就會是怎麼樣的質素了？那就是，擁有和運用德性的人，普遍會在人生路上取得成功；相反，沒有和不運用德性的人，則普遍會在人生路上遭遇失敗。[13]

猶太人和基督徒理解自己是處身於這種冒險的旅程中，靠著上帝賜給他們的道德資源，就足以走完這趟旅程。這羣旅人的故事和德性之角色，是內在地互相交織的，我會嘗試更清楚說明何以情況會是如此，並如何可以如此。

2. 基督教信念的敘事性質

基督教的信念是以故事（或許更好地說，是一連串的故事）的形式來表達的，這些故事構成一個傳統，這傳統反過來會創造和塑造一個羣體，而這事實就決定了基督教倫理學的性質。基督教倫理
學並非始於強調規則或原則，卻是始於吸引我們注意一段講到上帝 25
如何對待受造物的敘事。固然，這是一個複雜的故事，帶有很多不同的次要情節和離題的段落，但於本書此處對我們至關重要的，是要明白到這故事是一段敘事，而這並非偶然的。

我們太多時候會假設基督教信念的敘事性質，是伴隨著這些信念而來的，信徒和非信徒也會有一個印象，覺得敘事是相對地不重要的道德範疇。明確來説，我們往往想到「故事」是要闡明一些較深入的真理，而我們可以和應該學會用非敘事的方式來言明這些真理。因而，我們小時候會設法明白故事，但長大後就想要字義上

的真理，即可脫離故事而具體表明出來的真理。康普特（Augustus Compte）甚至建議這種發展可呼應人類的歷史，指出我們現在已到達了科學時代，不再需要故事（神話）。諷刺地，康普特沒發覺自己正說出一個故事，以表明我們現在已到了不再需要故事的時代！

此外，我們自然會聯想到故事和敘事是虛構的（fiction）。故事會創造一個幻想世界，叫我們擺脫自己不得不應付的現實世界的重擔。有人認為，聖經中上帝的故事，只是嘗試以「神祕的方式」或「象徵性的手法」，表明一些可直接說明的事，但由於受所描述的對象的性質所限，故只可用「詩意」（poetic）的形式才能表達。這些上帝的故事，好像大多數的故事一樣，也許很能夠安慰我們，但若有人問到這些故事是否真實，我們會認為那就是本末倒置了。

我認為這是對基督教信念的敘事性質一種可怕的誤解。我會主張：敘事模式既不是純粹伴隨著基督教的信念而來的（incidential），也不是偶然的（accidential）。再沒有比故事更根本的方式來談論上帝。[14] 我們是透過細述以色列的故事和耶穌的生平的故事來認識上帝的，這事實對我們真確地理解自己所處身的世界和所敬拜的上帝，帶有決定性的影響。直接地說，我們對上帝、對自己和對世界的認識所帶有的敘事性質，是一個建構實在的主張（reality-making claim），指出這世界和我們的存在都是由上帝所創造的；我們的生命並宇宙的存在，其實都只不過是一偶發的實在。

有些人可能會認為，強調敘事作為基督教信念的首出文法（primary grammar），乃是一個神學上的錯誤。我們肯定可以用比透過故事更根本的方式來談論上帝，例如是透過教義。我們在教義上肯定上帝是我們的創造主和／或救贖主，或肯定三一的關係（trinitarian relationship）是上帝最基本之本性。但是，如此般強調
26 會忽略一個事實：這些「教義」本身也是一個故事，或許更好地說，是故事的大綱。[15]「上帝是創造主」這類主張，只是用簡明的方式

來提醒我們，我們相信自己是參與在一個遠為精心設計的故事中，而上帝就是那故事的作者。因此，教義並不是故事所帶來的結果；又非故事的核心意義。反之，教義是工具（有時甚至是令人誤導的工具），旨在幫助我們可以將故事講得更好。因而，基督教的故事是一演示的故事（an enacted story），故比起教義或信經（creeds）來說，禮拜儀式（liturgy）很可能是遠為重要的資源，以幫助我們又聆聽，又講述，又活出上帝的故事。

敍事對我們認識上帝而言，並非次要的；沒有「要點」（point）是可以脫離故事的。我們透過敍事來認識上帝，這些敍事**就是**要點。故事並不是解釋的替代品，叫我們盼望有天可用更直接的論述來取而代之。正正相反，敍事對於我們理解自己存在的某些方面（這些方面是不容有任何進一步解釋的，像是上帝、世界和自己等）是必須的。

事實上，我們對上帝、對世界和對自我的認識，看來三者帶有相似的認識論地位（epistemological status），這情況並非偶然。對他們進行分析，各自看起來都像一個陌生的「客體」（object），因似乎我們對其中一方的認識，乃是取決於對另外一方的認識。要「認識」上帝，就要反思我們對自己和世界有甚麼認識，並且是用甚麼方法來認識。要「認識」自己，就不得不對這自我能以在其中存在的世界提出一些主張。上帝、世界和自我均不能被理解為分離獨立的東西（separate entity），而三者必須被理解為是處於一需要具體展示的關係之中。這種展示是以敍事的形式表達，我們在其中發現，惟有透過上帝、世界和自我的歷史，才能「認識」這三者。

敍事在我們的生活中所扮演的重要角色，通常超過我們所想像的。舉一個例，我們經常會透過敍事來介紹自己。固然，任何我們用來等同「自我」的故事，也能夠和應該不斷受到我們那業已度過的歷史所試驗，但講述敍事本身，就已是對歷史的重新詮釋。我們看到，由於自我是在歷史中形成，所以我們需要用敘事來談論自我，否則就根本無法談論。人不應想到自身變成只是一些彰現出自我之個別事件的示例，又或是由這些事件所組成的，但惟有當人學會如何講述自己獨特的故事，才能理解其自我（selfhood）是由甚麼所構成的。

正如敘事是對認識自我一個關鍵的範疇，敘事對我們認識上帝的重要性也是一樣。我們必須記得，「上帝」是一個通稱，惟有我們透過歷史來認識上帝後，才能賦與這名字一些屬性。當然，這
27 是根據人對上帝的認識和對自己的認識是互相依存這基本的神學主張而推論出來的。但當這神學主張以敘事的形式具體地表達出來後，我們便能馬上看見這主張對基督徒生活的含義。不但人對自己的認識是與人對上帝的認識聯繫在一起，更是惟有當我們按著上帝來認識自己時，我們才能真確地（truthfully）認識自己。惟有當我們能夠將自己、將自己的故事置於上帝的故事之中，我們才認識自己是誰。

這就是我們在道德上有分於上帝的生命這非凡的基督教主張的基礎所在，因我們的上帝渴望將我們的生命也包含在祂自己的生命之中。我們用簡明的方式說上帝是施恩的上帝時，就是指到這意思。當這類簡明的表達，被人誤解為是指到我們與上帝的關係有一種直接性（immediacy），而使得自我與上帝同行的那段旅程變得不相關（irrelevent）時，這類表達就可以很危險。恩典不是在歷史之上的永恆時刻，使到歷史變得不相關；反之，恩典是上帝選擇成為國度的主，而這國度是藉著我們具體的順服而得以進一步拓展，而我們則透過順服就可經受這獨特的歷史，即與我們身為上帝的受造物的本性相稱的歷史。

學習成為上帝的受造物，意味著我們必須學會承認自己的存在及宇宙本身的存在都是禮物（gifts；或譯作「恩賜」）。這

是上帝願意賜下的禮物，叫我們的生命對上帝創世的終末目的（eschatological purposes）作出貢獻。我們身為受造物，不能指望向上帝回饋如此浩大的禮物，但可表示願意接受，以作為對上帝的回應。學習成為上帝的受造物並接受這禮物，就是學習在上帝的世界中感到如同在自己的家中，有「賓至如歸」（at home）的感覺。正如我們會致力叫賓客在我們家中感到「賓至如歸」，同樣，上帝也給我們機會致力叫我們感到「賓至如歸」——藉按照上帝賜下禮物的方式來享用禮物：而上帝賜下這份禮物的方式，正是「白白地」賜下。[16]

我們不可能回饋上帝所賜下的禮物，這情況在我們的日常生活中並非沒有可供類比的例子。我們不可能報答父母的愛，我們惟有接受父母的愛，再以同樣的方式愛其他人。而我們在一生人中也不斷接受恩惠，有些恩惠並不知道是由誰人施予的，有些甚至是我們沒有留意到的。施米茨（Kenneth Schmitz）指出：「就算我運用最簡單的技巧，這些技巧都必定是由許多無名的匠人所發現並加以改良而成的；故此，大多數恩人都是我不認識的。我們有些人可說出自己幾代祖宗的名字，但不久之後，那一連串曾幫助賦與我們生命的人，就會漸漸變得寂寂無名了。」[17] 沒錯，帶著感謝的心承繼一個傳統，就是對一連串真實的恩人表示讚賞和尊敬，他們使那些技巧和故事得以保存，以向我們提供方法來認識自己的生命是由上帝所造，並活出作為上帝受造物的生命。

基督徒和猶太人也是富有傳統的人，相信自己被邀請分嘗一特 28
殊的歷史，當中反映出那一位使我們成其所是的上帝。因此，我們便需要學習透過上帝所行的來認識這位創造主，即透過上帝如何用特別的方式對待以色列和耶穌、並怎樣對猶太人守信實、又招聚人到教會以認識祂。這些認識，要求人不斷挪用、並不斷願意接受上帝的禮物——即上帝那所賜下的美好的創造。身為基督徒，我們堅持如下的主張，即我們惟有在（in）並藉著（through）效忠於耶穌的生平、受死和復活，這種挪用才能得以實現。我們相信透過學習作祂的門徒，就能學會在上帝的故事中找到自己的生命：自己的故事。在這過程中，我們發現自己的生命是與別人的生命相關的；我們亦發現，惟有當我們承認自己是欠了那些在過去和延續至今的以色列人的恩情時，自己身為基督徒的生命才會變得可以理解。

總結來說，從神學上來看，強調敘事，對說明基督徒的存在是十分重要的，這至少可提醒我們三個重要的主張：[18] 第一，敘事在形式上展示出我們的存在和世界作為受造物——作為**偶發性**的存有——的存在。敘事是不可缺少的，正因為這世界和世上的事件並非必然會存在的。任何人嘗試用非敘事的方式來描繪這世界和我們自己，都註定會失敗，因這樣做會否定我們自己的偶發性。與此緊密相關的是，敘事對我們認識自己和認識上帝，在認識論上是最根本的，因我們惟有在上帝的生命中才能認識自己。

第二，敘事是我們意識到自己是**歷史的**存有的特有形式（這種存有必須為那些暫時互不相連的實在，作出一個有目的性關係的論述）。甚至，一羣人是否能提供這種論述，並使這論述在一個活生生的傳統中持續成長，就是認出這羣人是否為一個羣體的主要準則。羣體叫我們與別人結合在一起，進而促進某個傳統成長，而該傳統的多重故事情節，則為要幫助羣體中個別的人認定和穿梭於朝向美善的道路。自我是從屬於羣體的，而非羣體從屬於自我，因我們是透過一個羣體的敘事傳統來發現自我的。

由此便可明白，為何強調敘事是與「各種倫理也需要一個限定詞」這主張彼此相關。沒有倫理可脱離其敘事的（因而也是羣體的）處境。就實踐理性（practical reason）設法避開其內在固有的歷史性質而言，實踐理性會使我們沒能力按照自己真正的目的來整理自己的生命。因而，我們變得與自己疏離，並失去在歷史中定位的能力——即使我們也是屬於這歷史的一部分。

第三，上帝已用敘事的方式，在以色列的歷史和耶穌的生平中
啟示了自己。雖然大部分的聖經內容並不是以敘事文學的形式寫 29
成的，但福音書以這種文學形式寫成，則或許並非偶然。[19] 無論如何，聖經在整體上就是講述這故事：上帝與以色列立約，後來耶穌出生，受死和復活，並教會作為耶穌生命的重演所持續下去的歷史。這種以經驗為根據的觀察，不是有趣這麼簡單；因著對敘事這一重要本性——**作為上帝拯救之形式**——的理解，得救所需的真理歸因於聖經，便是正確的。[20]

當然，我們未經訓練就無法理解，因我們至少會抗拒那段描述我們為有罪的受造物的敘事。我們叫自己的生命透過加入國度而得著轉化後，才能認識上帝。這種轉化要求我們不按照自己希望世界會變成怎樣來看世界，而是要按著世界的本相來看世界，即是看世界是有罪的，並看自己是罪人。因而，這故事要求生命的轉化，因這故事挑戰著我們自義的傲慢，並教導我們為何自己極需要藉著這個新羣體所提供的水禮來得著重生。

2.1 敘事：建構實在的主張

我已設法想要表明，強調敘事並不是要將基督教信念的真確性，變成對人類存在的爭議性論述。相反，留意上帝的活動和我們生命的敘事性質，就可揭示實在的性質。由於我們的存在是在歷史上給決定了的，故此，當我們發現自己的道德也是歷史性的的時候，就不應感到意外；我們的存在和我們的道德也需要一個限定詞。可以說，我們不可能懸在半空、立足於自己的歷史之外；我們註定只會在上帝的歷史中發現自己，因上帝是我們之始，又是我們之終。

因此，基督教倫理學並非首要地關乎「你應」(Thou shalt)或「你不應」(Thou shalt not)，其首要的任務乃是要幫助我們正確地展

望／預想（envision）世界。基督教倫理學是由一個明確的故事跟特定的內容所特意構成的。如果我們不知怎地發現這世界並不如那故事所意味著的那樣，那麼，我們便有很好的理由不去相信上帝，或者更準確地說，我們便可以不去敬拜那位在耶穌的生平、十字架和復活中啟示自己的上帝。換句話說，基督教倫理學的工作，首要是幫助我們去看。我們只能在自己能夠展望／預想的世界中行事，而我們惟有受過訓練去看，才能正確地展望／預想世界。我們不僅是靠眼睛去看，更是必須透過加入那嘗試按著上帝的故事來忠心生活
30 的羣體，從而發展出一些有紀律的技巧。此外，除非我們改變，否則就不能正確地去看世界，因我們身為罪人，並不想真確地看見。因此，基督教倫理學必須斷言，藉著學習成為忠心的門徒，我們便愈加可以看見這世界的本相，也就是：上帝的創造。

但基督徒必須要認識到：儘管上帝的創造是美好的，這世界也是在根本上叛逆上帝的。這種叛逆包括人類，但不只限於人類。這叛亂擴散到我們存在的每一方面，因人類的罪而導致一切受造物都離開了自身的本位。任何人提出這世界是有罪時，都不可以只限於一些「道德上」的主張，並只針對我們微不足道的罪行。基督教的故事訓練我們明白到自己在人生的大多數時候，行事為人也都彷彿看這世界並不是屬於上帝的，因而埋藏著我們根本的罪。此外，我們如此行事時，便發覺自己的行動會帶來深遠的後果，因為實際上我們是扭曲了自己和世界的本性。所以，罪不只是意味著一種有關人類行為的主張，更是意味著對事物的運作方式的主張。

我們的存在是有罪的，這為「如果我們想真確地看這世界，就必須經歷轉化」的主張提供了新的角度。這種轉化會為我們帶來新異象，而這新異象則包含著對一種真確語言的挪用。如果我們能看見，就能說話。這並不意味著不會去觀察一些我們偶爾並不知道該如何描述的東西，而是說：我們**學習**去看這些事，並有能力向別人

詮釋和分享自己的異象，都是取決於我們擁有一種與自己所見之事相稱的語言。

基督教的信念構成一個敍事、一種語言，若果我們真確地看——並成為——那種敍事和語言，就需要自我的轉化。福音書命令我們，如果想要認出自己作為子民的身分，並正確地理解有分於國度所需的要求，就要服從於那充滿活力且持續不斷的作門徒的召喚。此外，要成為基督徒，首要的不是要服從某些誡命或規則，而是要學會於耶穌的故事——即上帝的國度的樣式——中成長。我們說自己必須學習作門徒，以表達出上述的意願；惟有這樣，我們才能明白何以在創造的核心就是十字架和復活。

2.2 論學習作罪人

當那敍事邀請我們不只把自己理解為那位被釘十字架的耶穌的朋友，更是有分於將耶穌釘在十字架上的人時，我們這堂要學習的功課，便最教人惶恐不安了。我們必須訓練自己，把自己看為罪人，因這種領會並非不證自明的(self-evident)。甚至，我們的罪是極其根本的，以致我們必須經過學習才能把它確認出來；只要我
們仍舊被罪所形塑，就不能察覺到罪的根本性。罪並不是人類變 31
得不人道或不道德的某種普遍傾向，儘管罪可以包括不人道和不道德。我們是有罪的，不是由於參與在好些一般性的人類狀況中，而是由於我們於理解實在(reality)之性質時自欺，以致將那位呼召我們進上帝國度的，釘在十字架上。

上帝的生命藉著耶穌基督的生平、受死和復活啟示出來，而我們則透過將自我定位在上帝的生命中以發現自己真正的身分，只有這樣，我們才會認識到自己的罪是甚麼。惟有當我們承認自己是這種罪人時，我們才能獲得救贖並且有得救的確據。我們之所以能有這種確據，是因我們在十字架上看見了上帝的榮耀，故雖然我們察

覺到自己是罪人，但這亦不會因而摧毀我們。

基督徒論到上帝的故事時，揭示出這不受歡迎的事實：我是罪人。因若果沒有這種敍事，我有罪這事實及其性質就不禁會埋藏於自欺之中。惟有這敍事——即能有助於我知道自己是由那位恩惠的上帝所造的那種敍事——才能向我提供一些技巧，以幫助我把自己的罪，確定為是根本上的不忠和叛逆。我身為受造物，是為了要效忠（忠於真理和那推動太陽和星辰、卻又見於十字架上的愛）而被造。我發現自己服事各樣的權勢，卻是不肯服事那真正盼望成為我的主的那位。結果，很諷刺的是，我想擁有，卻反過來被擁有。

基督教的傳統已於不同的時間和地點、並以不同的方式描繪出這根本的罪。我們那基本的罪曾被描繪成驕傲、自戀、不忠、慾望、懶惰，而這些罪在某程度上都可堪稱為眾罪之父。可是，我懷疑究竟上述任何一個詞彙，到底是否足以令人想到我們的罪的複雜性質。正是如此，我們才明白自己需要在聖經中找到和由教會所展示的那些故事組合，藉以認出自己的罪來。我們身為由敍事所決定的受造物，必須學會將自己的生命定位於上帝的生命中，才能找到方法去面對自己對真正創造主的不忠和叛逆，並可以為這過錯做一點甚麼事。

就我不肯忠於上帝的道、並且不肯活作上帝生命的一部分而言，我的生命就帶有叛逆的特性。我們的罪不僅是因錯誤高估了自己的能力，更是因主動和故意地試圖超越自己的力量，並想試圖自成一格地（*sui generis*）生活，彷彿我們就是或能夠成為自己故事的作者。因而，我們的罪就是挑戰上帝的作者身分，並否定我們只是於這齣國度戲劇中扮演著不同的角色。

32 沒有人比起萊因霍爾德．尼布爾可更能描繪出這種叛逆。萊因霍爾德．尼布爾明白到罪是源自我們沒能力以受造物（作為偶發性的受造物）的身分而活。我們不肯面對自己的偶發性，因而沒有

安全感，於是就靠著

> 一種權力慾（will-to-power），以用來克服這種不安全的感覺，而這種權力慾則超出了人類的受造性。人是無知的，陷於一種有限的思想的限制中；卻假裝自己並不是有限的。人假定自己可以逐步超越有限的限制，直到他的思想可以等同於宇宙的思想。因此，人一切知性和文化上的追求，也會受到驕傲的罪所污染。人的驕傲和權力慾會擾亂造物界的和諧。聖經用宗教和道德的角度來為罪作出定義，宗教層面上的罪就是人叛逆上帝，企圖篡奪上帝的位置。道德和社會層面上的罪就是不公義（injustice）。自我在驕傲和權力慾中錯誤地把自己當成存在的中心，就必然會強迫其他人服從自己的意志，因而對其他生命不公義。
>
> 有時候，人會試圖解決有限和自由兩者間的矛盾所引起的問題，但不是靠隱藏自己的有限性，並把世界包攬在一己之內，而是靠隱藏自己的自由，叫自己迷失在這個世界的好些活力中。在這情況中，人的罪會給定義為肉慾（sensuality），過於會是驕傲。肉慾決不僅表達出人自然的本能。於解決有限性和自由的問題上，肉慾總會流露出人的徒勞。人類之激情的特徵，總是那些無限的和魔鬼般的潛能，這些方面乃是動物所沒有的。[21]

萊因霍爾德．尼布爾非凡地分析了驕傲和肉慾的關係，雖然上述簡短的引文不能公平處理萊因霍爾德．尼布爾那錯綜複雜的分析，但也足以指出，這兩者都會對我們的存在造成扭曲。此外，當我們講出關於自己和別人的故事、卻同時是錯誤的和騙人的故事時，就會活在謊言之中。甚至，我們為了騙人，會試圖使自己的謊言變得更加可信；藉建構這些謊言，以博取大眾的共識。因著大多數人的共識而來的「客觀性」，就使到我們的謊言變得更具破壞性，因這種客觀性叫我們假定：那些挑戰我們所達成之共識的人，不單是錯誤的，更是不道德的。然後，我們很快就會使用暴力來維護自己認為是真理的事，因而我們的罪便成為徹底的暴力。

33 若果這不是對罪全面的論述，至少也足以指明這點：看見這世界是有罪的，就已包含一種對實在的道德主張，那是關乎自我應如何在世界中自處，並藉此正確地理解這世界存在的性質。我們已說過，倫理學主要不是關乎規則和原則，而是關乎自我必須怎樣轉化，以致能真確地看這世界。對基督徒來說，這種看見藉著敘事的訓練而增強，這敘事教導我們如何運用那既關乎別人也關乎自己的罪之語言（language of sin）。

當然，基督徒不只要把自己看為罪人，也要為自己的罪做一些事。我們被召作門徒，甚至是被召把我們自己算於義人之中，我們的呼召不是叫人行善的一般忠告，而是一個具體和明確的呼召，叫我們展開上帝在十字架上為我們作出救贖所成就的生活方式。在前文已提到，要成為得贖的人，就是要成為上帝子民的一分子。要將自己定位在這歷史和子民之中，不意味著我們必須有些特別的個人得救經歷。反之，救贖是一種改變，我們在其中受邀成為上帝國度一分子，並透過這國度培養一種品格，是與聽見上帝呼召之人相稱的。現在對於很多人來說，有強烈感情的個人得救經歷可能是很重要的，但這類經歷本身並不能取代我們的學習：即學習只在上帝與造物界同行的旅程中，尋找自己生命的意義。

我們基督徒把其對生命的定位與〔上帝〕子民的歷史相關聯。福音書並不是一個「真理」或哲學理論，可任由個人挪用，希圖為自己的生命賦與一些意義。相反，我們發現自己是屬於一個羣體，並帶有非常獨特的公民身分（citizenship）。我們自己身為公民，對自我的理解就會改變，但惟有當我們培養到德性——即那些在歷史上不斷維繫一羣和平子民所必須有的德性——那改變才會發生。同樣地，基督教倫理學必須用於基督徒的羣體，並且被那羣體塑造，而那羣體是關注品格的塑造的，其綿延的歷史也會提供一種延續性，那是行事為人要符合這種品格所必須的。

我稍後會講到更多關乎品格的性質及其重要性的事。然而，我
在這段的上下文中指出，基督教倫理學更多是關注到我們是誰，
過於是關注我們會做甚麼，這便足夠了。這不是在暗示著我們的
行動、決定和選擇並不重要，而是要指出，教會有責任使我們的存
有與行為兩者合而為一，以致到一個地步，我們所做的事只能是我 34
們品格的一種反映。教會這段持續下去的歷史，需要有人（你若喜
歡，可說是需要有品格）能以與上帝的作為——即上帝在耶穌基
督的生平和受死中所作的事——相稱的方式來生活。

談回在較早前論到的那點，我們現在可以看到，堅持基督教倫理學需要有限定詞，不只是基於正式用法、更是基於我們的信念的實質內容的要求。這些信念以敘事的形式表達出來，並由某種品格和/或獨特的德性倫理地展示出來，這意味著基督徒不能假裝是為所有人來研究倫理學。然而，意思並不是基督教的信念只是對教會才有意義，因基督徒主張自己透過在上帝的故事中學習尋找自己的生命，他們就會學到真確地看這世界。基督徒必須嘗試成為一羣能光照別人的子民，他們的倫理要如同燈塔一樣發光發亮，向別人照明：生命要怎樣活才會過得好。

3
論處於歷史性的狀態：踐行性、品格及罪

On Being Historic:
Agency, Character, and Sin

1. 論為我們的品格負責任

我已一再強調，反省道德生命的性質，並不可能有中立的出發點。雖然基督教倫理學宣稱是帶有真確性的，因而亦帶有某種普遍性，但基督教倫理學自始至終也要認真看待「基督教」這限定詞。基督教倫理學於開始時，並不可能避開一些由某個特定的羣體、在此時此地對上帝所作出的肯認（affirmation）。基督徒宣稱這些肯認是真的和客觀的，從而可帶給我們技巧，能以在世界中正確地觀照事物，以及在世界中正確地行事；這不是按照我們希望世界變成的樣子來看世界，乃是按照世界的本相來看世界，即視之為上帝美好的、卻是已經墮落的創造。

按照世界的本相來認識這世界，而不是按照我們希望世界變成的樣子來認識這世界，在某程度上，就是要指明一切的存在（尤其是人類本身）都是以敘事的方式建構而成的。用另一種說法：成為歷史性（to be historic）的存有就是我們的本性。透過對歷史性（並

因而對敘事）的省思，便知道：我們存在的特點對於明白基督徒所講述的上帝的故事——那稱為是真的故事——究竟是甚麼意思而言，是至為關鍵的。因我們必須表明，事實上我們的存在及我們的本性都是與那故事相呼應的，即是說，我們的生命都需要以敘事的方式展示。

在古典的傳統中，成為一個人即意指其立於自然本性（nature）與精神性（spiritual）之間，又立於有限的限制和無限的可能性之間。我們得以成為有精神性的（即超過我們肉體上或生物上的本性），正是我們得以成為具歷史性的必須條件。但同樣來說，若我們沒有肉體上或生物上的本性，就不能成為帶有歷史性的。正是由於我們的本性如此堅決地將我們牢牢地固定於具體事物之上，我們才成為一個能夠構成歷史的演員。[1]

不過，能夠構成一段歷史到底是甚麼意思呢？這肯定不是指到我們必須能夠從宏大的意義上塑造一段「歷史」——即是要製造一個我們後代所不能忽視的標記（雖然，本書中稍後討論到罪時會看
36 到，我們通常會假定自己的存在，**確實**取決於留下這種標記）。反之，要成為具有歷史性的，是指到我必須將自己的過去看為是屬於自己的，我必須學習說：「我作了那事」。要成為有歷史性的，是指到我必須有能力使到一連串的「事件」變成一個敘事——但並不是任何一個敘事，而是一個足以給自己一種自我感（a sense of self）的敘事；不但回顧自己的過去，更要指望將來，因而帶給自己人生一個終極的目的和方向。

可是，如此強調我們存在的歷史特性，似乎就會決定性地限制了我們身為自由的存有的重要條件，這是很多人所假設的。在他們看來，我們能夠成為具有歷史性的，取決於我們先有自由，而至少在原則上，這種自由總是保證我們能夠從自己種種參與中有抽身的可能；因而，這種自由是先於我們的歷史的。如果我堅持我們的歷

史性是先於我們身為自由的人的話，似乎就排除了這種自由——即宣稱我們的歷史是屬於我們自己時所必須要有的那種自由。

就這方面來說，我們會把具歷史性的兩種不同意思關聯、甚至有時混淆起來，這一點是十分重要的。當我們說自己是「具歷史性的」，有時是指到我們是歷史的「產物」(products)。這是說，我們是被很多東西所決定了的：例如自己的生物性、生平背景、出生的偶然性、我們成長的時間和地方，以及我們自己的過去。我們是被塑造成這樣子的。但在另一些時候，我們說自己是「具歷史性的」，乃是指到自己能夠詮釋和形塑自己的歷史，藉靠我們自己所作的決定，就可以把自己生命所「給予」我們的東西加以塑造，使之呈現出自己之願望和慾求的特色。

作為具有歷史性的，包含了以上兩方面的意思，儘管不容易明白到這兩種意思怎可以都是真確的。就我們是歷史的**產物**而言，當我們嘗試**締造**(make)歷史時，似乎就會時常遭遇挫敗或至少受到極大的限制。舉一個例，當我們回顧自己的人生時，很多我們以為是自己當年努力**在做**(doing)的事，現在看來，倒像是一件**做在**(done)我們身上的事。回顧來看，我們自己的所謂「決定」，看來更像是被決定多於是自由了。

甚至，某些重大的抉擇(像是決定結婚)也是一樣，我假定結婚明顯地是我當時所作的決定，但後來看起來卻像是一件做在我身上的事。我結婚的時候，似乎作出了各式各樣的決定：決定與誰人結婚、決定在甚麼時候結婚，以及決定這婚事會怎樣影響到自己的其他計劃等。但當我回顧這些「決定」時，卻無法記得任何可稱得上是完全屬於「我的」(mine)決定。甚至，我猜想大多數「重大」的決定也是如此，就像我們會從事甚麼職業、會在哪裏安頓等。我們會時常覺得，假如當時我可知道得更多，就必定會作出一個更好的決定，叫人生來得較不像被決定了似的。這種感覺通常會導致那

37 種我看為是最基本的「現代騙局」：身為自由的人，就意味著不必對那些在過去所作、而又不完全是「屬於我」的「決定」，負上責任。

這種自由觀背後藏著的其中一個假設，就是認為我們留意到的東西愈多，便可帶來愈大的自由。因而，我愈是了解自己的情境，就愈是能知道自己作出的決定會帶來甚麼長遠影響，亦因而愈有機會作出一個自由的、非被決定了的決擇，且在將來自己也會樂意宣稱這是「我的」決定。但留意到的東西愈多，便可因此為自己帶來更大的自由嗎（awareness brings freedom）？這決不是很清楚的。那些最「留意到最多東西」的人，通常是最無法採取行動的人，儘管這事實並不決定性地推翻上述的講法，但至少應令我們再思這講法的有效性。舉一個例，康拉德（Joseph Conrad）的小説中充滿著一些「看見得太多」的人，因這些人所看見得太多，就變得無法採取行動。當他們最終決定採取行動時，卻通常會作出最糟糕的事情來。[2]

在下文中，我會嘗試提出另一種對自由的論述，這論述不必假設自由主要是取決於我們在多大程度上留意到自己正在做甚麼事。相反，我會主張：自由是一種質素，源自人擁有一健全的品格。用傳統的説法，即惟有真正良善的人，才能成為真正自由的人。從這角度來看，自由是來自於勇氣，以及對一個真確的故事作出回應的能力。

2. 品格與自由

為了使到這些主張能被理解，我必須嘗試更詳細地解釋我所指的「品格」（character）到底是甚麼意思，並解釋何以品格會是我們自由的來源。我們經常會把自由與行動（actions）聯繫在一起，而不會聯繫到品格。當我們假定到底自己是否需要為某一行動負責任時，乃是取決於究竟有沒有一些外在或內在的阻攔妨礙我們想做或覺得需要做的事。我們對這些阻攔表示關注，因為我們覺得自己只能為自己作了的事負責任。簡單來說，我們假定：自己可作出選擇，才算是自由的。

伯格曼（Frithjof Bergmann）不同意這觀點，他指出，若說某人有選擇，根本是對在某一情境中運作時所涉及的全部連鎖性約束、又或者是對過於人所能控制的總體性因素，故作輕描淡寫。[3] 舉一個極端的例子：我或者可以自由地選擇餓死或被折磨至死，但這幾乎稱不上是自由。當然，大多數情況會更為複雜。例如，我有
一位朋友因無法取得某大學哲學系的終身教職，便決定轉到法律 38
學院。他現在是頂尖的律師，也很慶幸自己「決定了」轉到法律學院；但從某一種意義上來說，我那位朋友根本沒有作出決定，他是被迫轉到法律學院的，因他的教學生涯受到阻攔。事實上，他現在對於當律師感到快樂，就意味著他學會把迫不得已的事，裝成樂意為之，以求有所得。

如果自由只是把迫不得已的事，裝成樂意為之，那麼，伯格曼就建議我們必須重新考慮那個視「自由的精髓在於擁有選擇」的假設。伯格曼主張，自由的精髓，反而是在於有能力認同自己的選擇，並有能力宣稱自己的人生是屬於自己的。但如果自由是更關乎到身分、過於關乎到選擇的話，那麼，那似乎構成我之所是的「我」又是甚麼呢？用品格的語言來說，如果自由是取決於我們的品格，那麼，我最初又是如何得到自由以培育我們的品格呢？可以肯定的是，這個我先擁有一可發展其自身品格的自由，因此，若是假設我的自由是與我的品格相互關聯的話，就似乎大錯特錯。

亞里士多德就這議題感到憂心，但我們也不清楚他曾否提出過一個令人滿意的答案。他說：

> 如果一個人或多或少要為自己的特點（characteristics）負上責任，就同樣要為在他裏面出現的東西——即對美善之追求——負上責任。但若果那人不必負這樣的責任，就沒有人要為他的過錯負責；但事實上，人人也會由於對正確的目的（proper end）的無知而犯錯，因那人相信自己如此行動，必會為自己帶來最大的美善。可是，我們為這目的而定下的目標，其實並不是由個人自己所作的選擇所決定，卻可說是由天賦之識見（natural gift of vision）所決定的。這種天賦叫那人能夠作出正確的判斷，能夠選擇真正美善的事：擁有這種天賦，就即是得著自然那豐厚的賜予。[4]

但倘若我們沒有這種天賦，那又怎樣呢？我們應否為自己沒有這種恩賜而負上責任？

2.1 品格與踐行性

其中一種設法打破這種循環性的思想的方法，就是把自我（從根本上）理解為踐行者（agent）。作為一個自我，其意思正是指到要在世界中行事。我們宣稱自己是踐行者，就意味著我們第一人稱的聲明（「我作了那事」）決不可以化約成第三人稱的描述。此
39 外，當強調踐行性的時候，似乎並不必然要假設自我可以擺脫一切決定性因素（determination）。踐行性概括地表達出，我們意識到要為自己之所是負上責任，因而，踐行性並非某些附加在自我身上的東西。

此外，踐行性似乎與品格的觀念頗能兼容並蓄。因而，我在另一本著作中，已描述了對品格的看法：品格就是「我們的自我踐行性（self-agency）的限定條件（qualification）或決定性因素，而品格的形成，則是由於我們帶有某些意向（和信念），而不帶有另一

些意向（和信念）」。[5] 我們的品格不僅是由我們的選擇所帶來的結果，更是我們的踐行性透過我們的信念和意向所呈現的形式。如此理解的話，踐行性的想法便可有助我們明白到，我們的品格並不是某些更深層的實在（deeper reality）——被稱為「自我」（self）——的表面呈現。我們就是我們的品格（we are our character）。但很多人覺得這樣並不足夠，如果我們要真箇地得享自由，便需要有一超越的「我」（transcendental 'I'），以確保我們永不會完全受自己的品格所困。可是，這看法的困難，在於這「我」必須是非位格性的（impersonal），且要抽離我的歷史——但使我之所以是我的，正是我的歷史。

「踐行性」這觀念，可能並不是最可以清楚地為我對品格的想法提供基礎，當中可能仍會倚仗一種非歷史的（ahistorical）自我觀——即有一超越的自我（transcendental self）總是以某種方式隱藏在品格背後，而我在批判非限定的倫理學時，已經對這種觀點提出異議。「踐行性」作為人所擁有的一種抽象的能力，踐行性可能仍具有這樣的假設：即自我是存在於歷史之上而「懸在半空」的。舉一個例，奧卡（Gene Outka）認為，即使自由和決定論之間並沒有本質上的矛盾，但若把踐行性視為我們的自決(self-determination)的源頭的話，就無法公平處理那種實際上構成某些人生命的決定論。例如，奧卡叫我們想一想「那些在童年時從別人身上得到極多負面評價的人，（因而）他們可能會在往後的生命中感到難免要依賴別人。但這類負面的評價不會被視為『被動』（passive）的元素，叫我們可乾脆按照自己喜歡與否，來容許或不容許自己受其影響、來接收和詮釋它。這些事的影響力要普遍深入得多。我們各人實際上也是被人與人的溝通——從別人而得的——所模塑的，甚至到一個地步，我們根本不能有把握將我們被賦與的東西和我們自己所做的事拆開。」[6] 考慮到我們沒能力如此拆開自己的生命，於是便仍然難以堅持我們是踐行者——踐行者的意思正是認定，發生在自己身上的事與自己所做的事是有一根本的區別。

不過，對踐行性的論述還是不可或缺的。事實上，我們不必然要確保自己總能夠主動「行事」(act)，卻必須要表明，我不是沒有資源去令我的生命變得屬於自己的。麥金太爾表示：

40 人類作為一被演示出來之敘事(enacted narratives)中的品格，最關鍵之處在於：我們擁有的資源，只是心理上之延續性，但對絕對身分(strict identity)的強加於自己身上，我們卻要有能力作出回應。對別人來說，我在任何時候也永遠是那一直以來的我(不管我現在變得如何)——我也可能隨時會被人要求為那個我作出交代。根本沒有方法可將我的身分(或缺乏的身分)建立在自我的心理上之延續性或非延續性之上。自我棲居於品格之內，而這品格的那種統一性必是一「品格的統一性」。[7]

用我的論述來說，踐行性只是說明我們能以棲居於自己的品格之內。

這種對踐行性的理解，跟那些嘗試把我們的「自由」固定於一超越性的自我的理解，會形成鮮明的對照。舉一個例，奧康奈爾(Timothy O'Connell)維護那他稱為「剝洋蔥式的自我觀」(onion peel view of the self)，叫我們想像將人比作洋蔥——即由很多層面所組成。沒有一個層面是獨立存在的，但每個層面都有各自的身分：

可以說，在最外面的表層，我們會找到人們的環境、世界及他們擁有的東西。再往裏面探究，我們會發現他們的行

> 動、行為及他們所做的事。然後是身體，而身體則是「屬於」某人的，卻又**即是**那個人。再進深一些，我們就會發現心情、情緒及感覺。再深入一些，就存在一些人們藉以用來定義自己的信念。而到了最核心處，那難以量度的針尖之處，就是那人自己——就是我，而其他一切都是環繞著這點來旋轉的。[8]

奧康奈爾指出，這「我」（這難以量度的針尖之處）不可能是一客體，因若果這「我」是一客體，便需要另一主體來將其認知為客體。奧康奈爾提出，這神祕的東西（entity）必定是我們考慮一切時之「可能性的條件」（condition of the possibility）。[9] 因而，奧康奈爾推論說：我們作為踐行者、做事的人（doers），我們是可改變的；但我們作為「存有者」（be-ers）、主體，就必然會維持不變。[10] 若果情況不是這樣，就沒有東西可保證我們不純粹只是我們自己的生物性、環境，以及特殊生平處境的產物(固然是很複雜的產物)。

根據奧康奈爾的看法，我們的自由只可以建基於一個事實：「我們經歷到自己身為男與女是自由的，不但是身為踐行者，也是身為人（persons）」。這後者

> 就是我自己的最核心，這「我」就是我的人格性（personhood），要面對一超越一切範疇（categories）的實在（reality）。這「我」要面對的實在，包括我的世界、環境、
> 身體、感覺、態度和偏見的各等實在。但事實上，這「我」 41
> 要面對的，甚至是那實在——即被稱為上帝——之「可能性的條件」。並且，從我自身的核心——即我之所是的主體性（subjectivity）——的角度來看，這宇宙地涵蓋一切之客體性（objectivity；編按：此乃主體性的客體性）為作決定

> 而呈現自身，那是一簡單、單一的決定：是或否。那麼，人（human person）的自由，根本不是定言的／範疇的自由（categorical freedom）。反之，這是一種超越一切範疇的自由，即「超越的自由」（transcendental freedom）。[11]

然而，奧康奈爾從沒有清楚論到這種「超越的自由」與「定言的／範疇的自由」之間的關係，令人不禁猜想，這種區別會否包含一切康德把物自身界（noumenal world）和現象界（phenomenal world）作出劃分時所帶來的一切優點和問題。奧康奈爾說，「超越的自由的宇宙性運作，只會在定言的／範疇的自由的運作中發生，並只會藉著其運作而發生。」[12] 但他這樣說的意思並不清楚。看來，我們不能成為我們所做（或所不做）的事（be what to do〔or not to do〕），因若果我們就是自己所做的事，我們就不是自由的了。我們為要成為自由的，就必須總是有一個「我」不知怎地站在我們所做之事的背後，而那「我」並不會受到我們所做的事所決定或影響。

從奧康奈爾的觀點來看（我要補充，這也是很多人的觀點），我們真正的身分（identity）並不是我們的歷史，而是那「根本的立足點」（fundamental stance）或「根本的選擇」（fundamental option）——我們藉著那立足點來運用那種超越的自由，將自己定義為人。[13] 這似乎在暗示著那根本的選擇，只是為**契機**（moment）所取的名字，而在這契機中，那立足點是被假定了或被明確地重申的。而在我們生命中所作出的一些決定，似乎正具有更深層的意義和含義。但諷刺地，這樣的「契機」不可能「在歷史中」，因這「契機」的能力，正是在於其有能力超越歷史。

我們不禁會認同奧康奈爾在他「根本的選擇」的語言中所論到的那種問題，但這觀點會導致一種對自我的扭曲論述，在概念上也會令人混淆。舉一個例，奧康奈爾說：「根本的選擇」其實並不是我們所「做」（do）的事；反而，這詞彙是我們用來描述在我們生命中那多樣化活動之內所「真正在發生」的事的。[14] 那麼，為甚麼要把這稱為**選擇**？

我們意識到自己不單是那些「所發生在我們身上的事」和「我們所做的事」所得出的總和，但考慮到對這種意識的論述會相當困難，於是踐行性的語言便能大派用場了。因當我們說自己是踐行者時，就是嘗試避開對超越性的考量，但同時又正確地宣稱我們有能力成為某樣東西、而不是另一樣東西；簡而言之，即是宣稱我們有
能力成為具品格的人（persons）。根本沒有方法可從形而上的角度 42
來保證踐行性，但奧康奈爾則試圖從形而上角度，以保證自己的根本的選擇。訴諸於第一人稱之聲明的不可取代性，並不能「證明」我們必定是踐行者；這類論據只能表明，若有人要嘗試否定踐行性，就會牽涉到一些超乎尋常的語言轉化。

我也不認為我們把「所做的事」和「所發生在我們身上的事」作出劃分，會對於確立我們之踐行性的可能性帶來決定性的影響。按照奧卡的建議，如果我們必須容許自己通常把「所發生在我們身上的事」算為是「自己所做的事」（或甚至「我們所做的事」是取決於「所發生在我們身上的事」）的話，情況就更是如此。可是，對「我所做的事」和「所發生在我身上的事」所作的劃分仍是十分重要的，因這種劃分注意到，對行為的描述必然具有意向性。踐行性的語言提醒我們，我們是不能從無生命的行為（inanimate behavior）的角度，滿意地分析到我們自己的行為的，這是說，任何人嘗試完全地從隨機因果關係（random causation；即從因果關係的角度，聲稱我們的行動是一連串的隨機事件）來描述人類的行為，都是註定會失敗的。雖然這類描述在原則上無法證明是錯的，但就我們所見，正正就這類描述是可被人理解而言，這類描述其實都是暗地裏挪用目

的性和意向性的範疇的（purposive and intentional categories）。[15]

按照我嘗試發展出來的論述來說，身為一踐行者，就是指到我能夠把自己的行動定位於一段持續發展中的歷史和一個使用語言者的羣體之內。甚至在我身上所發生的事、我依賴的慣性，究竟有多大程度屬於我自己，也取決於自身的能力，即能使其成為自身歷史的一部分的能力。我是踐行者，不是由於我能「促成」（cause）某些事情發生，而是由於某些事情發生了（不管是否來自我作之決定的後果），但也藉著自己注視和意向的能力，使得這些事情屬於自己。與踐行者及其行動相稱的「因果關係」，不是由原因和結果所演繹出來的，而是透過踐行者描述的能力（power of description）所演繹出來的。我的行動，不是某些我所促成的事，彷彿是外在於我的事，但這行動卻是屬於我的，因我能夠把這事「剛好放入」（fit into）自己正在進行的故事裏。因此，我作為踐行者的能力，是與我描述的能力有關的。然而，這種能力從根本上是一種社交技巧，因我們是在一些羣體中找到自己的，並透過運用那些羣體的敘事來學習描述事情。

關鍵的是，要注意到敘事所提供的描述能力，並不是只被理解為一種知性的技巧，因雖然「描述」通常是口述的，但同樣重要的是，「描述」也是一種習慣，實際上大多數口述的技巧也是一種習慣。故此，我們的自由確實是由一個羣體所支撐，而這羣體令我們
43 維持泰然自若的習慣（其中之一，就是學習依賴和信任別人）。因而，我們的自由與我們的自我意識（self awareness）並不相關；反而，我們的自由是取決於自己所培養的習慣，但我們只是偶爾會意識到這些習慣。舉一個例，對一些人來說，有些人拒絕使用暴力來調解紛爭，或許更好的是，有些人嘗試避免持續的暴力局面，對於他們來說，這樣做已變成了生活常規，甚至會不假思索地去做。這純粹是「他們之所是」（who they are），但塑造這樣的習慣，並不會減少

自由的資源，也不會減少他們的自由，反而可帶來更多的自由。

踐行性——作為自我的一個特點——在原則上並不能保證我們有擺脱一切決定性因素的自由，因我們能夠知道自己做了甚麼，以及能夠宣稱我們的行為是屬於自己，乃是取決於我們所學會的描述。踐行性的主張與我們的社羣性（sociality）之間，並沒有矛盾，因所有踐行性的程度和能力，也正正取決於我們從自己羣體所學會的描述是否充足。因此，我們的「自由」是取決於我們對真確的敍事之進入，因為這敍事是重要的資源，於其中我們可以取得「擁有品格」（have character）的力量。簡單來説，我們能「擁有品格」，並不必假設有一超越的自由，反而這要求我們能確認出自身存在的敍事性質。因此，可用來確保踐行性的根本範疇，並不是自由，而是敍事。

奧卡指出，我們當中有些人可能比別人來得更加「在心理上被決定了」（psychologically determined），他大概説得正確。但我不知道有甚麼令人滿意的方法，可用以衡量這究竟有多大程度。有時候我會猜想，到底「在心理上被決定了」這語言，是否比起那所假設的相依性（dependency）本身，來得更加具決定性？可是，重點是要指出，踐行性的主張，並不是要保證絕對的自由或獨立自主。自由（或踐行性）並不是某種真實或理想狀態的稱謂（在這些狀態中，我們可以絕對掌控自己的生命）。反之，「踐行性」只是一個我們用來提醒自己的字彙，即透過一個真確的敍事學習成長，我們便有能力堅持自己對生命的權利。我們有一個比起自己品格「更真確」的自我（“truer”self），並不保證會帶來這種能力，因為我們的品格是由描述的技巧建構而成的，而這些技巧則叫我們能以把「自己所做的事」和「所發生在自己身上的事」都歸入一個連續並發展中的敍事中，所以，我們的品格正正會帶給我們自由。

這些技巧不只是「智性的」，也是道德的。要誠實地面對自己
的生命，就需要信任和勇氣，因如果我們想要自由，看自己所做的
事的時候，就必須學會不帶著幻象和欺騙。所以，勇氣的形成甚至
比起選擇的能力更為重要，因我們必須接受訓練，以面對自己必死
這命運：但不是帶著否定、而是帶著盼望。若是缺乏這種勇氣，就
44 算有多少超越的自由或根本的選擇，都不能為「我們將自己的生命
變成屬於自己」的能力提供必要的基礎。

3. 自由：他者的同在

但仍有些人會反對說，有些人的踐行性的能力（即其回應一個真確故事的能力），已被他們自身歷史的意外事件所埋沒，他們因自己的過去而陷於癱瘓，又或者，被一個「教曉他們鄙視自己」的故事所深深地決定了，以致他們失去了（或從不曾發現）那有分於塑造他們自己品格的能力。更似是而非的是，他們的生命極其複雜，他們的回應是由極多個不同的故事所模造，以致看來無法取得品格的一致性，而這種一致性卻是整理他們生命中極多效忠對象所必要的條件。[16]

根本沒有方法可以證明一個人不會變得如此「被決定了」的，然而，基督教的主張則認為：沒有人會變得這樣徹底的被決定了，到一個地步，甚至沒有任何途徑可回應上帝的故事，並因而要再尋找一些方法，叫自己的生命變得屬於自己。上述這主張不是基於一些對我們的美善或與生俱來的能力所作出的樂觀假設，反而是要肯定上帝願意鍥而不捨地叫我們所有人都在國度中作服事。我們只能在別人的同在中找到這種作服事的呼召，別人的需要通常是我們得自由的好機會。因為透過別人的需要，那對我的自由構成最大攔阻的東西（即我對自己的專心一意），最終才會變得不相關，雖仍說

不上是被克服了。我是透過別人，最終才能夠與自己和好，並因而有能力使自己的生命變得屬於自己。

我們身為基督徒，相信當我們學會在上帝的故事中找到自己的角色時，就能最完美地實現和平；這是說，以和平為和平——即「在家」的感覺——的那不容置辯的故事，是惟有當我們學會忠於自己身為上帝的受造物的本性來生活時，才會臨到的。此外，上帝已賦予我們一個特別的責任：作為上帝的代表，在我們的日常生活中彰現出這和平的故事，藉以吸引別人來就近這故事。這是為何基督徒感到如此迫切地要作見證，並接待（hospitality）陌生人，以致所有人也可擁有上帝的平安。

基督徒有責任和特權向不認識上帝故事的人講述這故事，但「講述上帝的故事」這說法，實在是把事情看得太簡單了。因上帝的故事並不僅是講出來的，卻是必須要活出來的。我們並不是只回應那故事本身，反而是那故事透過「別人的形式」（the form of another person）來抓住我們的注意力。因而，由那敘事所提供的 45
「自由」，只會以外於我的「某人的形式」（the form of someone）來到；自由，必須在別人的同在中臨到。我身為一踐行者，僅僅在於我有能力被別人從我自身被召喚而言。

我們透過別人的期望而獲得品格，而別人的品格所帶有的「他者性」（otherness），不但邀請我總是要作出不完美的仿效，且更會挑戰我，使我承認自己的異象是如何受到一己的自我中心所限制。因而，這種我們在其中彼此相遇的羣體，並不僅是**稍微**改變我們踐行性的能力，卻是會**完全**改變我們這能力。從這角度來看，我們不是自己品格的創造者；反之，我們的品格是從別人而來的禮物（gift）；透過承認這是禮物，我們便學會宣稱自己的品格是屬於自己的。我們的自由，確實是落在別人的手中。我是自由的，是就我能信任別人會反對我、並對我的個人「成就」表示懷疑而言的。從他們身上，我學會那故事，即那能使我的人生有目的和方向的故事。

我們能夠得此品格，又能夠認出自己的存在是一份禮物，這兩種能力乃是互相配合的。那向我們提供品格的敍事，並沒有鋪陳出一清楚的目的，是叫我們必須犧牲別人而追求的。反而，這敍事是一個我們必須不斷從別人的同在中學習的故事，因我們是透過別人和他們所追求的事，更了解自己正在追求甚麼的。固然，我們需要稍為意識到敍事的終極目的，才能踏上自己的路程，但麥金太爾提醒我們，這種追尋「決不是尋找一些已充分刻劃的東西，如同礦工尋找黃金或地質學家尋找石油。反之，這是在追尋的過程中尋求，以及惟有透過遇到和應付各式各樣特別的傷害、危險、試探和令人分心的事，才能使到那追尋有其情節和插曲，叫那追尋的目標最終可被理解。對於人想要尋求品格和自我認識這兩者來說，這一追尋總是一種教育來的。」[17]

我們進入一個故事，並有能力使自己維持在那故事之中，是取決於其他已比我們先走一步的人，以及那些繼續與我們同行的人的。「因此，在極大程度上，我繼承了甚麼，我就是甚麼，某段特定的過去，在某程度上仍會存在於現在的我身上。我發現自己是屬於歷史的一部分，而不管我喜歡與否，不管我認識與否，我也是其中一個傳統的承載者。」[18] 考慮到這方面，關鍵的問題就變成：究竟傳統是有多真確的呢？真確的傳統至少要有一個條件：就是自身必會承認該傳統並不是最終的，而是需要成長和改變的，也惟有如此，這傳統才能以忠實的方式充分地形塑我們的將來。再一次，正如麥金太爾所指出的：

> 46 一個活生生的傳統……是一個在歷史上延伸、在社會上體現出來的論據，在某程度上正關乎那些構成該傳統的美善

> 之處。人會在一個傳統之內追求美善，跨越不同世代，有時甚至會跨越很多世代。因此，當個人想尋找自身之美善時，一般並特別會在那些傳統所定義的處境內進行，而那些傳統就是那人生命中的一部分。[19]

基督教傳統並不要求我們為一個抽象的故事負責，卻要我們向一羣人負責：他們都是已被耶穌的生命所塑造的。當我們學習將耶穌的生命變成自己的生命時，就會明白到一點：惟有當我們學會信任別人、又叫自己可以被別人信任時，我們才是自由的。這種信任之所以有可能出現，是因為耶穌的生平故事（藉我們學習這故事的特別方式），要求我們承認和接受我們的存在是一份禮物；我沒有創造自己，而是因著別人，令我之所是才成為可能。當然，我們依賴別人，可以成就美事，但也同樣可能會釀成惡事；故此，福音才顯得格外出眾，因福音要求我們按照我們對上帝的認識和經驗，把不信任轉化為信任，而這是以我們的知識和經驗為基礎的，即在我們一切的信任和不信任中，上帝的護佑（God's providence）仍在運行。[20]

因此，上帝不必然要保證有一超越的「我」存在，上帝與這種「我」也沒有關係。反之，上帝是那位終極給出（ultimate given）的上帝，因此，我們可安心信靠祂以作為我們自由的基礎。我們透過成為那些延續耶穌故事的人的一員，展開了一段冒險的旅程，藉以習得一些將自己的生命變得屬於自己所必須的紀律和德性，因我們延續基督生命的故事，就是我們的自由之源。我們最終都沒有自我、沒有踐行——直至我們成為上帝呼召我們成為的那個自己。

4. 我們有罪的品格

當我們被故事所塑造、即被那些能幫助我活得與這事實（我們的生命是一份禮物這一事實）相稱的故事所模塑時，我們才是最自由的；而這一認知，也是正確理解「身為一個罪人是甚麼意思」的背景。我在之前提出，罪不是一自然的範疇（natural category），我們是須接受教導才會知道自己是罪人的。此外，罪也不只是錯誤（error）或做出被禁止去做的事；罪是要積極僭越我們的能力、即身為受造物的能力，並從我們的驕傲和肉慾中表現出來，但其根本的形式就是自欺（self-deception）。

47 我們現在能夠進一步發展出這種對罪的理解，因我們能明白到，凡是有人宣稱自己可擁有自由，或宣稱自由是我們自己的成就，都只是彰現出自己的罪來。我們植根於罪，到一個地步以為自己有與生俱來的能力，宣稱自己的生命（自己的品格）是我們自己特殊的成就。換句話說，我們的罪（我們根本的罪）就是假設自己是歷史的創造者，可透過歷史而獲得和擁有自己的品格。我們的品格，以罪的形式呈現，乃是由於我們的懼怕：倘若自己不能掌控自己的生命，就會變成「無足輕重的人」（nobody）。

此外，我們要控制一切的這種需要，就是我們生命中暴力的基礎。然而，由於我們的「控制」和「能力」都必然是建基於不充分的基礎之上的，於是我們便必須使用暴力，以維持那我們可控制一切的幻象。我們極其害怕會失去自己所既得的自我的統一性（the unity of the self）。任何想法或任何人威脅到那統一性，就得受操控或被消滅。我們懼怕其他人，因他們總是暗地裏向我們的欺騙發出挑戰。因而，似乎所有人的內心，都必然會擁有或創造出一個敵人。

這可幫助我們明白到，為何我們會如此抗拒福音所提供的訓練，因我們簡直不能相信自我可被塑造而不致懼怕別人。這種進程的形成，實在超乎尋常，因我們必須實際上從上帝接受自己的真我，這種進程的形成才變得可能。自我的統一性和對上帝的認識是彼此相關的，這傳統的看法其實一向有幾分正確。但這種統一性不會自然而來，卻是要我們每天將自己置於上帝的故事之中，才會慢慢成就的。我們的本性是抗拒這種定位的，因我們已變得愛上自己的罪性（sinfulness），且害怕會失去它。

在這方面，晚近的神學強調罪是自我的一種根本取向，過於把罪與某些錯誤的行為聯繫起來，基本上是正確的。舉一個例，奧康奈爾採用「根本的選擇」的觀念，以嘗試提供這種對罪的詮釋：

> 作為一種行動，不可饒恕的罪（mortal sin）只不過是根本的選擇的同義詞。我們實質上拒絕上帝，並擺出一副遠離上帝和與上帝隔絕的姿態，這種行動就是……不可饒恕的罪。當我們否定那位藉著創造和在創造中呼召我們的上帝、並因而弔詭地否定了我們最深處的自我的那一刻，那就是不可饒恕的罪。當我們要自己承擔罪的狀態的責任，這行動就是不可饒恕的罪。

> 但如果不可饒恕的罪只不過是一個消極的根本的選擇， 48
> 就可斷定不可饒恕的罪是一超越的行動（transcendental act），就像根本的選擇一樣。這是說，不可饒恕的罪並不是作出任何特殊之範疇性行動（particular categorical act），反而，不可饒恕的罪就是一種自我習性（self-disposition）的行動，而那是**透過並在**（through and in）某一具體的範疇性行動發生的。[21]

我們可欣賞奧康奈爾想嘗試說出的事，他確實想要強調罪會觸及和決定自我的根本取向；這是說，罪會決定我們與上帝的關係。然而，奧康奈爾一方面想避開罪乃是給定的這一想法，但同時又認為罪並不關乎選擇。那麼，究竟罪是甚麼？似乎，奧康奈爾需要一個關乎自我的論述：在這關乎自我的論述中，我們所作出的行動，幾乎都是植根於那使我們成為我們之所是的東西，因而，罪便可以成為對自我的一種限定，而過於成為對行動的限定。但「根本的選擇」的語言，其實無法滿足奧康奈爾的目的，因為若要保障自我的自由，「根本的選擇」就必須要脫離由我們的行動或歷史而來的決定性因素，因而，奧康奈爾把罪定位在「超越的自由」，就似乎會變得進退維谷：因為罪究竟如何可以深入至我們之所是，而仍然是某些我們所做的事，這仍然是不清楚的。

但如果沒有比起我們的品格來得更根本的自我，就不會掀起這一類問題了。反之，我們的罪在於：由得自己被「必須做一切事」的故事（驕傲）或自己「甚麼也不必做」的故事（懶怠）來塑造自己的品格。[22] 驕傲和懶怠會以多種不同的形式呈現，而我們在形塑著自己並逐漸形成了我們自身的那些複雜的故事中，這兩方面也可能會給用上一點。事實上，當我們回顧自己的人生時，我們的罪，更像是一些我們所發現的，過於是我們所做過的。

因我們的罪正正在於我們的不信——不信我們是由那位滿有慈悲的創造主所造的，而惟有我們接受邀請，加入祂的國度，我們才能認識祂。我們惟有透過學習把那故事（上帝的故事）成為我們的故事，才會得著那使自身生命變得屬於自己所必須有的自由。惟有如此，我才能學會接受那些曾發生在我身上的事（包括我自己所做的事）而不懷怨恨。這樣，我就能接受我的身體、我心理上的條件反射作用、我對別人和自己潛在的不信任，並接受這一切都是屬於自己的，且都是自己之故事的一部分。我能接納自己是罪人，只因為上帝接納了我。因而，我能看自己是罪人，但仍能走下去。

這並不意味著，我們的人生不會再出現悲劇；反之，我們有方法辨認和接受悲慘，而不致於轉而訴諸於暴力。因最終來說，我們
49 的自由就是去學習如何在這暴力的世界中生存，並能與自己和與別

人和平共處。這世界的暴力，只是反映出我們生命中的暴力。我們說自己渴求和平，但卻沒有和平的心靈（souls）。我們生怕和平似乎代表著沉悶，且更生怕立志追求和平會導致失去控制權。於是，我們愈是設法要「叫一切在我們控制之下」，就會變得愈發用暴力來保護自己擁有的東西。而我們容許自己變得愈是暴力，就會愈容易感到被挑釁。

「與自己和平共處」（peace with ourselves）到底涉及甚麼呢？這句話肯定不是指到我們生活上的麻煩會一掃而空（雖然，沒有人能真正傷害一個正義的人〔a just person〕，這話可能是真實的）；這句話也並不意味著我們可免除自我的衝突（self-conflict），因我們仍是麻煩的罪人，甚至這可能是對已得救贖的人最適切的形容。「與自己和平共處」的真正意思是：我們有分於那我們稱為是上帝的國度的冒險旅程，得著自信心，即有信心信任自己和別人。這種自信心成為我們品格和自由的來源，因我們可擺脫那種使人衰敗的自我中心。此外，我們透過學習與自己和平共處，便發現自己可以與別人和平共處，而畢竟這種自由才是惟一值得去擁有的自由。

4

論在中間開始：自然、理性以及神學倫理學的任務

On Beginning in the Middle: Nature, Reason, and the Task of Theological Ethics

1. 基督教倫理學的任務 50

我寫到此處才問基督教倫理學的任務（task）是甚麼，可能有點奇怪，這問題本應一開始便提出來。事實上，我已指出，道德生命是由不同元素組成的，包括敍事、異象、德性和品格，而在這一切之中，基督教倫理學都有一特殊的重要性。就這角度而言，我已開始著手處理一些基督教倫理學的問題。因我們已明白到，在未曾揭示某種倫理的實質內容及其特有的特殊信念之前，是不可能描繪出那種倫理的核心概念的。故此，從某種意義上說，基督教倫理學的任務只有先展開了，人們才能問及那任務是甚麼。

不過，事情其實還要複雜得多。舉一個例，若說基督教倫理學的首要任務，就是去理解基督徒生活的基礎和性質，這說法看來直截了當吧。可是，像是「理解基督徒生活的基礎和性質」這種說法，意思其實都是模棱兩可的。「理解」這字是否暗示著基督教倫理學的任務主要是描述的（descriptive）？描繪基督教信念與行為的

關係，又是否其首要的關注？還是，「理解」這詞涉及一規範的任務（normative task）？基督教倫理學的任務是否建議我們應做甚麼（ought to do）？

儘管我希望表明基督教倫理學同時是描述和規範的，但這些任務之間的相互關係卻非常複雜，不易言明。不過，甚至在這類問題可供研究之先，我們先要提醒自己，「基督教倫理學」並不是一門可予以明確區分的學科，卻是會隨著不同的時代、不同的教會傳統而出現變化。我們將會看到，人們怎樣理解基督教倫理學，總是取決於其所身處的某種特定傳統之處境。

多個世紀以來，羅馬天主教（Roman Catholicism）的道德神學（moral theology）的發展，都是與告解制度（penitential system）息息相關的。道德神學家其實是在鞏固告解這種做法，並逐步發展出
51 那維繫和支援這種神父職能所需的繁瑣細節。因而，研究道德神學這一任務，主要由神父擔當，而透過他們的講道及替人告解，再幫助會眾和社羣決定言行舉止最起碼的標準。原則上，這種道德神學之進路，並非想得過且過，但卻慢慢變成這樣子，因為告解的主要關懷，只是如何避免干犯惡事而已。[1]

雖然道德神學家是在發揮一教會的職能（ecclesial function），可是，他們認為這些工作主要是建基於「自然律」（natural law）的。足見那聲稱是一目了然（transparency）的自然律規範，更多是反映出教會內在的共識，多於是反映出自然律本身的普遍性罷了。我猜想，「自然律」並不是用以指明基督徒與非基督徒的共識，而是用來表明那極為分散及多元的基督教羣體內部的共識。事實可以證明，羅馬帝國和「基督教世界」（Christendom）先後發展出、並利用自然律的力量作為一種系統的觀念（systematic idea）。因而，諷刺地，「自然律」成了將某一種特定的道德傳統奉為法典的手段。

由於這種基督教倫理學需要用於處理這一類問題，因而這種基

督教倫理學往往是行為取向的（act-oriented）。儘管這種倫理學通常會用德性的語言而令其得以系統化，卻明顯很少會關心或分析如何實際培養德性，反而會把焦點集中於如何履行某些特定的義務。道德神學家看來像是律師多於神學家，他們專門為良心備受困擾之人的問題作出裁決（當然，這也是不容小覷的技巧）。

再者，雖然那些道德家被稱為「神學家」，他們卻極少需要直接作出神學上的考量。神學的命題只用作設定背景，叫他們的工作可以被人理解：例如，上帝是理性的宇宙的創造者，因而人不需要啟示的協助，也可以認識道德律。神學的運用僅此而已，除此以外，當他們講解基督徒道德生命的性質時，根本只要求作出很少的神學反省。因而，「道德神學」這詞組中，「神學」一詞只是指到一種毋庸置疑並來自教會的預設，而不是一種激發生命力的踐行。

但為公平起見，我應該指出天主教也包含其他思考道德生活的方式，像是靈修神學和苦修神學（ascetical theology）。但由於那些著作沒有為特定的問題辨別對錯，故不被算作「倫理學」。另外，大部分苦修神學的作品在本質上都帶有靈修色彩，因而，這些作品也不是為了探索系統的議題而寫的。

相反，當新教作道德倫理的反省時，最先總是會處理神學的議 52
題。事實上，只是到了近代，新教徒才發展出那稱為「基督教倫理學」的學科。當然，新教徒不像天主教徒一樣會進行告解，但他們一直缺乏清晰的被稱為「基督教倫理學」的學科，但其決定性的因素，並不在於新教徒沒有告解，而是由於新教強調上帝白白的恩典，使得「倫理學」成為一本質上會被質疑的研究事業；因為，從新教的這一角度來看，「倫理學」看似要推定上帝的旨意，或是嘗試以行為代替信心。甚至有人指出：「倫理學」是罪——就其試圖要預期上帝的旨意而言。[2]

這不是說，新教的傳統不注重倫理學；反之，倫理學是在新教神學家的任務的範圍之內的。因此，新教的「倫理學」涉及了不同的討論，包括律法與福音的關係、創造與救贖的關係、信心與行為的關係、創造秩序的地位，以及人身為罪人和得贖之人的性質等。而儘管這類問題對倫理學的任務十分重要，但這類神學討論卻經常不能好好處理所有人在實際生活所要面對的道德考量和議題。當然，個別神學家經常就人類存在的問題，提出具說服力的解釋，但他們大多數是著重神學觀念之間的系統性關係，過於關注那些觀念於指引生活方面所具備的實際作用。有趣的是，在新教徒當中，往往出於牧養上的關懷，他們就會採取較具體形式的分析以指導信徒的行為，也正因如此，這些論述通常不會曉以明顯的神學信念。

因此，即使新教的倫理反省在神學上比起天主教似乎來得豐富，但新教的倫理反省則與自然律的傳統一樣，傾向與文化同化。在缺乏任何嚴格和具實踐形式的道德反省的情況下，新教徒只能假定，「基督教倫理學」與一切他們從置身其中的文化中所得出來的共識，實相差無幾。從新教未能超過國家教會（national churches）這點上，就最能清楚闡明這事實。

為公平起見，我應該指出，在加爾文主義（Calvinist）、信洗派（Anabaptist；編按：舊譯「重洗派」）和聖公宗的傳統中，由於強調成聖，故會從較獨特的角度來看基督教倫理學。這些傳統都會假定，上帝為我們而施行的作為都伴隨著一特別的生活方式，而這種生活方式乃是可以詳加說明出來的。可是，雖然如此假設，通常可喚起對道德生命的反省，藉以激發基督徒的良心，但這種反省極少會產生出一門稱為「基督教倫理學」的學科性研究，能夠在各方面可與天主教的道德神學相比較。

53 事實上，基督教倫理學的觀念是一種相對地新的現象。在美國本土，基督教倫理學似乎主要是衍生自社會福音運動（Social Gospel movement），並在新教的神學院中發起了一些處理「基督教社會學」(Christian sociology)的課程。不久，好些對社會福音運動之熱忱的內部批判，要求這些課程採取更具反省的和批判的立場。因而，理查．尼布爾的著作，就代表了那種要使到基督教倫理學變成一門學科的嘗試，而這門學科的任務，就是要釐清基督教神學信念的道德涵義。[3] 這類著作被視為主要是分析的和描述的，而缺乏清晰的規範性指示(normative prescriptions)。

我如此簡單和不充分地嘗試將天主教和新教傳統中的基督教倫理學的特徵刻劃出來，只是為了叫我們意識到：我們稱為「基督教倫理學」的活動，決不是單一的或清楚的。舉一個例子，在初期教會中，我們並沒有「基督教倫理學」，這情況實在十分有趣。我們在聖經中也找不著哪處反映出宗教信念與行為的區分。登山寶訓幾乎肯定不是耶穌的「倫理」，而是祂對那要來臨的國度所作的不可或缺的宣告。保羅的「倫理學」其實並非真的關注律法的地位。聖經把信念與行為結合起來，也會構成一個問題：如此把它們結合起來，叫人難以描述出一種「聖經的倫理」(biblical ethic)，更別說試圖去尋找，在哪方面而言，這種「聖經的倫理」仍可與我們現今的反省息息相關。[4]

同時，也沒有很多證據顯示，曾有教會教父認為必須把研究倫理學視為一明確的任務。他們主要只是因應牧養上的關注，才會作出清楚明白的倫理反省。因而，他們很少會對基督徒的生命提出系統的表述，卻只會作出某種即時並針對性的反省(因他們所關注的，主要是怎樣回應某一特定羣體的需要)。事實上，倫理學仍然被標籤為一門有關牧養的學科，這情況實在有很多值得斟酌之處。

在極其具系統性的中世紀，我們也找不到專為「倫理學」而寫的獨立論文。阿奎那從沒停下來說：「現在我要研究一點倫理學了。」他在《神學大全》(*Summa Theologica*)第二部的第一部分(Prima-Secundae)及第二部分(Secunda-Secundae)中所研究的「倫理學」，只不過是延續了他的神學描繪：即上帝向人延伸自己、以致人可以有方法接近祂。[5] 於此，「倫理學」也不是被視為一門獨立的學科來研究，而只是由於這些倫理學的考量，對於描寫我們與上帝同行的旅程而言，乃是不可缺少的罷了。

那麼，現在我們有一門稱為基督教倫理學的學科，而研究這學
科的人，則可取得這方面的博士學位，並預備好應用他們的技巧；
那麼，我們又可如何理解這一事實呢？為甚麼情況是這樣呢？並非
54 所有傳統也覺得需要發展一門稱為「倫理學」的獨特學科。或許，人
們對基督教倫理學產生興趣，部分原因是與第一章中所描繪的文化
情境有關。由於人們一向假定，宗教信念與行為之間所存在的「自
然」關係，很多都已經破裂了，所以，我們希望只要自己對這些關
係苦思得夠多，就能再次確立它們之間最重要的聯繫。可惜，這種
任務註定會失敗，因最終這些關係並不是在概念上的，而是在踐行
上的。基督教倫理學作為一門批判的和反省的學科，並不可能恢復
那只有由一個羣體才能守住的東西。就基督教倫理學終究是一門可
被理解的學科而言，基督教倫理學是依賴一個羣體的智慧而建立出
來的，而這智慧關乎何以為了發展出一獨特的羣體，而要禁止或吩
咐某些行動。

如果是這樣的話，這將有助於我們更清楚地理解基督教倫理學的任務，因這情況清楚指明基督教倫理學並不是一門主要關乎「觀念」的抽象學科，反而是一種用來服務一個羣體的反省形式，並從那羣體的信念的性質中衍生出其自身的特點。神學的主張在根本上是踐行的，而基督教倫理學只不過是這種形式的神學反省，以嘗試說明這種內在固有的踐行性質。

1.1 基督教倫理學是神學

從上文中應清楚可以見到，對主張基督教倫理學是在更廣泛的

神學學科中一門融貫的分科，我不太感興趣。甚至，我認為倫理學與神學分家，在很多方面上帶來了不幸的後果。倫理學不過是神學任務的一面，至於倫理學本身，是否具備可成為一門特殊的學科，有其自身的整全性，就關係不大了。

然而，在這點上，也必須不可過於謙遜，因基督教倫理學同樣不可被理解為系統神學的附筆而已。如果神學的信念乃旨在理解這世界——即如果神學的信念帶有踐行性論述的特性——那麼神學從一開始就牽涉到倫理學，而不是要留待到最後才作出考量。若神學的論述被描繪成某種簡單的形而上學（天主教徒和新教徒也普遍地抱持這觀點），神學的論述便會遭到扭曲。這是說，天主教徒通常會假定人必須要以一種基本的神學（fundamental theology）作開始，而這種神學乃研究真確性之條件，即那些使神學變得可能的形而上學前設（自然神學）。然後，人再研究系統神學，而系統神學則會處理一些啟示的主張，像是三一、創造、救贖、基督論、教會等。最後，當這工作完成後，人才會轉向倫理學，並假設要先弄清 55
楚和穩固建立基本的信念後，才能思想這些信念的道德涵義。諷刺地，這樣的描述，通常會引申出一神學的論點：即把倫理學建基於某種自然律的方法論之上，以致那些關乎耶穌的神學信念，無法與具體的倫理分析直接關聯起來。

即使新教徒較不相信自然神學或某種自然律式倫理，但他們也會假定神學主要是始於緒論（prolegomena）的。另外，尤其是自十九世紀開始，新教徒便一直設法以人論（anthropology）來為神學研究做好準備，以嘗試表明神學主張的可理解性。由於倫理學被理解為是涉及人類存在的論述，故通常在這方面所進行的研究，會被視為「倫理的」，可是，這樣做往往導致神學變成了（用巴特著名的說法）只是「在大聲地談論人」。

與上述兩種進路形式不同，我希望表明，基督教倫理學並不是要人先弄清楚一切或確立了神學的起始點和基礎後，才能進行的工作；反而，基督教倫理學是位於神學任務的中心，因為神學是一踐行的活動，並要展示出基督教的信念如何理解自我和世界。[6]因此，那些關乎創造和救贖的神學主張，本身已是倫理的主張，因這些主張會確定一個人該如何運作。或更有力地說，倫理學之所以一向會被人刻意與核心的神學任務割裂，正因為人們一向是用抽象的方式來理解創造和救贖、自然與恩典等關係。

1.2 自然與恩典：為甚麼做基督徒不等於做人

「自然」與「恩典」等抽象觀念，尤其扭曲了天主教傳統中一向從事倫理學的方式。儘管天主教會關注到道德神學應更明確地是「神學的」，上述所言的扭曲，仍是真確的。舉一個例子，第二次梵蒂岡會議（Vatican II）的「司鐸之培養法令」（Decree of Priestly Formation）明確地命令：「它（道德神學）的科學解說應要更徹底地被聖經的教導所滋潤。它應可表明忠心信徒的召命，以及他們為世人帶來博愛之果子的責任，究竟有多尊貴。」[7]然而，羅馬天主教倫理學的架構所建基於的那些神學前設，正正預設了那是不可能做得到的。可惜的是，雖然大部分當代天主教倫理學通常都是始於
56 某種神學性的修辭，但最終仍是要以人論為基礎的。例如，奧康奈爾說：

> ……那加諸於基督徒的根本的倫理誡命，正是要他或她成為其所是。上帝正是要求我們去「做人」（be human），不能多也不能少。效法基督，竭力地像祂一樣忠於自己身為人的召命：愛鄰舍如同自己；你們願意人怎樣待你們，你們也要怎樣待人。基督教倫理學是人的倫理學（human ethics），不能多也不能少……基督徒是絕對的人文主義

> 者；這是我們的驕傲和特殊的召命⋯⋯因而，從某種意義來說，道德神學根本不是神學，而是由信徒所追求的道德哲學。道德神學這學科，是一門致力從我們世界裏頭的一切智慧之源中獲益的科學。[8]

這樣的一種立場，一定會利用基督來支持「自然」的整全性，因基督被視為象徵著人類之召命的成全。奧康奈爾再說：「若如實地說清楚耶穌之呼召的意義，那就是：我們應『成為我們之所是』。」[9] 這除了看來是很差勁的勸告（如馬克．吐溫〔Mark Twain〕所言，你能給別人最差勁的勸告，就是叫那人做回自己），這種進路也會給那些嘗試令神學信念變得與倫理更為相關的努力，帶來危害。

但為公平起見，我應該指出，奧康奈爾於其作品中確實花了一章的篇幅來處理聖經的道德（biblical morality）所包含的「元素」（elements），並簡略處理和評論到聖約、國度、悔改、作門徒、律法，以及愛等觀念。但這些「元素」對於奧康奈爾如何研究倫理學，在方法論上並非決定性的。[10] 不過，這情況其實並非出於偶然，而是按照奧康奈爾所理解「基督教是關乎甚麼」的方式而架構出來的。基督教倫理學是人的倫理學，因為耶穌的特殊性（即祂的歷史性，那就是祂身為上帝之關鍵性的終末角色〔actor〕）已失落了。因而，按奧康奈爾所說：

> 道成肉身本來**能夠**在原罪以外發生的，這是無可爭議的。由於上帝所創造的這世界，潛在地能夠容納上帝的道的神性，故此，道成肉身在創造的第一刻便可能發生。因此，即使道成肉身的**功能**（function）（至少在某種程度上）是為要糾正人類的邪惡局面，但這並不是道成肉身的**本質**

> （essence）所在。不，道成肉身的本質，純粹是上帝將自
> 57 己送給祂的子民，上帝透過自己的道與這美好的、並由上
> 帝的手所創造出來的世界，合而為一。[11]

除了論到「道成肉身的**本質**」這種惹人懷疑的智慧以外，這種「基督論」的問題也在於：導致耶穌生平中的事件和行動，看似是出於偶然的。道成肉身並不是對那故事的充分總結，反之，「道成肉身」只是其中一個概念上的提示，提醒我們教會業已發展起來並會幫助我們好好地講述這個人的故事——而祂則無異於上帝所任命的新國度的引進者而已。

這種神學上的抽象主義（abstractionism），同時是天主教和新教倫理學的特徵：神學概念被物化（reification），被視為基督教信念的「實際內容」和要點。但正如「自然」與「恩典」作為抽象性的觀念，需要由更具決定性的敘事所展示：[12] 離開了與以色列所立的約，就沒有創造；而救贖的意義，則來自耶穌的十字架。[13]「自然」與「恩典」都不是一般性的概念，那是無法從人類的存在本身徑直描述並取得其意義的；反而，創造和救贖的概念，則旨在訓練我們成為恩慈之上帝的受造物，而祂正是曾呼召我們成為得贖羣體公民的那位上帝。

當自然—恩典、創造—救贖被視作神學反省的首要資料（primary data），倘若它們一旦被抽離於自身的敘事，並得到其自身的生命時，在道德心理上的扭曲似乎便會相應地隨之而發生。由於實質的內容——即某些行為是對或錯——源於自然，故基督教的信念頂多只是提供一種「道德」的推動力。法奇斯（Joseph Fuchs）說：

> 基督教道德所帶有的特定的和決然地作為基督教

> (decisively Christian)的這方面，並非首先可在各式各樣人類活動的特殊性中尋見，即於範疇的價值、德性，以及規範上的特殊性中尋見，而是由歸信者那根本的基督徒決定所造成的：即決定接受在基督裏上帝的愛，並為回應這份愛而願意去相信和愛，願意承擔生活在這世界中效法基督的責任，意即在信心和聖禮中與基督同死同復活，成為新造的人。[14]

法奇斯把這種「基督徒的意向性(intentionality)」稱為「道德最深入和最具挑戰性的元素，並關乎到全人，而不只關乎個別的行為」。[15] 這種意向性「滲透」特定範疇的行為操守，但這種意向性 58
並不決定其內容，「這意味著誠實、正直、忠心都不是特別是基督教的，而是在物質世界中普遍的人類價值觀。這又意味著，我們對說謊和姦淫有所保留，不是因為我們是基督徒，卻只因為我們是人。」[16] 因而，「基督教」(Christianum)對我們的具體生活的意義，就見於其「推動的力量」。[17]

但把「基督教」化約至推動力的層面，就會扭曲我們的道德心理，因這樣做便預先假定諸如誠實等德性，是可以「客觀地」被描繪出來，並從踐行者必須如何學習誠實中抽離出來的。因此，自我(self)的整全性——那道德踐行所必須具備的品格——就失去了。正如我們在前文所見的，就我們可以成為道德踐行者的能力而言，那是取決於我們擁有某種品格：有能力把我們所做的事，與我們是甚麼樣的人，建立起一種連繫。

同樣地，當基督教的信念被降格成我們生命的「推動力」這一部分時，自我的歷史面向便會喪失掉，且無法挽回。惟有我們能宣稱我們的歷史是屬於自己的，我們才能擁有品格，但當我們的行動與自己的歷史割裂時，且當我們只是某些行為片段的「原因」

時，我們就正正會失去成為歷史性所必須具備的東西。基督教倫理學家喜歡抽離敘事語境的神學抽象概念，與那種想要建立一種脫離歷史羣體的「自然律式」倫理的這一趨勢，兩者之間或許是相互關聯的。

但可能有人會反駁，認為我無疑對這種從「人性」（humanity）的角度來重新詮釋自然律的嘗試太過敵視了，因這自然律式的嘗試，無疑是向正確的方向踏出的一步。若說做基督徒就是圓滿意義上的人，這宣稱怎可能會有錯？沒有人會想堅持，在上帝的創造和救贖工作之間、自然與恩典之間是存在著一本質上的不連續性的。做基督徒的意義，肯定是一種強化、而並非否定做人所當有的意義。

當然，這看法是正確的，但其對倫理反省帶有甚麼方法論上的含義，卻尚在爭論中。做基督徒，肯定是要去滿足人類一些最深邃的渴求，但我們根據這些渴求本身，並不知道這些滿足感具有甚麼意義。若說在基督裏的生命，叫我們變得更像我們應該成為的樣子，這樣說肯定是正確的；但這並不是說，我們必須先從人方面著手，以決定成為基督的門徒到底該有甚麼意義。雖然基督所教導的生活方式，旨在要成為一種所有人的倫理，但這並不是說，我們可藉著觀察人類而能知道這種倫理「客觀地」涉及甚麼東西。

59 此外，這種觀點也樂觀地假設，我們可在道德上得知這種普遍的或客觀的倫理究竟包含甚麼。我們從上文可見，法奇斯極有把握地認為我們實際上是擁有一些共同的道德直覺和價值，諸如誠實、正直，以及忠誠等。但法奇斯並沒有對這些「價值」作出任何具體分析，能足以說明何以不同社會對「真確性」（truthfulness）的理解會有所不同。我沒理由否定人於其本性中，可能有一種尋求真理的根本傾向，但我並不認為我們可以從不同的敘事語境中抽取出這種真確性，以作為某種「普遍的」和「客觀的」倫理基礎。

1.3 教會和世界：一個批判性羣體的倫理學

「基督教倫理學是人的倫理學」這斷言，包含另一個惹人懷疑的假設，這一次是關乎教會和世界的關係。好像奧康奈爾和法奇斯一樣，天主教倫理學家麥考密克（Richard McCormick）說：

> 我們對耶穌基督這完全的人的愛與忠心，使到我們對人（persons）的意義更加敏銳。基督教傳統所立足於其上的信仰，包括：相信上帝與人立約的意思及其決定性的意義（尤其是彰顯於耶穌基督為拯救世人而道成肉身一事上）；相信耶穌基督的終末性國度正在發展並出生的過程中，但最終只會由上帝賜下。相信這些事件，熱愛和忠於這位重要人物，會使我們以一種決定性的方式，察看和設想世界、詮釋世界的意義、並定好這世界的價值的優次。從這種意義上來看，基督教的傳統只是闡明人類的諸多價值，並支持這些價值，且為這些價值在歷史中某些時刻的解讀提供背景。[18]

但麥考密克卻沒有告訴我們，這樣的一種闡明，在倫理上添加了甚麼（如果有添加甚麼的話）。實際上，麥考密克假定基督教信念的首要任務，是要「支持」（support）人類的價值，但這假設則假定基督徒永不會徹底地反對世界，即不會集合起來抗衡他們文化中那些主導的價值。事實上，如此強調基督教倫理學的「人類」特性，背後其實隱伏著一種很深的恐懼：害怕基督徒與他們的文化之間，會出現徹底的不連續性。我恐怕結果會是這樣：自然律的假設，在太多時候被當作某種用以維繫某些基督教前設的意識形態，並假設他們的社會（尤其是西方民主社會）乃內在於上帝的旨意之中。[19]

麥考密克說：「如果基督教信仰為道德加添新的實質(具體的、
60 行為上的)內容，那麼，公共政策就比看起來的，還要複雜得多了。舉一個例，如果基督徒正因為身為基督徒而認識到一些關乎墮胎的事，那是其他人若不成為基督徒就無法得知的，那麼，在多元的社會中，於公共論壇中作討論和決定，就會產生問題了。」[20] 但為甚麼麥考密克假定公共論壇是由「人類」的價值所塑造的呢？為甚麼他假定基督徒應該以「公共論壇」所定的準則來作出貢獻？例如，假如從前的基督徒帶著麥考密克的前設進到羅馬社會，到底會有甚麼結果？基督徒帶著自己羣體獨有的道德氣質，因而發覺自己與某一特定社會的道德氣質有一深刻的非延續性，那是不可能發生的事情嗎？

因此，若問到基督教倫理學的獨特性(或用我的說法，強調那限定詞的重要性)，這問題其實也涉及教會與世界有何關係的這一問題。的確，基督教倫理學的任務被人理解的方式，既是一教會論式的議題，亦是與「自然與恩典」、「創造與救贖」相關的議題。事實上，這些議題是息息相關的，因通常人們如何理解自然與恩典的關係，就會用同樣的角度理解教會與世界的關係。

不過，在這兩個議題中，教會與世界有何關係的議題就顯得較為首要。[21] 基督徒借助那形塑他們羣體的獨特敍事，使他們與世界分別出來。基督徒要成為一羣分別為聖的和平子民，可以活出蒙恕者的生命。[22] 他們分別為聖(sanctification；或譯作「成聖」)，並不是為要維持視基督徒比非基督徒「更好」的那種論斷，反而是要表明上帝呼召他們預嘗那國度的滋味，又命令他們要忠於這呼召。從這種意義上看來，分別為聖是一服事和犧牲的生命，乃世界自身之思考模式所不能解釋的。

因此，若主張教會有其獨特性(因而基督教倫理學也有其獨特性)，其實並非要支持基督教的優越性及宰制性地位。反而，這些主張為要提醒基督徒，福音所具有的徹底性（radicalness；或譯作「根本性」、「本源性」），因此，只作出我們要愛鄰舍如同自己等呼籲，並不能充分總結福音。福音要教導我們使我們成為上帝的和平子民，並藉以轉化我們。

強調基督教倫理學的獨特性，並沒有否定基督教倫理學與其他形式的道德生命存在著一些接觸點。可是，儘管這些接觸點經常存在，但這並不足以為那建基於人本性的「普遍的」倫理提供基礎。 61
試圖捍衛這種倫理，就必然會導致一種約化式的倫理，並通常會變成支持各種形式的文化帝國主義。固然，當基督徒假設，他們特殊的道德信念是不必依靠敍事，並這些信念是由某種脱離歷史的普遍立場來加以證明，他們就會被引誘去把那些不持守這種倫理的人想像為特別有悖倫常，並應該脅迫他們做出我們認為他們實在應該做的事，而那是我們根據普遍的立場而得悉的。

我並不是在暗示，擁護某種「自然律式」倫理的人，是天生較傾向暴力的，而只是想説明從某種「自然律式」倫理的立場看來，暴力和脅迫，在概念上是可以理解的。對自然律作普遍的假設，會導致我們更難以接受異見者的存在；因原則上這些分歧不應存在。舉一個例，今天通常會用普遍權利（universal rights）的語言來表達自然律：有享受自由的權利、有崇拜的權利、有發表言論的權利，以及選擇自己職業的權利等。這類語言，至少在原則上似乎體現出最崇高的人類理想，但也會促使人們假設：由於任何否定這些權利的人，都是在道德上遲鈍的，故應「迫使」他們承認自己的行為是錯誤的。其實，我們很容易會忽視一點：即「權利」的語言（儘管可以用來成就美善的事）在其自身的邏輯內，如何包含著一種對於可使用暴力的有力的辯護。我們的權利的語言，以一種普遍性概念的名義，「把相對的絕對化」，那種概念慫恿我們以某種道德理想來取代自己對上帝的忠心，就此而言，那概念本身是極其有限的，並會帶來限制。

我想重申一點，近來有些人嘗試把基督教倫理學等同於某種普遍性的人的倫理，但卻不認為一切道德生命的論述，都是要依靠敘事的。用麥金太爾的說法，我們必須承認「行動本身，具有一種基本的歷史特性，因為我們都在自己的生命中活出敘事，又用我們所活出的敘事的角度來理解自己的生命；而這種敘事形式，亦適合用來理解別人的行動。故事未講述以先，是已先活出來的，除非那是小說。」[23] 此外，我們必須承認，自己會按照一個可能的共同未來而作出某些構想，再根據這些構想來活出自己的生命。於是，我並不是那種自我，即那種生下來而不帶有歷史的自我，反而，我人生的故事「總是內藏於我從中衍生出自己身分的那些羣體中。我生來便擁有過去；而用個人主義的方式試圖叫自己與這一過去割絕，就等於損毀自己現在擁有的關係。擁有一個歷史的身分，以及擁有一個社會/社羣的身分，兩者是一致的。」[24]

62 基督教倫理學包括一個非凡的主張：我們透過學習忠於拿撒勒人耶穌所開創的那種生活方式，就實際上會成為上帝為祂整個創造所計劃的共同歷史的一部分。可是，雖然這種終末式的觀點是我們的道德所內在固有的，卻並不意味著我們可以假設：所有人「普遍的」有分於上帝的國度是一業已完全成就的事實。反之，這意味著我們身為基督徒，已得著了途徑能夠認出我們之所是：我們是歷史的存有，並必須在歷史中間展開我們的倫理反省。

在我們的歷史以外，道德信念便沒有任何能夠扎根的地方。我們必須在中間（middle）開始，這是說，我們必須在敘事中開始。基督教提供一個關於上帝與造物界的關係的敘事，讓我們能以認出自己是上帝的受造物。因而可以肯定，我們在耶穌的故事中所找到的上帝，就是我們在創造中找到的同一位上帝，就是那位願意我們分享祂的生命的上帝。我們有一位施拯救的上帝，而我們得拯救，意即透過上帝在以色列和耶穌的工作中所創造的歷史，我們被邀請一同有分於國度的工作，藉以得到拯救。這種歷史會將我們置於一個冒險的旅程之中；我們會指出，這冒險就是上帝對一切受造物所定的旨意，藉以成全我們特殊的歷史和我們的本性。

此外，這亦暗示在方法論上，基督教倫理學並沒有起始點。我們是否必須從一個關乎上帝或人的教義之出發點來研究基督教倫理學？這困局只是一個假象，因基督教倫理學是始於一個延續上帝故事的羣體的，這位上帝願意我們有分於拿撒勒人耶穌並那藉著祂而建立的國度。不管在神學上基督教倫理學是在何處開始，它若不是正好提醒我們，這一上帝的故事是如此重要的話，基督教倫理學就會迷失其方向。神學並沒有本質，它本身只是一種富想像力的努力，透過表明一個主張可如何闡明另一個主張，以解說上帝的故事。

在這些討論中，究竟對創造和救贖、自然與恩典兩者的關係，理解得有多好？我是否打算維護一種強調「救贖和恩典」與「創造和自然」在本質上乃非延續性的基督教倫理？斷乎不是！上帝不曾是一位不施行拯救的上帝，上帝是創造主，又是救贖主，這是真的。我強調我們對上帝的認識的敍事特性，是想要提醒我們：離了上帝向以色列和耶穌所作的事的故事，我們就不知道，究竟稱呼上帝為創造主或救贖主是甚麼意思。創造和救贖、自然與恩典的語言，是第二階的神學語言，有時候卻被誤以為是那故事本身。「創造」和「救贖」應按照其他們之所是來理解——而這亦即能幫助我 63
們正確地講述和聆聽那故事的途徑。

此外，如果有人假定創造和救贖本身抽離了那故事後仍是可理解的，我們在耶穌基督的生平和受死中所發現的那種「拯救」便會遭到扭曲。上帝「會施行拯救」並不是一關乎我個人狀況的敬虔的主張，拯救根本不是某些關乎我一己生命並新鮮及有趣的洞見，即使拯救可以包含這種洞見。反之，以色列和耶穌的上帝邀請我們成為國度的公民，因而成為上帝正在創造的歷史之參與者，祂是在這一意義上向我們賜下拯救的。這並不意味著自然（nature）只有變成歷史後，才可得「拯救」，上述的討論只希望提醒我們，自然和歷史都是抽象的概念。能得救贖的受造物，或這或那，正就是那把自然和歷史兩方面結合起來的受造物。

1.4 總結論據

至今我一直嘗試指出，基督教倫理學以「自然律式」為起始點（甚至以「基督教倫理學作為人的倫理學」這新形式提出），會有以下困難：（1）這起始點會產生一種扭曲了的道德心理狀態，因對行動的描繪被視為由觀察者所決定，而不必考慮踐行者的意向。這樣會導致過分集中從觀察者的立場來判斷行動，而這至少是「新天主教道德家」（new Catholic moralists）宣稱他們想要避免的情況。（2）這起始點無法充分論述神學信念如何會是一種道德：即這些信念如何不止於要描述世界，更要塑造自我和羣體。（3）這起始點會將「基督教倫理學是一種我們應該和能夠推薦給任何人的倫理」與「我們透過觀察人類就可以知道這種倫理的內容」這兩個主張混淆。（4）這起始點無法意識到，根本沒有具普遍性的道德，而事實上我們乃活在一個多種道德同時存在的破碎世界之中。（5）由於這起始點似乎會驅使教會和世界必須要有一很強的連續性，因此，自然律式的倫理學無法提供教會所需的批判性視角，以確認和應付我們社會和我們世界內在固有的暴力所帶來的挑戰。（6）這起始點遺忘了：創造—救贖、自然—恩典都是第二階的神學概念，只有與亞伯拉罕、以撒、雅各和耶穌的上帝的故事連上關係，才可被人理解，而這一遺忘，正忽略了基督教信念的敍事特性。（7）這起始點更慫恿我們去脅迫那些與我們意見

不合的人，因這起始點的前設，叫我們相信自己在任何爭論中都總 64
是佔據著道德高地的。

2. 理性與啟示

很多人會主張，我維護一種限定的倫理而反對自然律式的進路，將會帶來另一個更嚴重的問題：強調在基督徒羣體之內的啟示，似乎是反理性的（anti-rational）。舉一個例，麥考密克指出，「如果基督教的信仰和啟示，把實質的內容添加在一些原則上靠理性就可知道的事上，那麼，教會根本就可以直接教導那些道德立場和結論，而不必依靠推陳出這些結論的理性和分析。這對一種高度法規性及要求順服的基督教道德觀念而言，極具支持作用。」[25] 至少，就教會的當權者利用「自然律」來支持其專制立場的歷史來看，麥考密克的主張不禁令人產生疑問。實際上，我認為以道德推理來支持教會某些性別倫理，在某程度上其困難在於：當嘗試給予這些倫理學一「自然律式」的基礎、但同時缺乏神學基礎時，這些倫理學就會顯得獨斷和非理性，並因而會使用權威來強迫人接受之。

然而，麥考密克提出的問題卻是十分重要的，因其正確地關注到在基督教倫理學中權威的種類和位置等問題，以及那權威與理性有何關係等。休斯（Gerard Hughes）在他所寫的《道德中的權威》（*Authority in Morals*）中，仔細論到這些問題可以怎樣從某種自然律的角度來著手處理之：

> 道德神學中最明顯的上訴法庭，就是基督教道德傳統的教導，這些教導可見於聖經或基督教傳統後來的文獻中。還有另一種觀點與這進路互相配合：即認為有一種明確的基督教倫理存在，而道德神學的任務，就是要透過反省來

> 詳加解釋那些明確屬於基督教啟示的資料。就這啟示被理解為在倫理學中具有權威性而言，這啟示在某種意義上則被理解為是一終極，不容許以那啟示以外的資料來源對其作出進一步的批判。就這種觀點，我會提出兩種基本的困難。第一種困難在性質上是神學的。我認為，若從這種進路出發，就必然會浮現出一幅上帝的圖畫，那是
> 65 基督徒自己不願意始終如一地接受的。根據這種模式來看，我認為上帝必定會顯得十分武斷，並且不能合理地要求我們相信祂或效忠祂；可是聖經中的猶太—基督教傳統講得最清楚的主題之一，就是人可接受上帝是他作合理訴求時的終極答案。任何啟示的理論若否定這一點，最終就必會使到啟示本身失去其公信力。尤其是，如果我們有任何理由，相信上帝確實是正在向我們說話，那麼，上帝就必須被視為道德上可接受的。第二，我會對這立場提出多一些哲學上的反對理由。上帝在歷史中啟示自己，因而祂是在一特定的時間和地點、在一特定的文化中啟示自己，此為基督宗教的特徵。基督教傳統的文本向我們傳遞上帝的啟示，這些文本又同樣是某一特定羣體在其不同發展時期所留下來的文本。照這樣來說，這些文本也會引起一切詮釋和翻譯上的哲學性問題，就像其他文本所引起的哲學性問題一樣。因而可以推斷，這些文本的意思不能純粹自動地從文本中解讀出來。我們為要確立這些文本的意思，就不得不借助其他假設和論據，而此乃是這些文本本身所沒有提供的。[26]

有趣的是，當休斯提出自己的論據時，卻很有把握自己是知道「道德」究竟涉及些甚麼。他說：

> 唯意志論者（voluntarist）有一獨特的、遭非議的論點，那就是：即使考慮到人是由上帝所造，但人要做甚麼才算是對是錯，仍是取決於上帝旨意的**進一步**施行；上帝可以把不同且不相容的責任放在我們身上，並同時由得我們不作任何改變。唯意志論者如此切斷人性和上帝所賦與人的道德責任所帶有的聯繫，就使到人的道德完善過程，變得難以理解，因這過程不再與人的發展的其他方面有任何關係。因此，人冒險將上帝視為一位任意及武斷的上帝。大體上，基督教傳統已拒絕了這幅上帝的圖畫，因其與上帝已向我們啟示的性情並不相符，又與那祂已向我們顯明了對我們的道德關懷並不相稱。[27]

惟有當我們假設自己可先於對上帝的認識而曉得道德的性質和內容時，休斯反對上帝的任意性的論據才可發揮作用。因而，
休斯為要否定基督教倫理是以啟示作為基礎的——即「那已向我 66
們啟示的」啟示，並「已在其中向我們表明了祂對我們的道德關懷」——而訴諸啟示，這實在奇怪。休斯必須同時抱持兩種不同意義的啟示，那是十分清楚的，但這也不過是指明我們需要更清楚了解休斯談及「啟示」時乃是指到甚麼。從其中一種形式來看，休斯似乎把啟示等同於一種不能用理性來證明的知識範疇，但這肯定是錯的。

這是弄錯了，因首先「啟示」這詞，不是對某種知識的認識地位（epistemic status）的限定詞，而是指向某種知識的內容。我們把與上帝有關的知識稱為「啟示」，不是由於那種知識合乎理性或非理性，而是因著那種知識是關乎到甚麼。我們對上帝的認識，可能會挑戰某些我們看為是合乎理性的論述，這事實並不意味著啟示因而就是非理性的。啟示是要描述那種帶有上帝的印記和上帝拯救

的意圖的知識，但那印記並不因而必然要用某種神祕的方式加以辨認出來，即使啟示的知識可以是某種奧祕的知識。論到知識是「被啟示的」(revealed)，就標明這種知識與上帝有關，這與那些並非嘗試告訴我們關乎上帝的知識，形成了對比。

愈來愈多人會說啟示並不關乎命題(propositions)，而是關乎到上帝的自我揭示(self-disclosure)。因而，很多人會談及「啟示性事件」(revelatory events)——例如「出埃及事件」或「復活事件」。這些人常常希望指出，啟示並不是就所發生的事提出主張，而是就所發生的事的意義提出主張。相反，我會主張啟示乃牽涉命題式的主張，但這些主張本身不可以獨立抽離出來，卻只有在成為一融貫一致的敘事後，才能被人理解。

從這角度來看，我發現對上帝的自然知識和啟示之間的傳統劃分，是會誤導人的。一切對上帝的知識同時都是自然的和啟示的，但好像一切知識一樣，對上帝的知識也取決於類比對其所作的管制。而類比則反過來從那些利用敘事作出其理性展示的典範(paradigms)中，取得其可理解性。[28] 當我們嘗試測試自己對上帝的認識，怎樣有助於理解這世界之所是時(即其為有限的)，我們那「上帝如何對待我們」的敘事，則可以啟發和管制我們這種嘗試。

但我們對上帝的認識也是在道德上的，舉一個例，我們宣認上帝是完全的(perfect)，就是說，上帝是完全正直無瑕的。簡單來說，上帝的意圖，並沒有陰暗面。上帝就是上帝所行的事，並沒有
67 任何人或任何事可與之相比。因此，上帝的美善不像我們的美善，因完全的忠誠就是上帝的本性。上帝在這種意義上是道德的，因著這基礎我們可有把握說：我們變得更像上帝，就會使得我們更接近自己。因此，基督教的道德必然要求我們忠心地效法上帝。

事實上，這是我們十分熟悉的一種聖經的關注。例如，請想一想利未記十九章 1 至 4 節的語言：

耶和華對摩西說：「你曉諭以色列全會眾說：你們要聖潔，因為我耶和華——你們的上帝是聖潔的。你們各人都當孝敬父母，也要守我的安息日。我是耶和華——你們的上帝。你們不可偏向虛無的上帝，也不可為自己鑄造神像。我是耶和華——你們的上帝。」

或可再想一想利未記十九章 11 至 12 節：

你們不可偷盜，不可欺騙，也不可彼此說謊。不可指著我的名起假誓，褻瀆你上帝的名。我是耶和華。

聖經的誡命並沒有任意地命令我們，反而是叫我們要成為聖潔，好像上帝是聖潔的一樣，因我們是透過上帝向我們的信實而學會了聖潔的。因此，就像上帝那樣，我們被召要成為自己之所是，並做自己應做的事（例如，我們為窮人的緣故，留下部分田地不收割），因為上帝就是如此的上帝。這種道德並不需要「基礎」；我們知道這種道德可反映上帝的本性，那便足夠了。

可能有人會提出反對，認為這些經文中的「聖潔」乃是相當抽象的；但這種指責是無法站得住腳的，除非我們忽略聖經中對上帝的聖潔所作出的敘事性展示：上帝帶領我們出埃及地，將士師、先知和祭司賜給我們。我們身為基督徒，會宣稱自己在耶穌基督的生平和受死中能最清楚認識到上帝。我們藉著學習「效法」耶穌，事實上就成為了上帝生命的一部分，並在其中找到自己真正的家。我們透過成為上帝國度中的公民而成為聖潔，並由此表明上帝本性那不屈不撓的愛。

如果我們有一個「基礎」，那就是基督的故事。「因為那已經立好的根基就是耶穌基督，此外沒有人能立別的根基。」（林前三 11）

此處保羅不是論到某種個人主義式的成全，而是談及要建立一個羣體——一羣子民。但惟有這羣子民願意委身基督，並以此作為根據而願意彼此委身，他們才能存活下去。

這種基礎並不是理性以外的（extra-rational），事實上，這是一
68 關乎實在的主張，即我們的存在是由上帝所賜並由上帝所模塑的。這類主張，好像所有主張一樣，可在一個致力理解自身世界的羣體之內，得到適當的詮釋。至少，人類羣體中的智慧是始於我們察覺到自己的生命是要依靠敘事的，而我們亦只是旅程中的客旅，即使我們並不知道這旅程會牽涉些甚麼。我們基督徒為耶穌的一生作見證，祂是我們人生的中心，並且我們存在的意義和形式，在這種敘事的依賴性（narrative dependency）中亦變得可以理解（並因而合乎理性）。

我們相信自己得到了一個關乎實在的真確論述（truthful account of reality），當我們學習把自己的故事放在上帝的故事中時，便能夠視自己的人生不單單是一連串的事件。這並不意味著我們的人生有一單一的目標或意義；反之，即使現在沒有清楚的目標，但我們透過基督便知道上帝的故事，這故事就叫我們能夠繼續走下去。我們正確地沒有追求幸福或快樂本身，這些東西是難以捉摸的；反之，當我們在一個忠心的敘事中找到一個在持續並發展中的和有價值的任務，並藉此足以維繫我們的生命時，我們便會得到幸福或快樂。

我們透過學習明白自己是受造物，並且是可得著由耶穌之國度的宣講所成就之救贖的，就能夠將自己置身於上帝的故事之中。我們身為受造物，要學習明白自己的生命就是上帝正在講述的故事：

> 這故事始於太初的創造話語，有一天達到了其所指定的結局後，就會結束。惟有這幕戲劇的作者，才可以清楚説明不同角色所帶有的終極意義（特定的受造物被要求扮演不

> 同的角色），惟有那作者才能最終看見這些不同的角色可如何構成一個融貫一致的整體。那扮演自己角色的受造物，可能極不確定故事到底是否快到尾聲，還是情節才只是剛剛展開。簡而言之，受造物並不需要為那故事的全部負責，也不需要為其行動所帶來的後果負責。反之，受造物有責任做好自己被容許扮演的角色。明白自己是受造物，就是相信我們不應踏出那故事之外，也不應視自己為作者而不是角色。我們不用精心安排最後的結局，卻只要盡上我們的責任。[29]

簡單來說，我們基督徒不是受召成為「有道德的」，而是受召忠於那真正的故事：我們是受造物，接受上帝的主權，而祂正是那位渴望我們忠心服事祂的上帝。似乎，我們透過這種服事不是會變得「有道德的」，而是會變得好像上帝一樣聖潔。

因而，若有人主張我們必須在啟示和理性之間作出選擇，為要 69
刻劃出我們對上帝的知識和祂對我們的道德旨意，這就是把外來的抽象概念，強加在我們所見的那種聖經敘事運作的方式之上。上帝呼召以色列，又在基督裏成就祂的救贖，如果我們把啟示置於這上帝持續並發展中的故事中，啟示就是合理的。確認上帝是創造主，並不是為確立一種「對上帝的自然知識」而提供的基礎，雖則我肯定不會否定這種知識有可能存在。反之，「上帝是創造主」這事實，卻是要提醒我們，我們是受造物，且是在祂的世界中當參與者和演出者。我們當這種角色演員，正因為我們有一種對歷史決定論（historical determination）開放的本性。

談回休斯，當理性和啟示之間的二分，被人用來迫使一「明確的宗教道德」（specifically religious morality）主張，變成一任意武斷的立場，這種二分便尤其會遭到扭曲。休斯認為某種明確的宗教道德暗示，我們在敬拜和事奉一位任意武斷的上帝，這上帝會在沒有理由的情況下任意發出一些命令。可是，正如我們所見，這並不是我們在聖經中找到的上帝——那位呼召我們成為聖潔的上帝。固然，上帝會發出「命令」，但上帝的旨意是要創造一羣子民，叫他們能夠在世界中見證祂的國度，在這旨意之內，上帝的命令才合乎情理。[30]

休斯又認為，這樣的上帝，「人也不接受其為人合法渴求時的終極答案」。上帝的道路非同我們的道路。上帝命令我們如此行，為要訓練我們的渴求和渴想，因我們不知道自己應渴求甚麼才是正確的。上帝呼召我們參與在國度之中，成為國度的公民，藉以明白自己是受造物，擁有與上帝主權相配的品格，並得救贖，從而訓練我們渴求正確的事。

基督教倫理學的任務，就是富想像力地幫助我們理解國度的涵義，或如同我在別處所說的：基督教倫理學是一有紀律的活動，以分析並富想像力地測試那些最適合於建構基督徒生命的意象，並且符合那中心的信念：那就是相信耶穌基督的工作已救贖了這世界。[31] 原則上，如此的基督教倫理學，在方法論上與其他倫理學並沒有分別，因我猜想所有道德生命的論述，都需要訴諸德性、原則，以及各自的敍事的展示。基督教倫理學之所以是基督教的，並不是基於我們的方法論，而是基於我們信念的內容。

休斯講到這些信念（尤其是我們在聖經中找到的信念）需要詮釋，並沒有說錯。但這不是因為如他所說的，我們已變得特別意識
70 到文本的文化限制。反而，文本需要詮釋，乃是因為文本並不裝扮成可自我詮釋的（self-interpreting）。聖經本身使我們展開這詮釋活動，因很多經文都是對經文的詮釋。舉一個例，在很多方面，新約聖經就是希伯來聖經的一種米大示（midrash），我們基督徒透過新約聖經，根據上帝在拿撒勒人耶穌身上與我們的同在，設法更清

楚理解成為上帝的子民到底是甚麼意思。[32]

但新約聖經本身是難以自我詮釋的，畢竟我們有四卷福音書，各自也有其自身特殊的重點。這些分歧不必然是相容不下的，但這些分歧的相互關係卻並不十分清楚。這些分歧是必須要被詮釋的，而這樣做不單需要有細緻的歷史研究，也更加要求我們願意在道德上被塑造，以致變得與經文所主張的生命相稱。甚至，聖經的多元性就是基督徒生命的中心，因這種多元性要求我們作為一個羣體、一所教會，能夠容許這些分歧的經文，可以帶著權威地在我們中間被解讀。

我們基督徒是一羣聖書的子民，故必須承認我們是一個羣體，並藉著記憶而存活下來。我們並不會脱離經文來尋求哲學的真理。反之，我們是一羣聖書的子民，因我們相信「那推動太陽和星辰的愛」，可見於以色列民和耶穌這獨特的人的生命之中。這種「真理」本身是偶發的，只能靠記憶一代一代的流傳下去。那記憶流傳的過程中，我們會被反覆要求尋找那記憶中所帶有的新的涵義，並會運用聖經來測試自己的記憶。

所以，記憶是一道德的操練。我們必須成為能夠不忘自己的失敗和罪惡的人，才能正確講述那個我們受命要去守住的故事；因正確講述這故事，就需要我們揭示自己的罪。承認聖經的權威就是學習承認自己的罪和接受寬恕。惟有藉著寬恕，我們才能見證那故事如何塑造了我們的生命。

因此，基督徒宣稱聖經帶有權威或把權威歸於聖經，因為那些訓練我們成為一羣忠心子民的故事都是源自聖經、且是無可替代的。要記住，我們不但需要歷史鑑別的技巧，也需要有人的榜樣，因那段記憶塑造了這些人的生命。聖經的權威是透過聖徒的生命而確立的，這些人，被我們的羣體認定為是最近乎代表到我們之所是的人。或更有力地說，我們要明白聖經的意思，最終就必須注意那些最近乎學會了透過自己的生命，以示範說明聖經有何要求的人。

71 我推想休斯可以這樣說：「啊！但你看，你仍需要一個與聖經抽離的理性準則，免得流於武斷，因你怎知道這些聖徒是誰？」這樣說有幾分真確：我們確是需要嘗試指出，為何有些人在示範說明上帝的故事時，會比別人做得更好。不過，那所需的「理性」並不是「神學以外的」（extra-theological），而是來自那記起上帝曾向我們發出應許、而又被這記憶所塑造的羣體之中。因而，那「準則」（criterion）與其說像是一個原則，不如說像是聖徒生命所展現出來的故事。透過這些聖徒的生命，我們開始明白，聖經的意象如何可以平衡得最好，以致我們可講述和活出上帝那仍在持續進行的故事：上帝始終決意要把世界帶進那國度的和平。[33]

5
耶穌：和平國度的臨在
Jesus: The Presence of the Peaceable Kingdom

1. 耶穌於倫理上之含義 72

我在本書中所做的一切，都是為了這一章而作預備的。我強調基督教倫理學的限定性質（qualified nature），並強調敘事的含義，又強調人類踐行的歷史性質，以及強調我們是有罪的（sinfulness）之特性，都是為要嘗試確立一個架構，好幫助我們明白耶穌的生平、受死和復活的倫理意義。我必須作出這樣的準備，似乎有點奇怪，因人們自然會假定：那使到基督教倫理學是基督教的，就是耶穌的含義淩駕一切。但人們如何理解那含義卻已經改變了，而人們用來宣稱耶穌在道德上的含義的方式，亦通常與我們在福音書中所見的耶穌並不相似。

更確切地說，基督教倫理學往往會以「基督論」、而並非耶穌本身作為起始點，耶穌的相關性，被視為關乎道成肉身這一更實質性的主張。因而，基督教倫理學通常是始於一些概括勾畫出來的神學主張，即關乎上帝成為人的含義的那些主張，卻忽略了或只是選擇性地運用耶穌這人的生命，而這人的生命乃是上帝使用來代表其自己的。有些人極其強調耶穌的受死和復活就是救恩的源頭，到一個地步，幾乎認不出耶穌是公義的教師。又甚至乎，耶穌的受死和復活，乃次於那些關乎到耶穌身為上帝又身為人的主張，因這是上帝自己披上我們的本性來施行拯救，而不是耶穌這人的生命成就這事。

如此強調耶穌在存有論上（ontological）的重要性，讓很多人覺得這種強調是絕對不可少的，尤其是根據福音書的現代歷史鑑別學（historical criticism）的觀點。因為明顯看來，福音書的作者並不是想寫出「客觀的歷史」，而是按照他們羣體的需要和關注，講述耶穌的故事。我們根本不可能認識「歷史上的耶穌」（historical
73 Jesus），卻只能認識早期教會介紹給我們的耶穌，當中亦帶有他們本身特殊的用意。故此，我們惟有提出一個先於福音書的「詮釋學上的原則」，以確立耶穌的本性和重要性。

可是，嘗試避開不處理福音書中所描繪的耶穌，這種策略會造成一大難題。有些基督論強調宇宙性和存有論上的基督，這些基督論傾向使耶穌的生平變成幾乎是伴隨著那假設為更深邃的神學重點而發生的事；而特別是耶穌信息中有關終末論的層面，則不予重視。然而，現在有一普遍共識，此乃近代學術界其中一個最重要的「發現」：耶穌的教導並非先是集中於自己的身分地位，而是集中於上帝國度的宣講。[1] 似乎，耶穌並不叫人注視自己，卻是透過自己的教導、醫治和神蹟，設法指明上帝國度的性質和即時性（immediacy）。[2] 可能有人會反駁，即使是這種對耶穌的結論，似乎也正是預設了我們剛才所講到的那種**不**可能的假設——即假設我們能夠從早期教會所創造出來的耶穌中，將真正的耶穌分別出來。然而，我們至少仍可這樣說：馬可福音、馬太福音和路加福音中所描繪的耶穌，並不叫人注視自己，而是叫人注視國度——即早期的基督徒覺得已經臨在、卻仍會來臨的國度。

我並不打算定出在多大程度上我們能夠認識「真正的耶穌」，只願假設我們在聖經中所見的耶穌，就是早期教會的耶穌。更重要的是，我想堅持情況不可能或不應該不是這樣的，因從耶穌對自己的跟隨者所作出的要求來看，就意味著人不可能抽離門徒的回應來認識耶穌。我們惟一可以認識到的，就是從門徒的眼中所反映出來的耶穌，這歷史事實令很多人都感到絕望，因似乎他們並不能認識真正的耶穌。但事實上，這歷史事實是神學上所必須的，因「真正的耶穌」不會由得我們依然故我，卻要轉化我們成為與那新時代的羣體相稱的一分子。

當早期的基督徒開始見證耶穌對他們生命的含義時，必然需要講述耶穌的生平。這是一個令人吃驚的事實，卻是明顯得一而再地被人忽略了其含義。早期基督徒的「基督論」，並非最先存在於有關耶穌在存有論上的身分的主張，即使他們也有作出這類主張；他們的基督論並不只限於評估耶穌受死和復活的含義，即使這兩件事被視為是含有極大意義的；反而，他們的「基督論」（若可以稱為「基督論」[3]），則表明耶穌的故事，對於描繪他們現在認為藉著耶穌 74
的生平、受死和復活而能以實現的那種國度來說，乃是絕對不可缺少的。因此，雖然耶穌並不叫人注視自己，但早期的基督徒卻正確地明白到，惟有認出耶穌如何在自己的生平中示範並說明那國度的標準，他們才能掌握耶穌要宣講的：上帝的國度同時是現在的和將來的實在。

但情況或許甚至更複雜。福音書是耶穌生平的故事，而福音書的格式，不但是要展示出那生命，更是要訓練我們，要按照與那生命的關係來為自身的生命定位，因初期教會（他們留下福音書給我們）假定我們若不學習跟隨耶穌，就不可能明白耶穌是誰和祂代表著甚麼。因而，馬可福音那具有諷刺意味的形式，一開始便向讀者宣布這是「上帝的兒子耶穌基督的福音」，但當描繪到門徒時，又表明要明白那福音的意義是多麼困難。除非你於耶穌在世時學會了跟隨祂，否則你便不可能知道復活後的耶穌是誰。耶穌的生平和祂被釘十字架，對於清除我們下述那些錯誤的觀念是重要的（就像從前耶穌的門徒和仇敵的錯誤觀念也被清除一樣）：那就是關乎耶穌帶來了怎麼樣的國度。惟有我們學習跟隨耶穌前往耶路撒冷（祂在那裏受這世界的勢力壓迫），才會明白到國度會帶來甚麼，並知道耶穌是怎樣的彌賽亞。

就像馬可一樣，我自己強調耶穌生平在倫理上的含義，以及注視對那生命的敍事描繪的必要性，乃是有別於基督教倫理學通常會作出的強調的。的而且確，表述這事（即耶穌在倫理上的含義）的方式也會誤導人，因彷彿我們能夠脫離耶穌在倫理上的含義以認識或明白耶穌。要按照與耶穌的關係來為我們自己的生命定位，便已涉及基督教倫理學的基本議題。耶穌醫治那些被鬼附的人，又呼召門徒，講述比喻，教導律法，挑戰當時的權威，又在羅馬人和猶太精英分子的手下被釘十字架，再從死裏復活，藉著這一切，祂就是那位要來展開上帝的國度、使這國度臨在的耶穌。當然，強調耶穌是這國度的臨在及引進者，並不意味著耶穌不是基督，或者祂不是上帝道成肉身，又或者祂的受死和復活與罪得赦免無關；卻意味著這些主張都是晚於耶穌這人的一整生，耶穌就是上帝稱為是完全屬於祂的那位，為要使祂的國度臨到這世界中。

有一點的確很有趣，值得提出來：當眾教父希望詳細解釋以
75 「道成肉身」這詞來談及耶穌時，便採用了「經世行動」（economy）這詞，這詞純粹指到上帝如何管理這世界。所以，對亞他那修（Athanasius）來說，道成肉身是論到上帝的經世行動（即上帝的道）如何挪用一個人的身體，叫那人死了又可以復活。[4] 因而，道成肉身這教義，並沒有把一切的含義都放在耶穌的出生上，也不關乎到

耶穌的位格或本性，卻是要提醒我們，若要進到上帝所聲稱的耶穌的含義，就不能不察看祂一生究竟如何藉其一生彰顯上帝的國度。[5]

因此，我所強調的耶穌的生平（由早期教會所描繪出來的），並不是一個「低階的基督論」（low Christology）的例子。實際上，我是主張藉著留意福音書的敘事形式，我們便會遠為清楚地明白到，耶穌作為上帝的受膏者所帶來的意義。我們學習成為跟隨耶穌的人，就學會將自己的生命定位在上帝的生命中，又置身於構成其國度的旅程之中。我會設法表明，跟從上帝國度之道路的最核心事情，乃怎樣關乎到：必須學習變得好像上帝。我們藉著跟從耶穌的教導，並因而學習成為祂的門徒，從而學習變得好像上帝。

因聖經告訴我們：

> 你們聽見有話說：「以眼還眼，以牙還牙。」只是我告訴你們，不要與惡人作對。有人打你的右臉，連左臉也轉過來由他打；有人想要告你，要拿你的裏衣，連外衣也由他拿去；有人強逼你走一里路，你就同他走二里；有求你的，就給他；有向你借貸的，不可推辭。
>
> 你們聽見有話說：「當愛你的鄰舍，恨你的仇敵。」只是我告訴你們，要愛你們的仇敵，為那逼迫你們的禱告。這樣就可以作你們天父的兒子；因為他叫日頭照好人，也照歹人；降雨給義人，也給不義的人。你們若單愛那愛你們的人，有甚麼賞賜呢？就是稅吏不也是這樣行麼？你們若單請你弟兄的安，比人有甚麼長處呢？就是外邦人不也是這樣行嗎？所以，你們要完全，像你們的天父完全一樣。（太五 38～48）

我們要變得好像上帝：要變得完全，像上帝的完全一樣。學習跟從那位由上帝差來作我們國度的先鋒的耶穌，並變得好像耶穌一樣，便能獲得上帝一樣的完全。故此，基督教倫理學，首要地並非
76 是一有關原則、規條或價值的倫理學，而是要求我們注意拿撒勒人耶穌這特別之人的生命。惟有從耶穌身上，我們才能學到完全，而完全則至少包括要寬恕我們的敵人。

2. 耶穌、以色列和效法上帝

不過，「效法」（imitation）這主題卻招致很多誤解，特別是這主題帶有一些個人主義式的前設，是與基督徒生命的社羣本性剛好相反的。因試圖從模仿耶穌行事的外在舉止著手，根本無法學習到「效法」上帝的。沒有人能只靠做一些有德行的人會做的事，而成為一個有德行的人。只有依照一些有德行的人的處事方式來做事，我們才能成為有德行的人。因此，人們只能從別人身上學習如何能成為有德行的人，即學習如何能變得好像耶穌，才能成功學會如何成為有德行的人。要變得好像耶穌，我便需要成為某個踐行德性的羣體的一分子，而不是靠我逐點模仿耶穌的生命。

我不能和不應模仿（mimic）耶穌，其實是有一個較深入的原因：上帝沒有呼召我們成為國度的引進者，也沒有呼召我們成為上帝的受膏者。上帝呼召我們要變得**好像**耶穌，但並不是**成為**耶穌。我將會設法表明，我們變得與耶穌相似是帶有一種非常特別的性質：從耶穌的十字架上看見其一整生的總結；因而，要變得好像耶穌，就是與祂一同上路，藉此我們被訓練成一羣擁有上帝國度的公民身分的人，而上帝的國度就是一非暴力的愛的國度，這種愛會征服這世界的各種勢力，且不是靠脅迫和暴力，而是靠著這一人之死的能力。

不過，要正確地欣賞「效法」這主題的中心性，就必須先從以色列著手，而不是先從耶穌開始，因耶穌並沒有帶來任何對律法或上帝本性的新洞見，乃是以色列當時不曾知道和被啟示過的。那要變得像上帝一樣完全的命令，並非新的命令；要愛仇敵的命令之內容，亦並不新鮮。這兩個命令的結構和內容，均取材自一些久遠的思維習慣，那是以色列透過對耶和華的經驗所發展出來的。若不把以色列很久以來已知道的事視為理所當然，福音書中呈現出來的耶穌的作為便沒有道理了；而任何講述事情是如何發展的故事，都需要論到上帝的作為，並以之作為那故事必不可少的框架，才是值得講述的。

按希伯來聖經所展示的，以色列人相信自己歷史中所發生的一 77
連串事件，對上帝與人類的關係，起了決定性的作用。在這些事件中，上帝曾說話，而以色列人就不斷重提這些話語，以指引他們將來與上帝的關係。摩西從埃及出來的旅程，得到下述的詮釋：出埃及，「在西乃頒布律法，渡過約旦河，錫安的聖殿被視為上帝創造自己的子民以色列的形成時期⋯⋯上帝子民的生活，是必須與其歷史的重要形成時期（透過『回憶』和『默想』）保持一密切而有機的關係，因在這關係中，上帝已親自清楚指明了那生活的必要形態。在這綿延的歷史中，上帝已表明祂總是先行的（prevenient）：生命是一個旅程，而上帝走在人的前面，作指導和榜樣；上帝又已表明祂總是看顧人的（provident）：上帝會陪伴人，成為他們的同伴和導師；而到最後，人才發現上帝本身就是那道路。」[6]

因此，以色列的任務（那使到以色列成為以色列的真正原因）就是要行在耶和華的道路上，即透過先知（妥拉〔Torah〕）、君王（兒子身分）和祭司（知識）的途徑以效法上帝。[7] 行在上帝的道路上，是指到以色列必須遵守誡命（申八 6），必須敬畏耶和華（申十 12），必須愛耶和華（申十一 22）；因而，必須在這道路上作完全人（創十七 1）。但是，順服之道也是效法之道，因以色列就是上帝的「長子」（出四 22）。此外，以色列曉得耶和華是公正和有憐憫的上帝，故以色列也必須以公正和憐憫行事（耶二十二 16）。

因此，就以色列「記得」「耶和華的道路」這意義上來說，以色列才是以色列，因當以色列如此憶起的時候，實際上就是在效法上帝。這種記憶不是純粹於思想上的記憶力，反之，他們所回憶起的意象，既會塑造靈魂，又會決定將來的方向。「憶起耶和華的作為，以及去尋求祂（即由得人的行動被祂的旨意所決定），實際上都是一樣的。因此，『憶起』自紅海以來的『道路』，就是**現在**要根據當時所啟示出來的上帝與以色列的關係來行事，以及在這樣做時享用這關係，並知道這是最真實的。」[8] 因而，眾先知向以色列發出的呼籲，總是叫他們回到效法上帝（*imitator Dei*）這一召命：上帝要求人反映出祂自己的性情——只要這些性情及品格，是可以在人類生命的限制所能反映出來……當眾先知譴責人對人的無情
78 和壓迫，並要求憐憫不幸的人時，就是要求人反映出上帝在拯救自己子民時、獨一無二地表達出來的性情。」[9] 所以，對以色列來說，愛上帝，就是指到要學習像上帝從前和現在怎樣愛人一樣去愛。

> 耶和華但喜悅你的列祖，愛他們，從萬民中揀選他們的後裔，就是你們，像今日一樣。所以你們要將心裏的污穢除掉，不可再硬著頸項。因為耶和華—你們的上帝—他是萬神之神，萬主之主，至大的上帝，大有能力，大而可畏，不以貌取人，也不受賄賂。他為孤兒寡婦伸冤，又憐愛寄居的，賜給他衣食。所以你們要憐愛寄居的，因為你們在埃及地也作過寄居的。你要敬畏耶和華—你的上帝，事奉他，專靠他，也要指著他的名起誓……你要愛耶和華—你的上帝，常守他的吩咐、律例、典章、誡命。」

（申十 15 及下）

以色列需要有一個可見的範例以表明如何跟隨耶和華，而以色列三大主要的職事（君王、祭師和先知）都是因應這需要而取得其實質的。[10] 當時所需要的，就是要有一些人在自己的生命和工作中，體現出以色列要「行」在耶和華的「道路」上的召命。人們對君王、祭師和先知的評價，都是根據他們有多委身（因而成為可效法的適當模範）而定的。於是，以色列有一明顯趨向，就是要把這三種功能集於一身：例如集中在摩西身上，又或者集中在以賽亞書「僕人」之歌中的僕人身上，因好像先知一樣，以賽亞書那僕人是由上帝所命定（賽四十九 1）和呼召的，並要履行一特別的任務。但那僕人也被任命為君王，行在耶和華的妥拉的道路中。不但如此，那僕人成為祭司的祭物，為人獻上自己。那僕人透過在自己的生命中演示出這些職事，不但向以色列展示出他們當履行的任務，還彰顯出上帝的生命。

早期的基督徒就是根據這背景來理解和相信耶穌的生平、受死和復活，並發現自己延續了以色列的召命：就是要效法上帝，並因而以一種決定性的方式，向世界描繪出上帝的國度。耶穌的生命被視作以色列的生命的重演（recapitulation），因此亦展現出上帝在世界中的真正生命。早期的基督徒透過學習效法耶穌，跟從祂的道路，就相信自己是在學習效法上帝，而上帝也將會叫他們成為國度的後嗣。

或許，試探敘述（temptation narratives）可以最清楚表達出耶穌的生命如何被視為重演上帝對待以色列的方式，因就像以色列人一樣，耶穌在曠野裏受試探，被引誘去扭曲上帝賜給以色列的恩
賜，藉此，耶穌卻發現了自己的召命。在第一個試探中，我們可看 79
到耶穌與以色列極為相似，甚至經歷到以色列想要掌握自己的選擇

這反覆出現的慾求。耶穌會否好像摩西一樣，把石頭變成食物，預備餵飽飢餓的人和窮人？但耶穌拒絕用這種途徑來證明上帝與祂的子民一同作王，因祂知道上帝所賜給以色列的生命，乃是超過食物所能供應的（路四 4）。

魔鬼再試探耶穌，這次用統治權來試探他，並呈上比大衛要偉大得多的王權。這種統治權可以為列國帶來和平，因一個大有權力的君王，可迫使所有人聽從他的意願。但耶穌再次拒絕這種統治權。看來，上帝的國度不會透過脅迫使和平得以實現。上帝選擇藉著愛的能力來掌管世界，而世界卻只會視這種能力為軟弱的；但惟有透過敬拜這樣的一位上帝，和平才會臨到人間。因而，耶穌果斷地拒絕以色列人拜偶像的試探，因這樣做必然會導致各族和列國之間的暴力。因我們的暴力是與我們所敬拜的對象的虛假，相互關聯的；那些對象愈是虛假，我們就愈有機會利用脅迫的方法，以保持對其的效忠並保護之。惟有那位獨一的真神，才能冒著風險，完全地依靠謙卑和愛的能力來施行統治。

最後，耶穌受試探，要去擔當祭師中的大祭師，成為上帝所不能拒絕的祭物，以迫使上帝作工。簡而言之，耶穌受試探要去扮演英雄，將自己的生命掌握在自己手中，並控制自己的命運，因而靠一己的犧牲，以迫使上帝的國度降臨。但是，這種英雄的角色與因服從別人而死在十字架上的那個耶穌，完全相反，因耶穌如此順服，叫我們最終看見，這並不是祂自己的意願，而是上帝的旨意透過祂的生平和受死而實現出來。因此，復活並不是加諸耶穌生命中的一件超乎尋常的事件，而是上帝藉以來肯定耶穌復活之前、其一生的品格都是完全忠於自己所傳講的和使其臨在的上帝國度的召命的。離了復活，我們對耶穌的專注就會變成拜偶像；但離了耶穌的生命，我們就不會知道那叫祂從死裏復活的上帝，是怎麼樣的上帝。

試探敍述只是一個意思特別集中的例子，以說明早期教會如何

理解耶穌的生命是重演以色列與上帝同行的生命。耶穌受洗，回到
耶路撒冷，潔淨聖殿，吃最後晚餐，被釘上十字架，最後復活，這
些事都同樣可被看作為：刻意把耶穌介紹為以色列的君王—彌賽
亞（king-messiah）。但是，耶穌呼召十二門徒，必需在以色列中流
離，又在安息日行神蹟，在曠野中餵飽多人，並特別注意窮人和被 80
棄絕的人，這些事可同時被理解為扼要地重述和革新以色列的生命
和他們與上帝的關係。[11] 因而，難怪早期的基督徒假定透過效法耶
穌之「道路」，就是在效法上帝自己之「道路」，因國度的內容（那
成為公民的途徑），原來正正就是要透過負起作耶穌門徒的任務，
以學習效法耶穌的生命。

人要成為門徒，就要跟從上帝的道路，那就是撇棄自己的道路：「若有人要跟從我，就當捨己，背起他的十字架來跟從我。」（可八 34）此外，撇棄自己，並不僅是在存在的意義上放棄自我，更是要放棄家庭的生活和親情（太十 37），甚至要犧牲自己的生命（可十 45）[12]，但這也是一種謙卑的生命：

> 你們知道，外邦人有尊為君王的，治理他們，有大臣操權管束他們。只是在你們中間，不是這樣。你們中間，誰願為大，就必作你們的用人；在你們中間，誰願為首，就必作眾人的僕人。因為人子來，並不是要受人的服事，乃是要服事人，並且要捨命作多人的贖價。（可十 42～45）

我們作如此的服事，就會知道我們所要去愛和受召要去順服的上帝是怎麼樣的一位上帝。耶穌服事別人，就像上帝服事我們一樣，從這意義來說，耶穌的生命就是上帝的生命：

> 耶穌先效忠於上帝，然後愛鄰舍如同自己，所以並不用出

> 於恐懼而稱王稱霸，又或迫使別人服事祂；耶穌立志作服事，乃是勇氣可嘉，因祂服事人以致於死。所以，耶穌對服事的觀念，並不關乎去做別人想祂去做的事，除非這樣做是與祂對上帝旨意的理解互相一致的。別人請求耶穌醫治他們（像是巴底買），耶穌樂意這樣做，但雅各和約翰想得到權力和榮耀，耶穌就沒有應允他們所求。耶穌意志堅強而自主，很清楚意識到自己的使命，不會因著傳統、律法、羣眾壓力，又或者被控告的恐懼，而妨礙祂説話或行事。[13]

因而，根據福音書敘事式的描繪，耶穌的整生充滿力量，此乃擁有上帝的力量才可能活出的生命。但正正由於這種力量是一種真
81 正和真確的力量，故這種力量並不會強迫別人來接受。所以，耶穌「呼召」門徒，教導他們要持守忠心，但並沒有試圖控制他們的回應。耶穌知道惟有我們甘心放棄那些佔據了我們心思意念的東西，我們才能得著那種因放開那些現正抓住我們生命的勢力而來的能力。但我們不是只靠自己的意志以強奪自己所有，還要靠得著一無私的能力之途。所以，耶穌最後受死的時候，並不知道門徒將來會怎麼行，也不知道他們終極的命運。耶穌出於順服而受死，並把將來交託給上帝。

耶穌以同樣的方式服事祂要幫助的人，以及祂必須與之對質的人。耶穌回應人們的信心而施行醫治，但並不歸功於自己的權柄，卻是歸功於人們的信心，並以上帝的能力作為醫治的源頭。耶穌沒有把他們挑出來接受醫治，因祂來是要傳道，但祂會醫治來到祂跟前的人。此外，耶穌與當權者對質，藉以服事他們。「耶穌以上帝掌權的性質，以及當權者冒犯這性質的嚴重性，與當權者對質，但祂並沒有把自己的權柄強加在他們身上。耶穌每次與他們對質後，

都會離開，由得他們選擇自己如何回應。耶穌並不是軍事上的彌賽亞，不會用刀劍或以操縱人羣來施行祂一己的權柄。祂甚至沒有堅決為自己辯護，並忍受被祂的反對者輕蔑這結果。」[14]

我們不禁在耶穌的生命中，看見上帝對待以色列的方式，並可看見，以色列此後如何理解成為上帝所愛的人的意思。因上帝沒有把自己的意願強加在以色列人身上，反而一再呼喚他們遵行祂的道，並忠於與祂所立的約，但總是給予他們不順服的機會。因此，基督徒看見那在十字架上的，就是上帝對待這世界的方式的高潮。在上帝的十字架上，我們明確看見那位無所不能的上帝變得脆弱，甚至成了我們拒絕接受祂主權的受害者。上帝透過這十字架更新了自己與以色列的約；只不過，現在這約是與「多人」所立的。所有人也是透過耶穌這人的生平、受死和復活來被召作祂的門徒，因我們在這十字架上找到上帝至深的愛和受苦。因此，我們被邀喝祂所喝的杯，受祂所受的洗（可十 39），而這樣做的同時，我們便相信自己參與在上帝的生命中。簡而言之，我們開始明白到效法上帝究竟是甚麼意思。

3. 耶穌和上帝的國度

但我們必須記得，以色列人效法上帝或基督徒效法耶穌，這兩
件事本身並非目的本身。這種效法只是叫人能以成為國度的一分 82
子。我們已經指出，符類福音（synoptic Gospels）所描繪的耶穌並不叫人注視祂自己，祂來，是要宣布國度經已臨在的實在。究竟耶穌當時在多大程度上明白到自己的生命怎麼被上帝所揀選，以作為那國度向萬民實現的途徑，我們沒有方法可以知道。雖然耶穌行事確實像個有權柄的人（太十二 28），但耶穌到底曾否這樣看自己，這並不重要。耶穌遵從自己的呼召，因而成為上帝在今昔同樣作王

的實在之記號和形式，這才含義重大。

要開始了解耶穌對國度的宣告，我們便必須先擺脫一種觀念，即以為自己所經歷到的世界會永存下去。[15] 我們必須學習用以色列人已學會的那種理解世界的方式來看世界，即從終末論的角度看世界。雖然這聽起來既很有力量又令人懼怕，但事實上這卻是頗為簡單的，因從終末論的角度看世界，就是從故事的角度來看世界，這故事有開始，有連續的場面，並有結局。而「故事需要有一個結局，便必須抵達一點，令人覺得某些問題已解決、某種結局已經達成。從這方面來看，故事就脫離了現實生活，現實中永沒有結局……但講故事的人無法接受這點……講故事的人需要有結局，要有一封閉的事件次序，以致可以作出一個判斷」。[16] 我們必須根據這背景來看耶穌對國度的宣告，因耶穌來，是要宣布一個結局，儘管這結局仍未到最後，但卻可向我們在世延續的生命，提供一個必須的視角。

一直都有人指出，我們在福音書中可找到一些經文，而這些經文以不同方式來指出：「國度正在來臨，並已經臨在，且仍會來到」。人們提出了不同的理論來解釋這些言論可以怎樣協調：有些人提議其中一種或另一種時態並不可能出自耶穌親口說的話，若不是認為祂是認同較即時的天啟式的期望（apocalyptic expectation），就是認為祂視國度在將來才會臨到。不過，我會同意哈維（A. E. Harvey）的看法，他指出：根據這問題被提出來的方式來看，這整個問題根本是不能解決的。[17] 我們不但缺乏方法得知甚麼是耶穌的觀點和甚麼是早期教會的觀點，亦決不可由此推斷出耶穌帶有一嚴格一致的觀點。此外，由於我們被「何時？」的問題主導了這議題，就錯過了「甚麼？」這更重要的問題。

國度並不只是一些拼合字（cipher），由得我們可填上自己的想
83 法，即對於一個好的社會理應是怎樣的這一想法。國度也不僅是一

種重新強調上帝永恆主權的方式，雖然這肯定是宣講國度時必會論及的一部分。說得更準確一點，宣講上帝的國度「快要來臨，並已經臨到，將來還會來臨」，乃是宣稱上帝會**如何**掌管，並透過耶穌的生平、受死和復活以建立這掌管。因而，福音書描繪耶穌不但為實現從前被看為不可能的道德理想，提供了可能性，更實際上宣講和體現出一種上帝在此時此刻所成就了的生活方式。

耶穌將我們的注意力轉向國度，但早期跟隨耶穌的人卻正確地認識到，他們若要看見國度將會帶來甚麼，便必須注視耶穌的生平、受死和復活，因祂的生命向我們揭示上帝將如何掌權。因此，學習從終末論的角度看世界，就需要我們學會看見：耶穌的生平對世界作為上帝國度的一部分這一身分，所起的決定性作用。

就如我們若不明白以色列人與耶和華一同踏上旅程的意義何在，就不能明白學習跟隨耶穌的意義何在；我們若不明白國度在以色列中的角色，就同樣不能明白這國度。耶穌所宣講的國度理想並非新的觀念，祂似乎也沒有賦予這理想某些驚人的新意義。反之，耶穌宣講國度已然臨在，乃是按著祂生命所揭示出的上帝的大能而說的：上帝的大能創造出一羣生命被轉化的人，能夠在一個暴力的世界中和平地生活。

我已指出，以色列身為上帝的選民，已被訓練從終末論的角度看世界。以色列人能這樣看世界，是由於他們知道是誰命定他們成為上帝的子民，這就是說，他們知道自己真正的君王是誰，就是亞伯拉罕、以撒和雅各的主。這位主確立了與以色列所立的約，賜給他們律法，又賜給他們土地，並保衞這片土地。這位主委任了君王，差遣了眾先知，又提供敬拜和成為聖潔的途徑。因而，以色列之所以為以色列，乃是因為他們堅決委身於那位宇宙真正的主人（Master）。

然而，以色列人對承認上帝的主權會牽涉到甚麼，存有分歧；

到了耶穌時代，這些分歧仍然持續，並不斷掀起論爭。對一些人來
說，敬拜上帝為君王，就意味著要拒絕稱呼任何人為主人，即使那
人是該撒。因而，有些人奉耶和華主權之名，認為效忠耶和華就要
擔負起解放以色列的責任，必要時可使用暴力的手段。加利利的猶
大（Judas the Galilean）起義反抗羅馬和羅馬的人口普查，就是因為
84 認為服從羅馬的統治，就等於背棄耶和華。加利利的猶大倚仗聖戰
的傳統，相信上帝就是爭戰的上帝，且必會幫助自己的子民推翻和
消滅他們的仇敵。[18]

另一種對上帝主權的理解，是由敬虔而構想出來的理解。這種看法認為，認定上帝就是君王，並不需要用暴力推翻那些正在掌握國家大權的人，卻是透過律法創造出一個生活的領域，並由得上帝在其中掌權。

> 因而，對上帝獨一王權的肯定，並非意指軍事上的起義，而是意指整個人的生命要完全服從妥拉的規管，尤其是要遵守其儀式規定。這意味著：那人要自絕於一切上帝統治範圍以外的東西，即自絕於所有「不自己負軛」的人……而負起國度的軛，令人聯想到必須天天定時祈禱，並遵守一系統複雜的儀式規定。我們可能會合理地猜想，人們在這些祈禱中會將上帝稱為君王，把上帝看為聖潔和純潔的，到一個地步，祂必不會容忍不敬虔、不潔淨和被沾污了之物的存在。[19]

在耶穌出生前和祂在世的時候，以色列中也存在很多對以上這兩種理解的不同變化的版本。有些人拒絕這兩種理解，傾向一種更天啟主義式的方向。「如果時日已無多，而審判會嚴格地按照律法執行的話，那麼，恰當的做法就是盡可能離開這世界的污染，靠苦

修、學習和紀律，好好預備自己。」[20] 因而，這小數派的人既拒絕法利賽人的漸進主義（gradualism），又拒絕革命分子自發的暴力。

無疑，耶穌和早期教會對國度的理解也會與這兩種理解有點相似，不過似乎耶穌的理解是與法利賽人所代表的理解最為相似：

> 好像法利賽人一樣，耶穌提供一種生活方式，在其中宗教看似與一切活動都有關係；好像法利賽人一樣，耶穌根據律法中所啟示的上帝的旨意來作教導；好像法利賽人一樣，耶穌向比自己的跟隨者遠為廣泛的公眾發表自己的教導。但在同一時間，兩者的分歧也很明顯。有三件事對法利賽人是十分重要的：必須遵守詳細的儀式法規、謹慎選擇與自己交往的人，以及關注他們自己所持守的傳統的權威。在這些事上，耶穌卻採取一種完全不同的立場。[21]

舉一個例，耶穌接受「不潔淨的人」，這就是其中一種情況， 85
讓我們看到耶穌對上帝主權的理解，如何對法利賽人的理解作出挑戰。這種開放性指出：由國度所創造的羣體，不能為保護自己而躲避外人，卻是必須相信上帝甚至會與不潔淨的人同在；他們之所以這麼有把握，只因這羣體本身，正是由耶穌基督這終極的陌生人（ultimate stranger）的同在所塑造出來的。

透過耶穌的生平和教導，我們可看到教會如何明白到上帝的王權和能力並不在於脅迫，卻是在於上帝願意寬恕和憐憫我們。上帝正正渴望人人也會愛自己的敵人，並彼此寬恕；因而，我們會變得像上帝一樣完全。耶穌同時挑戰軍國主義和儀式主義的觀念（這關乎甚麼才是上帝的國度所必須的東西），即藉著否定使用暴力的權利（即使受到襲擊），以挑戰軍國主義的觀念；又藉著堅決拒絕與那些「外人」隔離，以挑戰儀式主義的觀念。[22]

耶穌不僅透過自己的教導來發出這挑戰，更是透過自己的生命來發出這挑戰。甚至，耶穌的生命就體現出祂所宣告的國度的實在，並體現出國度在此時此刻已經臨到。我們在耶穌身上看見，活出寬恕與和平的生命，並非遙不可及的理想，卻是一現在可得的機會。所以，耶穌的生平對構成國度的意義、內容和可能性，乃是必不可少的。因為我們相信國度已藉著拿撒勒人耶穌的生命和工作而成為了實在，由此，我們就有把握公告國度的實在，並公告彼此是有可能活出寬恕敵人並與他們和平相處的那一種生命。耶穌的生命就是一末後的生命（這世界是註定會結束的），因而，凡是跟隨祂的人都會成為末後的子民，就是新時代的子民。

耶穌的生平和事奉都彰現出國度的性質和實在，祂好像眾先知一樣，呼喚以色列人回去遵守那看似極艱鉅的律法。但沒有證據顯示，登山寶訓的嚴格要求只不過是某種不可能實現的理想。若是這樣相信，就會失去耶穌教導的終末論背景。固然，耶穌要求我們寬恕自己的敵人，正好挑戰我們的尋常假設，即「甚麼才是可能的」，而事實上，這正是耶穌打算要做的事。我們不可接受由得這世界帶著仇恨和憎恨，卻要認出我們正活在一個新時代之中，能使一種新的生活方式變得可能。

86 此外，耶穌施行醫治和趕鬼，就是與那些掌管我們生命和這世界的鬼魔正面對質，並決然性地打敗了他們，由此，這新時代的實在便彰現出來。所以，在馬可福音中，耶穌宣講：「日期滿了，上帝的國近了。你們當悔改，信福音！」（一15）然而，能認出耶穌是一種威脅的，卻是鬼魔和污靈（一23、34）。耶穌施行醫治，本身並不是目的，也不純粹是憐憫的記號，而是要表明國度的能力。耶穌沒有嘗試醫治所有人；反而必須往別的鄉村傳道，「因為我是為這事出來的」（一38）。

耶穌與其他人的關係，也揭示出這種已臨在的國度。耶穌沒有嘗試保守自己的「潔淨」，祂享受與窮人和被棄絕的人同席吃飯。此外，耶穌用飯並不限於一時一地，而是一即興發生的相交，以指出上帝國度是願意接待客旅的（hospitality）。以色列在外邦的統治下（儘管是藉著代行者而施行間接統治），仍能如此用飯慶祝，就指明國度內在固有的政治性質。因上帝的「國度並非要先推翻其他統治者才能確立的；反而，上帝的能力是在欺壓、寬恕和醫治中迸發出來的。而上帝的能力臨到哪裏，那裏就有歡樂的理由。這是說，在上帝將會消滅外來的統治者，藉以恢復自己的統治之前，這世界並沒有交給了撒旦或該撒。相反，上帝已臨到這『邪惡的世代』中，以憐憫來得勝」。[23]

最後，上帝國度的性質也可（或許是最為顯著地）見於門徒的呼召中。耶穌呼召門徒跟隨祂，撇下他們擁有的一切，由得死人來埋葬死人，這呼召與對被召去參與聖戰的人的要求，相差無幾。門徒要徹底放棄安全感、財產及日常生活的習俗和習慣，只一心一意分擔耶穌的事工：就是叫人悔改，這乃是成為國度的一分子所必須的條件（可三 13；太十 5 及下）。作門徒只不過是學習放棄擁有的延伸培訓。要成為跟隨耶穌的人，就意味著我們必須好像耶穌一樣，放棄一切我們以為可用來支配自己生命和別人生命的東西。我們以為自己可確保自己生命的重要性，但除非我們學會放棄這種自以為是，否則便不能得著上帝國度的和平。

因為我們擁有的東西就是我們暴力的源頭。我們懼怕別人會渴求我們擁有的東西，或是因意識到（雖然很少會承認）我們不配得到自己所擁有的東西而受困擾，於是便尋找一些自我欺騙的辯護，叫我們陷於只能透過脅迫來維繫那不公正的行事模式。當然，我們 87
相信，自己最寶貴的一種擁有，就是成為那由自己所創造、並由自己所選擇的自我。我們不能單靠願意放棄自己擁有的一切東西，就可失去這種最寶貴的擁有（正如在福音書中的門徒的品格中我們可清楚見到的)。耶穌所提供的是一個旅程、一個冒險的歷程，我們一旦踏上，就會發現自己從前視為貴重的東西、甚至是自我，現在已不再算得上有任何價值。

不過，耶穌的十字架不僅僅是一普遍的象徵，以説明自我犧牲的道德意義。十字架也並非是對「施比受更為有福」這便捷的假設之宣認。反之，十字架是耶穌終極地放棄一切擁有，而上帝藉此便征服了這世界的勢力。十字架不只是象徵上帝的國度；十字架本身就是那來臨的國度。我們惟有靠著上帝的恩典，才能接受邀請加入這國度。因為我們相信上帝已叫被釘十字架的耶穌復活，故儘管這世界認為脅迫是生存的必要條件，但我們相信寬恕和愛是可行的選擇。所以，耶穌的故事揭示出我們真正的本性和真正的目的，我們相信在耶穌的生命中可找到真理。

4. 復活：建立一個寬恕與和平的國度

耶穌的受死並不是弄錯了，卻是在這暴力的世界中預期會發生的事；這暴力的世界，不相信這是上帝的世界。實際上，耶穌正體現出上帝的安息日是給萬民的一種實在。耶穌宣告和平是一真實可能的另類，因祂使到安息(即有把握我們的生命是在上帝手中)變成可能。安息日不再只是一日，卻成了一羣在活動中的人的生活形式。上帝的國度(即上帝的和平)是一羣人的活動，這些人透過耶穌的生命而得到把握，叫自己的生命可恆常地敬拜上帝。我們可在上帝裏安息，因我們不必再受到錯誤的假設所驅使，以為我們必須控制歷史，並必須靠自己來保證事情不要出錯。

這種和平並不只在於人與人之間，也在於人與我們的世界之間，因這是一種真正的終末論式的和平，即更新最起初的和平。當時，人類和動物不必彼此殘殺也能存活下去(創二9)。所以，這時候就是：

豺狼必與綿羊羔同居， 88
豹子與山羊羔同臥；
少壯獅子與牛犢並肥畜同羣；
小孩子要牽引牠們。
牛必與熊同食；
牛犢必與小熊同臥；
獅子必吃草，與牛一樣。
吃奶的孩子必玩耍在虺蛇的洞口；
斷奶的嬰兒必按手在毒蛇的穴上。
在我聖山的遍處，
這一切都不傷人，不害物；
因為認識耶和華的知識要充滿遍地，
好像水充滿洋海一般。（賽十一 6～9）

此外，我們身為這國度的成員和公民，就要承諾藉著照顧和保護上帝的創造來延伸祂的和平。我們不抵抗惡人，不是由於生命與生俱來是神聖的，而是純粹由於生命是屬於上帝的。尤達提醒我們，「人類的生命本質上是神聖的，這種觀念並不特別是基督教的思想。但福音的信息，乃是基督為自己的仇敵而死；而福音本身，就是**我們**最終要為鄰舍（尤其是仇敵）的生命負責任的理由。只有當我們告訴自己，我們不能隨己意來處置別人時，我們才能（向別人）說出這信息。」[24]

因此，基督徒立志要保護生命，乃是一種終末論式的承諾。我們對保護生命和提高生活質素的關注，乃標示出我們相信事實上自己是活在一個新的時代之中，在其中能夠視別人為上帝的創造。我們並不是因生命本身(並非因值得為生命犧牲)而看重生命，反而，我們重視所有人的生命，甚至包括自己仇敵的生命，乃是因為上帝重視這些生命。

惟有以「耶穌的復活作為上帝決定性的終末性行動」為基礎，
我們才能叫人冒險如此重視生命。因藉著耶穌的復活，我們視上
帝的和平為一臨在的實在。雖然我們仍繼續活在還未遍佈和平的
世界——豺狼與綿羊羔仍不能同居，孩子仍未能在虺蛇的洞口玩
89 耍——但我們相信藉著耶穌的復活，和平已經成為可能。透過這位
被釘十字架而又復活的救主，我們看見，上帝叫所有人也可以靠著
寬恕的能力，生活在和平之中。

十分重要的是，我們要明白到，惟有我們也是被寬恕的人，這一和平的狀態才可以成為可能。我們必須記得自己首要的任務不是去寬恕，而是學會成為被寬恕的人。在太多時候，預備好要寬恕別人，乃是一種試圖控制別人的方式。我們害怕接受別人的寬恕，因這份禮物會叫我們變得無能，我們也害怕因而感到失去控制權。可是，我們卻繼續祈求「免我們的債」。我們惟有學會接受在耶穌的生平和受死中所看見的上帝的寬恕，才能獲得能力，即因學會放棄控制而來的那種能力。當我們不再需要脅迫別人的時候，就學會：

> 不要為生命憂慮吃甚麼，喝甚麼；為身體憂慮穿甚麼。生命不勝於飲食嗎？身體不勝於衣裳嗎？你們看那天上的飛鳥，也不種，也不收，也不積蓄在倉裏，你們的天父尚且養活牠。你們不比飛鳥貴重得多嗎？你們哪一個能用思慮使壽數多加一刻呢？（太六 25～27）

當然，從某種意義上來說，成為一個「被寬恕的人」會叫我們

感到失去控制權，這是真的。我要被寬恕，則意味著我必須面對一個事實：我的生命其實是在別人的手中。我必須學會信任別人，就如我學會信任上帝一樣。因而，耶穌教導我們要為日用的飲食祈禱，並非偶然。我們活在世上，無法保證自己終極的安全，卻必須學習一天一天生活下去。或者說得好一點，我們必須成為一羣學會不必害怕遇上意想不到的事的人，因這些事正是維繫我們生命所必須的途徑。因為，很諷刺的是，當我們試圖確保在自己生命中不會發生意想不到的事時，就只會更加受制於魔鬼。我們變得受制於那些自己所憂慮的「必然的事」，因我們害怕倘若沒有這些東西，自己就會缺乏控制自己生命的能力。

不過，因為我們學會了活作一已被寬恕、不再渴求控制的人，所以也發現自己可以成為一整全的人。沒錯，我們能達到成為聖潔的要求，只因為我們發現可以在自己裏頭得到安息。當我們是一已被寬恕的人，我們就能與自己的歷史和平共處，以致現在上帝的生命可決定我們存在的整個方式——即我們的品格。我們不再需要否定自己的過去，又或者向自己講述虛假的故事，因我們現在能接受自己一直以來的樣子，而不致因曉得自己的罪而自毀。

在這點上，我們明白到學習活作一已被寬恕的人、接受自己的 90
歷史性，以及與自己和別人和平共處這三方面存在著一些重要的連繫。因惟有我們能接受上帝或別人寬恕我們過去所做的事和所沒有做的事（我們必須承認這些事也是屬於自己的，才能得一有價值的歷史），[25] 在這意義上，我們才能夠擁有過去。我的罪是我的一部分，但現在我不再需要否定自己的罪。隨著我學會將自己的生命定位在那見於耶穌的生平、受死和復活的寬恕的國度中，我就獲得這些謙卑和勇敢的德性——那是我要使到自己的生命變得屬於自己所必不可少的。

我們只能藉著上帝所成就的寬恕，以擁有一歷史和一自我，這就意味著耶穌的復活是歷史的絕對中心。我們是以復活作為基礎，才有把握回想自己的罪的歷史。透過復活——我們被邀請去認出我們的受害者耶穌就是我們的盼望——便得著能力掙脫那最頑強的壓迫者（這壓迫者就是我們自己）對我們的控制。如勞溫．威廉斯（Rowan Williams）所說：「基督徒宣講那位被釘十字架的義人復活，回去找祂那些不忠的朋友，並加能力給他們去奉祂的名寬恕別人，這基督教的宣講可提供一個敘事結構，在其中我們可為自己身分的恢復和人類的可能性定位，這敘事結構就是一個『得救』過程的典範（paradigm）；但這不只是一個典模，更是一個故事，這故事本身是完成這『得救』過程所不可或缺的中介，因這故事見證著那一位有位格的中介，我們在其同在中便可有勇氣『承認』自己是罪人，又可盼望有一種完全是以上帝的確認和宣認為基礎的人類身分。這故事使一完全的**信任**變得可能，離了這種行事，就不可能成長。」[26]

因此，惟有我們的主是復活的主，我們才能有把握和有能力成為一寬恕的羣體，因我們以耶穌的復活作為基礎，就可放膽相信上帝已叫我們成為在國度歷史中的中介。耶穌的復活並不是一個象徵或神話，叫我們可藉以用來詮釋自己個人和羣體的死亡和復活。反之，耶穌的復活是一個終極的記號，指出惟有當我們不再試圖按照自己的歷史來詮釋耶穌的故事，而反過來按照耶穌的故事來詮釋我們自己時，我們才能得救。[27] 因我們並不是跟隨一位已死去的主，卻是跟隨一位永活的上帝，祂已住了在我們中間，現在永遠與我們同在，並使我們能活作上帝所新創造的、被寬恕的中介。

因為我們基督徒相信自己是敬拜一位已復活的主，故我們可以冒險去愛。所以，約翰壹書四章 13 至 21 節告訴我們：

91 上帝將他的靈賜給我們，從此就知道我們是住在他裏面，

> 他也住在我們裏面。父差子作世人的救主；這是我們所看見且作見證的。凡認耶穌為上帝兒子的，上帝就住在他裏面，他也住在上帝裏面。上帝愛我們的心，我們也知道也信。上帝就是愛；住在愛裏面的，就是住在上帝裏面，上帝也住在他裏面。這樣，愛在我們裏面得以完全，我們就可以在審判的日子坦然無懼。因為他如何，我們在這世上也如何。愛裏沒有懼怕；愛既完全，就把懼怕除去。因為懼怕裏含著刑罰，懼怕的人在愛裏未得完全。我們愛，因為上帝先愛我們。人若說「我愛上帝」，卻恨他的弟兄，就是說謊話的；不愛他所看見的弟兄，就不能愛沒有看見的上帝。愛上帝的，也當愛弟兄，這是我們從上帝所受的命令。

惟有一個被寬恕的人，才能表露出這種愛（他們學會了不必彼此懼怕），這種愛就是上帝國度的特徵，因愛就是以非暴力的方式來視別人為他者。但視別人為他者，是會令人感到懼怕的，因就別人是他者的意義來說，他們會對我的存在的方式發出挑戰。惟有當我的自我（我的品格）已被上帝的愛所塑造，我才曉得自己沒有理由懼怕他者。

耶穌所展開的和平國度也就是愛的國度，從基督徒要接待客旅的責任上，就可最清楚體現出這種愛。我們這羣體在原則上已預備好與陌生人分享食物。此外，我們必須成為樂於接待的自我（hospitable self），並必須預備好被自己所不知道的事拉扯。友誼的表現成了我們的生活方式，因我們學會因他者的同在而歡樂。因此，耶穌的國度要求人為朋友作出委身，因倘若沒有朋友，這旅程（就是國度本身）就變得不可能。我們惟有與他者一起同行，才能知道自己走往何處。

5. 一種拯救和信的倫理學

很可能有人會問：「論到這一切國度的事，那些關乎拯救和信
的傳統基督教主張又可以怎樣了？」我們論到和平，又論到自己必
92 須成為上帝國度之和平的一分子，豈不是充滿危險地近乎把福音變
成一種道德的理想，而過於是拯救的好消息？舉一個例，我們要如
何理解像羅馬書三章 21 至 26 節這種經典的經文：

> 但如今，上帝的義在律法以外已經顯明出來，有律法和先知為證：就是上帝的義，因信耶穌基督加給一切相信的人，並沒有分別。因為世人都犯了罪，虧缺了上帝的榮耀；如今卻蒙上帝的恩典，因基督耶穌的救贖，就白白地稱義。上帝設立耶穌作挽回祭，是憑著耶穌的血，藉著人的信，要顯明上帝的義；因為他用忍耐的心寬容人先時所犯的罪，好在今時顯明他的義，使人知道他自己為義，也稱信耶穌的人為義。

保羅這樣強調稱義，有時候會被人解釋為相當於一種對倫理上的否定。我們是好是壞，我們做正確或錯誤的事，都並不要緊；我們要有信，這才重要。當然，這並不意味著保羅是慫恿我們犯罪，亦不是指到基督徒的所是和所行，與他們的「信」無關。但是，從這種角度來看，根本不清楚信的「陳述」(indicatives)(即上帝為你做了甲事和乙事)可以如何提供理由，又或者證立這些命令(imperatives)——去做甲事或乙事。更具體地說，保羅在羅馬書十二章所作出的勸諫，是如何根據羅馬書三章有關稱義的宣稱而得，並/或構成這稱義的宣稱所不可缺少的部分？這似乎是有問題的。

> 愛人不可虛假；惡要厭惡，善要親近。愛弟兄，要彼此親熱；恭敬人，要彼此推讓。殷勤不可懶惰。要心裏火熱，常常服事主。在指望中要喜樂，在患難中要忍耐，禱告要恆切。聖徒缺乏要幫補；客要一味地款待。逼迫你們的，要給他們祝福；只要祝福，不可咒詛。與喜樂的人要同樂；與哀哭的人要同哭。要彼此同心；不要志氣高大，倒要俯就卑微的人；不要自以為聰明。不要以惡報惡；眾人以為美的事要留心去做。若是能行，總要盡力與眾人和睦。親愛的弟兄，不要自己伸冤，寧可讓步，聽憑主怒；因為經上記著：「主說：『伸冤在我，我必報應。』」

我們有「信」，與上述這種生活方式又有甚麼關係？簡單不過，93
信就是我們對拯救恰當的回應，從根本上是一種道德上的回應和轉化。對保羅來說，信並非某種個人神祕的轉化；反而，信就是被接納加入一個國度之中。雖然信涉及信任的態度和激情，但信並不是相信某些命題。信與其說是結合信念（belief）和信任（trust），不如乾脆說成是對耶穌忠信（fidelity），而祂就是上帝和平國度的引進者。

> 我們既因信稱義，就藉著我們的主耶穌基督得與上帝相和。我們又藉著他，因信得進入現在所站的這恩典中，並且歡歡喜喜盼望上帝的榮耀。不但如此，就是在患難中也是歡歡喜喜的；因為知道患難生忍耐，忍耐生老練，老練生盼望；盼望不至於羞恥，因為所賜給我們的聖靈將上帝的愛澆灌在我們心裏。（羅五 1～5）

實際上，信就是在基督的生命裏找到我們真正的生命。所以，我們在水禮中實實在在地進到基督的生命：

> 我們若在他死的形狀上與他聯合，也要在他復活的形狀上與他聯合；因為知道我們的舊人和他同釘十字架，使罪身滅絕，叫我們不再作罪的奴僕；因為已死的人是脫離了罪。我們若是與基督同死，就信必與他同活。因為知道基督既從死裏復活，就不再死，死也不再作他的主了。他死是向罪死了，只有一次；他活是向上帝活著。這樣，你們向罪也當看自己是死的；向上帝在基督耶穌裏，卻當看自己是活的。（羅六 5～11）

但請注意，這生命從根本上說是一種社羣性的生命。我們成為那立志忠於這和平國度之引進者的生命的羣體，於這意義上來說，我們就是「在基督裏」。

我們並不是先有一個對和平的定義，然後才想到基督是那種和平的典範。反之，因著耶穌所成就了的事，我們才可透過與上帝、與自己和與別人和平共處，以明白和在自身的生命中體現出上帝的
94 和平。我們已被稱義，因我們總是發現我們的上帝已先走一步，為我們預備要走的道路。不過，稱義只不過是另一種用來談到成聖的方法，因稱義要求我們加入那藉著耶穌的受死和復活而得以實現的新羣體，藉以得著生命的轉化。

當然，很可能有人會反對，指出這一切有關新子民（一羣分別為聖的子民）的語言是有點浮誇了。始終，基督徒通常看起來並不很新奇；我們自己也不覺得很新鮮。我們可能會宣稱自己是屬於已得贖的人，但基本上又極意識到自己所過著的一貫的生活方式。因此，若說我們是一羣聖民，這想法就似乎是過於誇張。此外，這種語言也必然會引誘我們變得自義。不如我們面對現實，承認自己不

是聖民，而只是一些稍為良善的人，或者會更好。

但這種想法僅指明我們沒有被國度的挑戰塑造我們的生命，因「成聖」和「稱義」的語言不是打算用來描述一種狀態。甚至，這些術語的部分問題，在於它們是抽象的觀念，若抽離於耶穌的生平和受死，這些觀念便會扭曲基督徒的生命。其實，「成聖」只是一種用來提醒我們的方法，叫我們記得如果自己想要把耶穌的故事變成自己的故事時，就必須踏上怎麼樣的旅程。「稱義」只是用來叫人想起那故事的角色，即上帝為我們所作的事，為我們提供了一可跟從的路。

我能夠和應該在那故事中成長，並不是一個對一己道德純正的主張，卻是指一種整全性，即視乎我在那旅程中走了多遠而擁有的一種自我整全性。那故事的真確性，叫我有可能擁有整全性和完整性。透過耶穌的故事，我能逐漸學會成為我之所是、上帝的和平與公義的羣體中的一分子。惟有靠著成長為那故事，我才知道自己的內心存放了多少暴力，它不會在一夜之間消散，但我必須不斷努力承認和放下這些暴力。

要這樣做，我便需要技能（skills）；這是說，我需要學習如何獲得那份因知道自己是由慈愛的上帝所造而來的平安。這些技能並非是把一些互不相連的行動分別為聖，卻是將自我分別為聖而成為非暴力。成聖就是在真理中塑造我們的生命，因惟有這種生命才有能力追求和平。暴力是來自我們試圖要過自己的生活，而不肯承認自己的虛謊。暴力是源自我們自我欺騙的故事，以為自己可控制一切——以為自己是自己的創造主，以為惟有自己才能為自己的生命賦與意義，因我們認為沒有其他人可以這樣做。

我們很害怕放棄自己的幻象；對我們來說，這些幻象就如同我 95
們的自我一樣寶貴。我們害怕若果我們學習把上帝的故事變成我們的故事時，我們就可能會失去自我，不再有個體性（individuality）；

或我們會失去自主性。但是，福氣卻埋藏於這帶有諷刺意味的事實中：我們愈是學會把耶穌的故事變成我們的故事，就會變得愈獨特和愈個體——例如眾聖徒的榜樣。

人不容易把具體的故事變成屬於自己的，因這些故事會挑戰我們好些最珍貴的幻象：例如，我們會以為自己真的想知道關乎自己的真相。所以，真確的故事要求人接受大量訓練，培養一些與那故事相稱的技能。基督徒宣稱人生是一朝聖之旅，這宣稱是一種方式，可用來指明自我在學習進到基督的故事中的成長過程，乃是必不可少及永不終止的。基督是我們的主，我們從祂身上可學會叫我們忠於那事實而活的技能，而那事實就是：這是上帝的世界，而我們是上帝的受造物。

儘管時常有人嘗試這樣做，但這些技能決不能被化約為技術（techniques）。舉一個例，我要學習這樣生活，便需要無懼死亡，這就意味著我要真正明白到耶穌已永遠戰勝了死亡。這種技能得來不易，但卻是真理，而我會否視之為真確，這就是挑戰所在。但好消息是，我不能靠自己學會這真理，卻是要靠別人使到我們進入這真理中，才能學會這真理。所以，任何人想嘗試發展基督教倫理學，教會的性質和形式的問題，便會成為核心的問題，我們在下一章也會談到這主題。

6

僕人羣體：基督教社會／社羣倫理學

The Servant Community: Christian Social Ethics

1. 社會／社羣倫理學與限定的倫理學

這一章的題目是「社會／社羣倫理學」，卻並不意味著我們至此所寫的一切並不算是社會／社羣倫理學。實際上，我主張所有倫理也需要有一個限定詞，這主張本身就涉及社會／社羣倫理的假設，因這主張指到所有倫理也反映出一特定羣體的歷史和經驗。舉一個例子，假若基督教倫理學沒有以一些可辨認的羣體及相應的制度之存在為前提（這些羣體和制度能夠承載上帝的故事），這就會顯得莫名其妙了。

我們普遍會稱呼這羣體為「教會」，但在基督教歷史中，這羣體還有另一些名字。這羣體是「道路」（the way）、基督的身體、上帝的子民，並還有太多的意象（image），用以指到作基督徒的那種社會／社羣實在（social reality），並指到成為一羣被上帝的敘事所塑造的獨特羣體所具有的意思。我們要記得，「教會」這名字正就是「上帝的子民」的一個意象。事實上，哪一些教會的意象才是最首要的呢？或哪一些教會的意象是用以控制其他意象的呢？這是其中一個重要的神學議題。

因而，「所有倫理也會有一個限定詞」這主張本身，就暗示著基督教倫理永遠是一社會/社羣倫理。實際上，若有人以為人可以把個人倫理和社會/社羣倫理學作出劃分，這種觀念便會扭曲了基督教信念的性質，因基督徒不會接受羣體較為關注一些公義等類的問題，較少關注「個人」的道德。當然，「個人」的議題可對羣體表達不同種類的關注，不只是對公義的關注，但作為「個人」的議題，總也是關乎社會的/社羣的。

在一般層面上，「所有倫理也是一社會/社羣倫理」這主張還有很多可談論的地方。從根本上來看，自我是一社會性/社羣性的自我（social self）。我們各人不會是先與別人接觸，繼而才決定自己不同的社會/社羣參與度。我們並不是一些眾數的「我」（I's），以決定與某些眾數的「我們」（we's）產生共鳴；我們先是眾數的「我們」，透過學習認出別人與自己相似和不同的地方，才發現我們的
97 眾數的「我」。我們能以擁有個體性（individuality），只是因為我們先是社會性/社羣性的存有（social beings）。始終，「自我」不是用來指到一件東西，而是指到一種關係。我在與別人的關係中才知道自己是誰，甚至，我就是我與別人的關係。[1]

但「基督教倫理學是一社會/社羣倫理」這主張，比起時下對自我的社會性/社羣性的那些普遍觀察，來得還要強烈。我們已看到，基督教倫理學的內容涉及一些關乎一個國度的主張。因此，基督徒生命的開場白是關乎一團契生活，而並非關乎個人。這國度為教會的生活設下準則，但這國度的生活甚至比起教會的生活還要廣闊，因教會並不擁有基督；基督的同在並不只限於教會。反之，我們是在教會中學習認出基督在教會以外的同在。

教會並不是那國度，而是預嘗那國度。因在教會中，上帝的敍

事被活出來，使國度能夠被人看見。教會必須清楚表現出，他們這羣人學會了如何與自己、與別人、與陌生人，（並最重要是）與上帝和平相處。離了分別為聖的羣體，就不可能有個人的分別為聖。我們需要榜樣和師傅，假如失去了其中一樣，教會就無法成為一羣誓要與這世界不一樣的人了。

因此，我們明白到「所有倫理也會有一個限定詞」這主張（這一開始看似主要是方法論上的主張），實包含了一個非常實質的假設，此乃關乎教會作為基督教倫理反省焦點的地位和必要性。基督教倫理學是從教會中得到其倫理的實質的，而基督教倫理的反省，則是先向教會述說的。基督教倫理學不是為所有人而寫的，卻是寫給那些被亞伯拉罕、以撒、雅各和耶穌的上帝所塑造了的人。因此，基督教倫理學永不能成為一種為所有人而設、簡約式的倫理，卻是必須預設有一羣分別為聖的子民，願意更忠於上帝的故事而活。

基督教倫理學始於一個故事，又終於一個故事，這事實要求有一跨時間的相對應的羣體存在。上帝的故事是透過以色列和教會的經驗來講述的，這故事不能從那些有分參與講述和聆聽這故事的羣體抽離出來。上帝的故事既是故事，就不能抽離一羣歷史性的人而存在，因這故事需要有人講述和記憶，才能存留下去。
上帝已將自己的同在交付給一歷史性和偶發性的羣體，這羣體永不 98
依靠自己過去的成功，卻是必須世世代代得著更新而繼續發展下去。所以，上帝的故事不僅是講述出來的，更是體現在一羣人的生活習慣之中，而這些習慣是在敬拜、治理和道德中形成和塑造出來的。

因此，以色列和教會的存在並不是碰巧與上帝的故事有關，卻是我們要認識上帝所不可缺少的。你講述上帝的故事時，無法不將以色列和教會的故事納入其中。所以，「我信使徒所立、獨一、聖而公之教會」這句話見於我們所堅信的信經中，並不足為奇。我們知道，教會最終並不是由我們所創造的，卻是只有靠上帝呼召祂的子民才存在的，我們乃是從這意義上相信教會。此外，惟有透過這羣人，這世界才能明白我們的上帝是絕對願意為我們的好處著想。固然，教會經常會不忠心，但上帝不會由得其不忠心成為最後定案。上帝在這世界中創造和維繫一羣和平的子民，並世世代代這樣地延續下去。

從某種意義上來說，聖經的角色定位，在這方面可能會令人誤導，因為可能看來聖經傳遞的故事，並不考慮有一羣具歷史性的人存在。你並不需要有一跨代的羣體，而只需要有一本書能正確地敘述這故事。但是，沒有羣體，沒有解釋者、釋經家和聽眾，聖經就只是一本失去生命的書。

當然，聖經審察著那羣體，發揮著一種批判性的功能，但聖經能發揮這功能，乃是屬於那羣體的自我理解的其中一面。聖經是教會用來不斷測試其記憶的途徑，所以教會永不會安於只用一部分的經文，卻是天天要竭力理解全部經文，因教會必須體現和講述的那故事，乃是一個多面向的故事，不斷提醒我們不要自滿和因襲故常。聖經在教會中帶有權威，並非由於沒有人知道真理，卻是由於真理是一對話（conservation），而聖經為此對話設下議程和界線。[2]那麼，有權威的人，正是那些願意幫助教會更清楚聆聽和回應我們在聖經中所看到的那些上帝的故事的人，所以聖經告訴我們：

> 門徒起了爭論，他們中間哪一個可算為大。耶穌說：「外
> 邦人有君王為主治理他們，那掌權管他們的稱為恩主。但
> 你們不可這樣；你們裏頭為大的，倒要像年幼的；為首領
> 99 的，倒要像服事人的。是誰為大？是坐席的呢？是服事人
> 的呢？不是坐席的大嗎？然而，我在你們中間如同服事人

的。」（路二十二 24～27）

2. 教會是一種社會／社羣倫理

但這一切與社會／社羣倫理學又有何關係？這一章是打算寫到基督徒在這世界中的社會／社羣責任的，但看來我們仍未處理到這方面的問題。這種對教會的強調，可怎樣告訴我們，我們應在第三世界的國家中做些甚麼？或是，我們理應在自己的國家中做些甚麼，以保障社會公義？基督徒對女性的解放運動應抱持甚麼立場？我們應怎樣回應戰爭？這幾類問題，往往被看為是構成社會／社羣倫理學的問題，而不是關於聖經在教會生活中的角色定位的問題。

此外，一旦這類問題用來為一種社會／社羣倫理決定其議程的重點所在的話，我們就會感到自然律的影響力會成為基督教倫理學的重要特色。因若要實現公義，並建立一個更接近自由和平等的社會／社羣秩序，就需要與非基督徒合作；但如果基督教的社會／社羣倫理學，只取決於一些單單屬於基督徒的來源，那麼，我們想達到更接近公義的社會的希望，似乎便會遭受削弱；或更糟糕的是，這似乎暗示著基督徒會設法成立基督教國家或社會（我們已知道這類社會鎮壓和脅迫人的歷史，實在令人羞愧）。無疑，在社會／社羣倫理學中必定有道德的普遍性（moral generalities）繫於我們的社羣本性之中，並成為共同的道德委身和行動的基礎。無疑，在社會／社羣倫理學中，我們應低調地處理獨特的基督教元素，並強調我們都是帶有善意的人，致力為人人建立一個更和平與公義的世界。

可是，這正正是我不斷提議我們不應做的事。事實上，這正是我要挑戰的觀念：即基督教社會／社羣倫理學主要是嘗試叫世界變得更和平或公義。說得極端一點，我認為教會首要的社會／社羣倫理任務，就是要成為教會（僕人的羣體）。這主張聽來似乎只顧自己——除非我們記得教會之所以為教會，是因教會在這世界中忠心地彰現出和平的國度。教會不帶有一社會/社羣倫理，教會就是一社會/社羣倫理。

100 教會是講述、演示和聆聽以色列和耶穌的故事的地方，而我們相信我們身為一羣基督徒，再沒有其他更重要的事要做了。但我們要講述那故事，就需要成為一羣特別的人，我們和這世界才可以真確地聽到那故事。這意味著教會決不可停止在這虛謊和恐懼的世界之中，作一和平與真理的羣體。教會不會由得世界來為他們決定甚麼才可以構成一「社會/社羣倫理」，但一所和平與公義的教會，必須為自己決定其中的內容。教會先要在這不公義和暴力的世界中學習忍耐，以照顧寡婦、窮人和孤兒。從世人的眼光看來，照顧這些人似乎對促成公義的理想貢獻不大，然而，我們相信，除非我們付出時間照顧這些人，否則我們和這世界也不可能知道公義到底是怎麼樣的。

我們透過成為這樣的羣體，便看到教會要幫助這世界明白，世界之所為世界究竟是甚麼意思，因若沒有教會指出上帝國度的實在，世界就沒有方法知道這是世界。若果世界不因看到教會的合一而得知一對照的模式，又豈能察覺到人與人之間的分歧的任意妄為？惟有與教會的普世性(universality)作出對比，世界才有途徑認出那些導致暴力和戰爭的分歧並不理性，且承認他們是一羣任意妄為的人，並且試圖保護自己不去認識自己的任意妄為。

當我們認出教會這一社會/社羣任務，教會紛爭的醜聞就更令人心痛，因我們既是蒙召預嘗和平的國度，但看來在自己中間卻無法維繫合一。於是，我們便任憑這世界按自己的心意而行。我所論到教會中的分歧，不只是在教義上、歷史上或實踐上的分歧(雖然這些分歧也很重要)。不，那些正在殘害教會、最深入和最令人心痛的分歧，就是那些基於階層、種族和國籍而來的分歧，我們已罪孽深重地接受這些分歧是理所當然的事了。

因此，教會——這些人能夠憶起和講述我們在耶穌裏所找到的上帝的故事——首要的社會／社羣任務，就是要成為教會，因而能幫助世界明白自身是世界。固然，這世界是上帝的世界，乃是上帝美善的創造，因其仍受到上帝之美善所約束，也因而更顯得受到罪所扭曲。因此，教會要成為教會，並不是要反抗世界，而是要嘗試表明世界作為上帝美善的創造而理應是甚麼樣子的。

我們必須記得，那個敵擋上帝的「世界」，並不是一存有論上的派定（ontological designation）。所以，「世界」並非在本質上是
會犯罪的；其犯罪的特性是來自其自由意志。教會和世界的惟一分 101
別，就是其踐行者之間的分別。如尤達所指出，教會和世界的劃分並不在於實在的領域，亦不在於創造和救贖的秩序，也不在於自然與超自然，卻「反而是在於人不同的基本個人態度：有些人認信耶穌是主，但另一些人則不。教會和世界的分別，並不是由上帝把一個先驗的形而上定義強加於世界之上，亦不只是由膽小或法利賽式的基督徒在自己身邊所建立的，這分別卻完全是由於受造物有自由選擇仍未相信。」[3]

此外，在這方面，特別重要的是，要記得這世界是由選擇了不把上帝的故事成為自己的故事之人（包括我們自己在內）所組成的。在我們當中的世界不願宣認這是上帝的世界，也不願肯定慈愛的上帝對受造物的看顧，比我們對控制權的幻象還大。我們個人和社會／社羣生活有一些方面，仍繼續依靠暴力以帶來秩序，不按真理而活，而「世界」就是指到我們這些方面。

所以，教會和世界是關係上的概念，若失去其中一方，就不能理解另一方。這兩者是旅程上的同伴，沒有其中一方，對方就不可能存活下去，即使雙方也不斷試圖要擺脱對方。所以，教會和世界通常是敵人，而不是朋友，這種敵對源自教會試圖否定自己的呼召

和對世界的服事——認定世界是不可救贖，或是將自己的僕人地位，變成對世界抱持一種得勝主義式的優越感，這實在可悲。但事實上，就算這世界不肯承認自身的救贖，上帝已救贖了這世界。教會永不可由於世界拒絕上帝，就由得世界進入絕望中，卻必須成為一羣存有盼望的子民，以火熱的心支撐自己和這世界。

故此，我們基督徒可能不僅會發現有些非基督徒會比起我們自己更能彰現出上帝的和平，而且這些人更是必須要存在的。我們盼望這些人可為我們提供一些環境，叫我們能以與其他人合作，一同捍衛世上的公義。不過，這種合作不是以「自然律」之合法化——即把某種普遍共有的「自然道德」合法化——作為基礎，反而是見證出一事實：上帝的國度確實很廣闊。作為教會，我們沒有權決定上帝國度的界限，因我們很樂意承認：上帝的能力可叫祂的國度在最令人意想不到之處、以最令人意想不到的方式臨在。

所以，教會帶給世界一些途徑使其能真確地看自己，藉以
102 服事世界。教會的社會/社羣倫理，首要是關係到理解（understanding），而並非做事（doing）。我們必須發出的第一個問題不是「我們應做甚麼？」而是「到底在發生甚麼事？」[4] 我們怎樣詮釋，就會決定我們會怎樣做。我們作為教會的任務是十分艱鉅的，即需要設法正確地以世界作為世界來理解之，同時又要現實地面對這瘋狂和非理性的世界究竟是怎樣的。

因此，呼籲教會成為教會，並不是某種退縮的倫理公式；亦不是要自義地試圖脱離世界的種種問題；反之，這是呼籲教會成為一見證的羣體，設法發展一些資源以站立在世界中間，見證和平的國度，並因而正確地理解這世界。福音是政治性的福音，基督徒會捲入政治，但這是國度的政治，會揭示一切以脅迫和虛假作為基礎的政治的不足，並在僕人而非在宰制者的身分中找到能力之源。

這並不是暗示教會不像其他形式的社團，教會也同樣是人的羣體；就如其他建制一樣，教會運用並需要採用權力的架構，乃是源於人需要身分角色、歸屬感和方向。問題不在於教會是否為一自然的建制，因教會肯定是一自然的建制，問題卻在於教會如何因應他們最根本的信念來塑造這一種「自然」。[5]「自然」為羣體提供背景，但並不決定其特性。

因此，教會是一個體制（polity），就像其他體制一樣，但組成教會的人，並沒有理由懼怕真理，故從這意義上來說，教會也是**有別於**其他體制的。他們能夠在這世界中存在，並不用借助脅迫的手段來維持自己的存在。但他們是否這樣，在很大程度上，視乎他們有多願意飄泊四方：他們必須成為「一可移動的宴席」（a moveable feast），因大部分世人也必會憎恨他們，因他們叫人注視這世界之所是。他們不能也不應挑動這世界的暴力，但如果暴力臨到時，他們就必須抗拒，即使這樣的抵抗便意味著自己必須離開，另覓家園。因我們身為基督徒，我們的家園不在任何國家中，我們真正的家園就是教會本身，我們在其中找到一些像我們一樣被那位救主所塑造了的人，而這位救主總是必須飄泊四方的。

3. 一個德性的羣體

此外，教會要**成為**（to be）一社會／社羣倫理，而不只是**擁有**（to have）一社會／社羣倫理，就意味著必須要由某種人來維繫教會，
叫教會作為一跨時代的建制。最重要的是，這些人必須是一羣德性 103
的人——但並非任何德性均可，卻必須是那些憶起和講述那位被釘十字架的救主的故事時所必不可少的德性。他們必須能在其自身之內彼此和平共處，以及能與世界和平共處，以致令世界明白到，盼望上帝的國度究竟是甚麼意思。這羣人不相信人人也可自由做

自己喜歡做的事，卻是相信我們各人也被呼召去發展自己特別的恩賜，以服事那信仰羣體。

教會是由上帝所創造，並不意味著教會是不帶半點人性的。教會帶有自然之羣體的標記，但同時又是一蒙恩之羣體。古斯塔夫森已正確地指出，所有人類的羣體均需要德性才能使其得以維繫。羣體中的人必須學會信任別人，也要信任那羣體本身。[6] 此外，所有羣體也需要對將來有一種盼望感，並要見證出必須要有愛才能維繫彼此的關係。因此，從某種深邃的意義來說，信、望和愛這三種傳統上的「神學上的德性」都是「自然的」。教會是依靠這些「自然的德性」來維繫的，正如任何建制也要靠這些德性來維繫一樣。

但這又並不意味著信、望和愛所代表的意義，對基督徒和對其他人來說是一樣的。對基督徒來說，他們感到有信、有望，以及感到在他們中間所必須展示出的那種愛，這些感覺都是源自那個模造他們的羣體的傳統的。甚至，因著那故事的特性，這些德性的性質和意義也大大改變了。因基督徒是一新時代的羣體，而它也必須繼續在舊時代中存在。由於他們存在於兩個時代之間，是一羣「在途上」(on the way)的人，所以就需要好些其他羣體所沒有的德性，或說得更好一點，他們需要使這些德性成為其中心。

舉一個例，如果我們要在暴力的世界中活作一羣和平的子民，忍耐就是最必須的德性之一。雖然我們學會把現在和將來視為上帝的國度，又知道這國度已在耶穌裏來到，又在主餐擘餅時臨在，但這國度仍然是來臨中的。我們因國度已經來臨而鼓舞，又因其臨在而得力，更盼望這國度完全實現，但這種盼望必須在忍耐上經受訓練，否則我們的盼望便很容易會轉向狂熱或犬儒。

教會必須一次又一次的認識到，自己的任務不是要**使到**世界變成國度，而是要忠於國度——藉著向世界表明成為一和平的羣體是甚麼意思。所以，我們需要忍耐，不可灰心。但是，我們要盼

望著甚麼呢？明確地說，就是要對上帝有盼望，祂已應許只要人對 104
國度忠心，就會有助上帝看顧這世界。因而，我們的盼望不在於這世界，也不在於人類的美善，也不在於那種所有事情總是向好的方面發展的感覺，卻在於上帝和上帝對世界信實的看顧。

在公義的問題上，最清楚可見到盼望和忍耐之相互關聯的必要性。因飢餓的人應得食物，被遺棄的人應得照顧，受欺壓和虧待的人應得自由和尊重，這些都是關係到公義的問題。可是，我們知道，雖然公義要求著這一切事，但我們卻是活在一看似由不公義所支配的世界之中。看來，除非有足夠的資源，我們才能秉行公義，而不致叫其他人感到缺乏，那麼，飢餓的人才會得食物，被遺棄的人才會得照顧，受欺壓的人才會得自由。

當一羣學會了飢渴慕義的人面對這種現實時（尤其是當他們已不再貧窮的話），便很容易會轉向暴力。因我們怎能繼續面對窮人，而不感到需要使用脅迫的手段以確保可爭取到最小程度的公義？此外，毫無疑問，在一些情況下，暴力可減輕窮人的擔子。甚至，暴力就是窮人最首要的武器之一，因他們沒有甚麼可以失去；對於我們有一些東西可失去的人來說，這種人是最具威脅性的。我們大多數人也寧願拿出自己的部分財物，也不願面對由那些不幸之人所帶來的暴力威脅。

但是，教會所追求的公義，並不是源於嫉妒或恐懼。反而，我們尋求那種來自一羣有自信的人的公義，這些人知道自己擁有的東西一開始就是一份禮物。因此，基督徒不會用槍桿子來爭取公義；而我們也必須對那種靠操縱我們不光彩的動機而得的公義，表示懷疑，因上帝沒有靠脅迫來統治受造物，卻是藉著十字架來施行統治。因此，我們身為基督徒，與其說追求成效，不如說要求忠心；所以，我們不能用不公義的途徑以求達成「有結果」的事。有些人（像是康德）則主張，有些事我們是決不能做的，無論做這事會帶來甚麼好處，而基督徒對此在很大程度上可表示認同。

當我們面對不公義時必須要學會忍耐。但有人可能會反對：若你並不是那正遭遇不公義的人，這番話自然容易說出來。說得好，但這也不意味著我們應把使用暴力對付不公義變得合法化。
105 這種合法化通常會如何發生？就是由於人們嘗試爭取公義，卻不願叫自己冒險，就如當我們要求「國家」或「革命」替我們爭取公義時，所用的方式，卻是不會對我們自身的處境構成重要的實質影響的。不過，如果我們要在這不公義的世界中成為一羣有盼望和忍耐的人，就不能只是感知貧窮的「成因」，更必須要像他們一樣變得貧窮而又無權無勢。

在太多時候，那些追求「社會公義」的理想和策略，都只是一些公式，試圖令窮人和受欺壓的人好過一點，而不致要求我們付出任何東西。但當我們讀到貧窮的人、憐恤人的人、使人和睦的人、溫柔的人、受逼迫的人及清心的人都是有福的這些話時，我們只可以假定，這些形容是應用到凡跟隨耶穌的人身上的。我們本身既是基督徒，就必須回答一個問題：我們身為基督徒，何以竟會如此富有？甚至進一步來說，我們如此富有，會令我們怎樣的誤解福音？即以為福音在本質上是論到不帶有政治意義（apolitical）之個人得救的論述，而不是論到創造一個和平與公義的新羣體的好消息？——這新羣體是因盼望上帝的國度業已得勝並將會得勝而被形塑的。

此外，要成為一羣必須學會過沒有控制權的生活的人，忍耐和盼望的德性是必不可少的。當然，「過沒有控制權的生活」是有多重意思的，而並非每重意思都與決定基督教羣體的特性有關，因「過沒有控制權的生活」，只是指出我們是一羣終末的子民，知道上帝已藉著拿撒勒人耶穌的工作救贖了祂的創造，再按著這知識來生活。因而，我們必須假定上帝會使用我們的忠心，令祂的國度在這世界中成為一實在，而從這意義上來說，我們就是過沒有控制權的生活。

不過，過沒有控制權的生活，並不意味著我們不必計劃和／或設法尋找途徑以推動世界上的公義，但在計劃的同時，我們並不會誤以為自己是無所不能的。我們可冒險作出一些計劃，即使這些計劃未必可有效達到我們首要的目標，卻是忠於上帝的國度的。要如此計劃，就需要破除自欺，不再以為只有透過權力和暴力才能保證可有效地爭取公義。

沒有人比起那些自以為有控制權或想有控制權的人來得更受到控制，這實在十分諷刺。財富最容易令人產生獨立、自主和「有控制權」這類幻象。但我們又千方百計想聽信另一個幻象：我們能確保自己的世界不會發生偶然和意想不到的事。可是，當我們這樣做時，我們的世界就會萎縮，因我們設法希望生活得安全，過於活得
有意義。舉一個例，有權勢的人會遇到的其中一件事，就是會變得 106
被自己的下屬所控制，他們的下屬只會說一些他們想聽到的事。因而，這些有權勢的人就沒法應付意料不到的事，於是便惟有忽視、壓制或清除那些事。他們不會明白美好生活的關鍵，就是把意料不到的事變成我們最大的資源。

所以，過沒有控制權的生活，意味著我們不去假設：自己身為基督徒的任務，就是要將歷史撥亂反正。[7] 我們不需要從那些宣稱有控制權和「有權勢」的人的角度來撰寫社會／社羣倫理學。反而，必須假定那些「沒有控制權」的人，才是更能夠叫我們意識到世界到底正在發生甚麼事。因那些沒有控制權的人，在理解甚麼才可使這世界有保障和安全時，會產生較少的幻象；這些人在本質上並不信任其他揚言可透過權力和暴力來幫助他們的人。因此，基督教社會／社羣倫理學最好不是從國務卿或總統的角度來撰寫，而是從被這些人管治的人的角度來撰寫。

基督徒羣體的任務不是要試圖控制歷史，而是要忠於和平的國度的生活模式。這羣人永不可對這國度的實在失去盼望，但也肯定必須要學習忍耐，因他們必定時常要忍受不公義，儘管看來借助暴力就可以很快除去這些不公義。此外，他們永不可對不公義默不作聲，若是這樣做，就會由得鄰舍隨己意而行。這些施行暴力的人也是我們的鄰舍，並必須加以抵抗，但卻是用我們的方式來抵抗，因若不抵抗，就是由得他們犯罪和行不公義的事。

在世人眼中，用如此方式抵抗不公義，看似又愚昧又無效，因這種抵抗可能只牽涉一些微不足道的事（像是不肯繳交用以支持戰爭的電話稅等），但並不意味著這不是抵抗。這種抵抗至少可清楚指明一點：關於基督徒的社會/社羣見證，其發生的方式，永不可排除神蹟、驚喜和意想不到的事情的可能性。如尤達坦言道，「基督教倫理學要求人作出一些除靠聖靈的神蹟以外就不可能做到的行為。」[8] 但這羣人必須這樣行事，因他們相信自己的存在，根本就是一個持續的神蹟。

4. 教會的「記號」

神蹟到處都會發生——甚至我們相信教會的存在就是一個神蹟。不過，把教會形容為一個持續的神蹟，聽來就是不像任何我們
107 所認識或經歷到的教會了。教會不只是一個「羣體」，還是一個建制，有財政預算、有建築物、有停車場，還有愛筵，且會熱烈爭論誰應成為下一任的牧師等。這些與教會的建制形式有關的事，與教會作為一神蹟，即上帝在我們中間不斷同在的神蹟，這兩者有甚麼關係？

上帝的子民，正如基督受難一樣，是一可經驗到的實在，教會如基督的十架般真實。並沒有完美的教會、無形的教會或神祕地存

在的普世教會，會比有停車場和愛筵的教會來得更真實。不，有停車場和愛筵的教會，才是由分別為聖的人所組成的，且被耶穌基督在世上持續不斷的故事所塑造，同時又反過來塑造那故事的。實際上，教會是一隨著時間而延續的爭論，當中論到耶穌基督的故事的含義，以及如何才能最清楚明白這故事。某些教會中的分歧可能會導致分裂，但正是教會應學習珍視其異見分子的原因。我們永不知道自己應該相信或成為甚麼，直至有別人提醒我們。

以色列和教會就彼此分歧所作出的對話，乃是最為重要的，因我們是從以色列身上得知上帝在耶穌的生平、十字架和復活中與我們同在。因著以色列一直願意等待彌賽亞，才叫我們更加學懂如何必須在兩個時代中等候。教會和以色列是兩個羣體，都走在上帝所預備的道路上；兩者都不能不依靠對方同行，倘若他們各行各路，大家都可能會迷失自己。[9]

因此，教會不是某種羣體的理想化身，而是一羣特別的人，好像以色列人一樣，必須找方法世世代代維繫自身之存在。事實上，有一些清晰的「標記」，叫我們可藉以知道教會是教會。這些標記並不保證教會的存在，卻是一些上帝賜給了我們的途徑，以幫助我們走在上帝的路上。所以，哪裏有聖禮施行、有宣講的道，以及鼓勵和活出正直的生命，我們就知道那裏是教會了。當然，有些教會會比其他教會更強調其中一種「標記」，但並不意味著這些教會在某些具決定性的面向是有缺陷的。最重要的，並不是要每個特定的基督徒團體都要能做到這一切，而是由各處的基督徒一同表現出這些「標記」。

聖禮可演示耶穌的故事，因而，聖禮按照耶穌的形象形塑一個羣體。我們不能成為沒有聖禮的教會，因耶穌的故事並不只是要講述出來，更必須被演示出來。聖禮是塑造和預備我們去講述和聆聽
那故事的重要途徑。所以，水禮是入門的儀式（rite of initiation），108

是我們歸入耶穌的受死和復活所必不可少的。我們透過水禮不只可學到那故事，更是成了那故事的一部分。聖餐禮（eucharist）是上帝得以繼續同在的終末筵宴（the eschatological meal），使和平的子民得以成為可能。在這筵宴中，我們成為基督國度的一部分，因我們在其中知道死亡也不能限制基督。基督的同在與和平，是世界中一鮮活的實在。我們身為基督的子民，歸入祂的犧牲（就是上帝的犧牲），叫世界能夠從罪和死亡中得著拯救。

水禮和聖餐禮，不只是基督徒會從事的「宗教事宜」，卻是我們政治活動的重要禮儀。透過這些儀式，我們知道自己是誰。這些儀式，就基督徒而言，並不是為有效的社會/社羣工作和行動而提出的動機或根據，這些儀式**本身**，就是我們有效的社會/社羣工作和行動。因若果教會**就是**一社會/社羣倫理（而不是只擁有一社會/社羣倫理），這些行動就是我們最重要的社會/社羣見證。我們是在水禮和聖餐禮中，最清楚看見上帝國度在世界中的標記。當我們嘗試把自己生命的各方面都交由這兩個聖禮管治時，這兩個聖禮就設定了我們的標準。[10]

水禮和聖餐禮是我們最熱切的禱告，又為我們一切其他禱告定下標準。祈禱並不是要我們懇求一位無所不能、卻是無動於衷又冷漠無情的上帝。反之，我們透過禱告，學習叫自己對上帝的同在保持開放。如麥克多納（Enda McDonagh）業已指出的，禱告是我們叫上帝在世界中得著釋放的方法。[11] 因此，雖然禱告是一種普遍的活動，卻是相當危險的，因上帝的同在並不容易受控制。上帝是一狂野的同在，呼召我們實踐的生活方式，那是自己從未想過是有可能的。基督徒透過水禮和聖餐禮，叫自己向那種狂野保持開放。無怪乎，倘若可能的話，統治者就會阻止基督徒祈禱，因沒有甚麼比禱告更能挑戰他們的權力。

但基督徒不只會禱告，也會宣講。我們已看到沒有故事是沒有見證的，而因著有人宣講上帝的福音，加上我們願意聆聽，我們才成為見證人之一。宣講不只是講述一些話，宣講也是聆聽。就如偉大的藝術品，可叫欣賞的人能夠用新的方式去聆聽或觀看，教會的宣講也能叫聽道的人被耶穌和祂國度的故事所挑戰。不過，我們的宣講不可只限於自己，因我們要成為那些沒有分享我們的故事的人的見證。事實上，那故事的內容正要求我們向陌生人講論。上帝已應許我們，何處有人正確地宣講（和聆聽）祂的話語，祂的話語就必會生發果效。透過世世代代為耶穌基督的故事所作的見證， 109
上帝便會創造一個能把耶穌的故事和國度帶進這世界的羣體。

因此，就如水禮和聖餐禮對教會的社會／社羣倫理是不可或缺的一樣，我們的宣講也是一樣。我們有責任作見證，乃是指明對基督徒來說，沒有人是超出上帝話語的能力。基督徒不會視任何人為「化外人」，只會看他們為陌生人，而我們希望與他們成為朋友。我們邀請陌生人來分享我們的故事，藉以表現出上帝國度的盛情。當然，我們知道陌生人不會如同一無足輕重的人般來到我們面前，他們也是有故事可告訴我們的。透過那陌生人對耶穌的故事的反應（通常是以拒絕的形式來作出反應的），我們也會更全面學會如何聆聽上帝的故事。若是沒有不斷受到陌生人的挑戰（有趣地，那陌生人通常只是我們自己的另一面），我們便很容易會失去耶穌故事的力量，因我們把那故事變得太公式化了。

但如果教會並不同時是被召去作聖民（即能以持守愛人、善待客旅和公義的生命），那麼，無論是聖禮的記號或者宣講兩者都不會是充分的。因此，教會不能迴避彼此建立和糾正的重要性。我們找出別人，因我們是從別人身上知道，自己把耶穌的故事變成自己的故事時，到底做得有多好或多壞。因為其他人最終是透過那些組成教會的人的品格來認識教會，故若果我們缺乏那種品格，世界就會斷定我們所敬拜的上帝其實只是假神。

此外，若是把強調作聖民和強調作聖禮的子民分割，便是弄錯了，因我認為其中一段最經典的聖禮經文正寫在道德勸諫的上下文中，並非出於偶然。在哥林多前書十一章 17 至 26 節中，保羅說：

> 我現今吩咐你們的話，不是稱讚你們；因為你們聚會不是
> 受益，乃是招損。第一，我聽說，你們聚會的時候彼此分
> 門別類，我也稍微地信這話。在你們中間不免有分門結黨
> 的事，好叫那些有經驗的人顯明出來。你們聚會的時候，
> 算不得吃主的晚餐；因為吃的時候，各人先吃自己的飯，
> 甚至這個飢餓，那個酒醉。你們要吃喝，難道沒有家嗎？
> 還是藐視上帝的教會，叫那沒有的羞愧呢？我向你們可怎
> 110 麼說呢？可因此稱讚你們嗎？我不稱讚！我當日傳給你們
> 的，原是從主領受的，就是主耶穌被賣的那一夜，拿起
> 餅來，祝謝了，就擘開，說：「這是我的身體，為你們捨
> 的，你們應當如此行，為的是記念我。」飯後，也照樣拿
> 起杯來，說：「這杯是用我的血所立的新約，你們每逢喝
> 的時候，要如此行，為的是記念我。」你們每逢吃這餅，
> 喝這杯，是表明主的死，直等到他來。

我們與主一同用飯與我們學習做祂的門徒（作祂的聖民），二者並沒有分別。不過，那種可標示出教會的聖潔的，並不是道德完美的那種聖潔，而是有一羣人學會不必彼此懼怕、並因而「能以去愛」所帶來的聖潔。我們生存下去，不是只顧自己三餐或維持自己的生命，卻是學會了在別人的同在中生活，而不必懼怕和嫉妒。因而，我們透過與我們的主一同用飯而成為一羣完全的人，且明白到寬恕敵人（即使那敵人就是我們自己）就是上帝用來成就

自己國度的方法。

多諾萬（Vincent Donovan）寫了一本富啟發性的著作，內容是關於他向馬賽人（Masai）的宣教工作。他在書中有力地闡明了，我們作為一羣子民的聖潔與我們慶祝聖餐禮之間的內在關係。馬賽人其中一種最重要的示意動作，就是向別人遞上一把草，以作為和平、快樂和幸福的記號。例如，在兩個馬賽人起爭論時，其中一人會向對方遞上一把草，以保證彼此的爭論不會釀成暴力。「沒有馬賽人會侵犯別人所呈上的神聖的和平記號，因這不單是和平的記號；這就是和平本身。」[12]

多諾萬還形容當馬賽人進行彌撒時，那場彌撒會如何涉及整條村莊的所有活動——從為病人禱告以至跳舞，都會很自然成為彌撒一部分。然而，多諾萬講到他從不知道到底會否在這一切活動中進行聖餐，而村莊的領袖就是決定能否進行聖餐的人。

> 若果他們在已作成的工作、已被帶領到的生命境況中仍帶有自私、疏忽、仇恨和不肯寬恕，就不要將他們稱為是基督的身體，免得成了褻瀆。領袖們有時確實會決意不肯和解，儘管已作了禱告、讀經和討論，但若果沒有人願意遞
> 上草，倘若村裏有某人或某些人不肯接受那把草作為基督 111
> 和平的記號，那一次彌撒就不會舉行聖餐。[13]

馬賽人很明白他們慶祝聖餐禮與要成為一羣聖民（一羣和平的子民）的關係，因聖餐禮和他們的水禮並不是一些抽離的行動，可與他們要成為的那一種人分離出來。反之，聖餐禮之所以舉行，是因為他們成為了他們和我們也應要成為的那一種人：在這叫我們相信人與人的關係最終是靠操縱和暴力來決定的世界中，這羣人仍能夠遞上一根草，並能夠作出寬恕。

5. 教會的社會/社羣倫理學

可能有人會反對，指出這一切仍然十分抽象。即使教會本身確實是一社會/社羣倫理，教會也肯定會帶有某種社會/社羣倫理，並於他們所廁身的社會中有策略地推行出來。情況無疑是這樣，但後者這種社會/社羣倫理，也是不可能抽象地完成的，因教會根本沒有甚麼普遍性的社會策略，可同樣應用到各式各樣的社會環境之中。事實上，不同的環境和社會背景也會帶來不同的需要和策略。舉一個例，在極權政府的處境之下，教會的立場與在自由民主政制下教會的立場也明顯會有所不同。

然而，這並不意味著教會必須有自己一套獨特的政府管治理論，能夠幫助教會認識到，(當與自由的民主模式對照時)他們必須以甚麼方式來回應極權政體。在太多時候，當代教會假定了我們必然要支持「民主」社會，因為這種社會透過立法，承認良心自由而制定了宗教自由。身為基督徒，我們應該特別對以下的錯誤假設尤其敏銳：即民主社會在本質上更為公義，因這種社會比起其他形式的社會來說，可提供更大的自由。可是，我們得留心，自由是一抽象概念，很容易便會轉移我們的視線，叫我們在民主的制度下，不再作忠心服事的教會。其實，究竟是哪一種自由？我們希望怎樣運用這種自由？才是關鍵。

然而，可能有人會提議，即使沒有任何管治理論是教會的自我理解所內在固有的，但教會也肯定會致力提倡一些價值，而這些
112 價值則可能具有各式各樣的建制形式。舉一個例，當麥克多納談到「國度的價值」時，諸如自由、人身不可侵犯(inviolability of the person)，以及平等時，便認為這些價值必定與基督徒的委身有相互關係。事實上，基督徒有責任推動更接近公義的社會制度，故必然會在廣泛的社會處境中提倡這些價值。據麥克多納所說，基督徒

支持這些「價值」為國度所內在固有的，但這些價值不是基督徒**本身**所獨有的。反而，在追求公義的事上，

> 不但容許與非信徒合作，這種追求也會叫非信徒和信徒拓展一種對人類的意識、一種對人類奧祕的意識……如此識別和推動社會公義，會提供對信仰的初步學習。我們在鄰舍中與那位捨己和啟示的上帝相遇，在祂具有吸引力的大能影響下，這種學習經驗能夠被轉化成對上帝的清楚的認知，並轉化成信仰。不但信仰需要社會公義，社會公義最終也需要信仰——而對信徒來說，可增加信心。[14]

把麥克多納這方面的立場與尤達的立場作比較，是極其有意思的，因尤達說：

> 把基督——而並非民主或公義，或平等或自由——看作這世界的盼望，這樣做最終極和深邃的原因，並不是出於負面的觀察，雖然明顯可見世界的希望一般都是不完全和令人失望的，又或者是會導致信靠這些希望的人變得驕傲或殘忍。這些希望的根本限制在於：雖然他們希圖尋求權力，並且迫切地要設法保證公義，但他們仍是沒有足夠的力量。他們把人最大的需要定位錯了……因此，對於認定耶穌基督是這世界的盼望的人，他們在衡量自己於當代的社會參與時，不會根據那社會參與對明天的功效，又或者是否能夠成功提供工作、自由和食物，或者是否能夠成功建立新的社會結構來加以衡量，卻是會因應那位他們所信靠的主的角度來加以衡量的。[15]

尤達沒有反對麥克多納對公義的問題的關注，也不是想否定上帝需要我們為所有人爭取公義。他的問題是：公義帶有甚麼含義？公義與我們對耶穌的國度的宣講之理解又有何關係？可是，一旦「公義」成為一個基督教社會策略的準則，就很容易會呈現出其自身的意思和生命，而這並不是由基督教的根本信念所啟發出
113 來的。例如，公義可以用來為基督徒使用暴力、以確保有更「相對的公義」作證立，但我們必須追問，究竟我們身為基督徒，實際上是否需要爭取這種公義。

換句話說，把福音的意義等同於、或至少與追求「國度的價值觀」（諸如自由、平等）密切聯繫起來，其問題在於：這些價值觀缺乏國度所帶有的具體性和實質內容——就像見於耶穌的生平和受死之中的。如同麥克多納那樣，透過指出自由與平等是一些永不會完全實現的理想，以詮釋自由和平等的終末性性質，[16] 這樣做是並不足夠的。問題根本不是：基督帶來的國度是過於理想化而根本無法實現；問題正剛好相反：國度臨在於耶穌基督裏面，因而，這終極的實在論（ultimate realism）會對我們含糊的自由、平等與和平的理想提出質疑。我們不是靠學會自由和平等來認識國度；相反，如果我們要知道自己應渴求哪種自由和哪種平等，就必須先經歷到國度。我們的自由是服事的自由，我們的平等是在上帝面前的平等，這兩者也不可靠理想主義者的脅迫手段來達成的，這些人只會按自己的樣式來模塑世界。

用我們現在已熟悉的術語來說，自由和平等並不是自我詮釋的，卻是需要有一個傳統給自由和平等賦與內容。舉一個例子，個人的自由和一邁向更平等主義式的社會的自由，並不是一致的理想（這就是說，追求平等必然會左右某人怎樣領會得「自由」究竟是甚麼意思），這是政治理論上不言而喻的道理。甚至，我猜想，我們現在集中注意這兩種「價值」，可能會對一個美好社會所應有的

目標造成極大扭曲。在我們當前的形勢中，這兩種「價值」也傾向支持一種看法，即社會在本質上是由極多的個人所組成的，而他們各自也捲入一些頻繁的商談程序，藉以帶來相互的安全感，又不致犧牲他們太多的個人自由。這類社會具有甚麼共同目標？這些問題乾脆不可以問。雖然，很正式地看，社會和國家的區別絕對是可以清楚分辨的，但卻只有很少的經驗上的意義，因「社會」缺乏一充足的敍事來賦予其道德實質。固然，將國家視為是有限的（limited state），與教會是利害相關的，但能使到國家受到限制的，最終並不是靠任何關乎國家在社會中應佔有甚麼位置的理論，卻是靠一羣有辨別力的人知道要何時説「不」。[17]

所以，若要是説教會必須追求社會公義，肯定沒有説錯，只是
資料説得不夠充足。因公義是需要有一羣人來展示和從想像上建構
出來的，他們已受到塑造，知道真正的公義是源自我們領受自己不 114
應得的東西。這些人有助於達成公義的理想，最好的方法，就是以自己的生命來示範如何幫助別人——例如，示範如何分享物品，因沒有人有權擁有那些東西。因人若不認識到自己要正確地渴求甚麼東西，公義就不可能存在，否則，便只會流於形式化和程序化。當然，程序化的規範有很多值得斟酌探究的地方，但這些規範永不足以令一羣想掙扎成為好人的人，保持所需的對話。

此外，當自由和平等變成一些理想的抽象概念時，它們便會成為使用暴力的正當理由，因如果這些價值並不存在或是不夠制度化，有些人就會推論他們必須迫使這些價值存在。如麥克多納指出：「大多數政治秩序都是靠暴力來確立的，也肯定會使用暴力來維護自己。」[18] 這樣做並非沒有道德上的正當理由，因如麥克多納指出，國家的暴力的霸權，至少在原則上是植根於正義之戰的理論基礎的。有些人不尊重社會中其他人的生命和權利，國家就會用暴力來壓制這些人。因此，國家似乎可以宣稱使用暴力乃是維持自由

和公義所必須的途徑。而按這種思想方式進一步推斷，當失去了自由和公義的時候，基督徒就可以借助暴力來爭取自由和公義。

沒有人可輕易對這種立場的力量不予以考慮。此外，這立場清楚表明暴力的問題是任何基督教社會/社羣倫理的核心議題。基督徒是否可以根據正當的理由而借助武力，以做「一些善的事」? 如果基督徒不肯使用暴力而導致有人受傷或甚至被殺，他們還可算得上是公義嗎？甚至，基督徒豈不應號召國家的力量，運用其脅迫的手段，以確保帶來一種更加相對的公義嗎？這種行動不會掀起用暴力來爭奪「控制權」的問題，而純粹是預防一種更壞的邪惡出現。

雖然我同情這種立場，並且對於基督徒來說，這可能性也肯定不可以被摒除，但這些允許基督徒有限度使用暴力的嘗試，問題卻在於：在很多時候，這樣做會使我們那另類的品格，也一併扭曲了。以公義、自由或平等的名義來使用暴力，極少純粹是關係到公義——而是關係到某些人比另一些人更有權力。此外，當暴力在原則上證明是保障公義所必須的策略，就會叫人減少運用想像力來
115 尋找一些非暴力的方法去對抗不公義。[19] 因為，真正的公義永不會靠暴力來到，也不能以暴力作基礎。真正的公義只可以建基於真理，而真理是不需要借助暴力來確保自己的存在的。這種公義最多是斷斷續續地臨到民族國家，因我們本性上害怕無秩序和暴力，因而寧願要秩序(即使那秩序是建基於謊言，而那些謊言是由我們的仇恨、恐懼和憎恨所激發的)而犧牲真理。因此，教會作為一個以上帝國度的真理為基礎的羣體，不得不叫一切統治者顫抖，尤其是當那些統治者變成了「人民」(the people)之時。

7

決疑法：一種敍事的藝術

Casuistry as a Narrative Art

1. 敍事、德性和決疑法 116

我已指出，「我們應成為甚麼人？」這問題，是先於「我們應做甚麼事？」的。若果我們以後者開始自己的道德反省，就可能會誤解道德生命本身和實踐理性應運作的方式。因「我們應做甚麼事？」這問題，會引誘我們作出假設：道德情境可從我們已變成的那種人及其歷史中抽離出來。但情況實在不是這樣。我們所面對的「情境」之所之會是那樣，只是由於我們先是某一種人。事實上，倘若認為倫理學主要是關乎「疑難」（quandaries），以及我們應對此而作出的決定，這種觀念就反映出，我們現在把自己理解為一羣沒有歷史的人。「情境」並不是「在外面」（out there）等待被看見的，卻是由我們是哪一種人所創造出來的。

舉一個例，非洲有一個部族叫努爾人（Nuer），[1] 他們是很善良的民族，彼此間有一種很強的羣居互助的意識。此外，他們一般是很和善的人，與自己和鄰舍和平共處。不過，他們有一種看法認為，若果他們的子女天生明顯是智障或傷殘的話，那孩子就不是努爾人。他們卻會視那孩子為一隻河馬。有一個詳細述說的神話，當中論及不同種類的動物也有其自身的角色和責任，這神話支持了他們這種信念。努爾人對「人類」或「動物」並沒有定義得很明確的概念，但卻承認兩者在角色上是有分別的。特別是，他們強烈地覺得每種生物最好是由自己的同類來照顧，所以傷殘的孩子會被放在河邊，由其同類（即是河馬）照顧。從我們的角度來看，這等於是小孩的安樂死，但努爾人覺得他們只是做自己責任上要做的事。若
117 果有一個這類孩子的母親，覺得自己與這「河馬」太難捨難離，並決意要收留這「河馬」，對努爾人來說，就會產生一個「疑難」。

這例子並不如很多人假設的那樣，即表明一切的道德判斷都是「相對的」。反而，這例子則表明，我們所遇到的那一種「疑難」，乃是取決於我們是哪一種人，並透過自己的語言、習慣和感覺，學會了建構一個怎樣的世界。[2] 如果我真的只能在自己所看見的世界中行事，而我所看見的，乃是與我學習如何說話相關的話，那麼，同樣的情況是，我的「說話」（saying）便需要有一些可持之以恆的習慣，以塑造我的情緒和感情，並教導我用某種方式、而不用另一種方式來感受一切。因此，我們可正確地認為，感受（feeling）的問題，對於決定我應做甚麼事，乃是十分重要的，因它們是一些訊號，可有助提醒我們，自己是哪一種人。

「我應**做**甚麼事」這問題，其實是關乎「我是甚麼人」或「我應成為甚麼人」。「我應不應墮胎？」這問題，不單止關乎「行為」，也關乎我要成為一種怎樣的人。在太多時候，我們會忘記對某種行為（像是墮胎）的描述，其實是反映著一種帶有某些前設的道德傳統；例如，不但生命是上帝的禮物，孩子對於傳統延續下去這旅程而言，也是十分重要的。我們往往會忽視這些假設的含義，以為這些假設是事情理所當然的情況，亦因而是並不會失落的。不過，

事實上，這些假設需要透過有一羣正面委身於生育孩子和保護生命的人，才能使其不斷重新發揮作用（reappropriation）。這些特殊的委身，不只會出現於我們在某一特定情況中應怎樣做的問題之中，這些委身本身也是用來衡量墮胎的意義，以及回答何以墮胎普遍會被禁止所必須有的背景。不過，可能我們已不再是一羣如此正面委身的人，因而禁止墮胎的命令，就變得不可理喻了。若果真如此，我們就必須承認，自己不單是改變了對某種稱為墮胎的行為的看法，更是透過改變或消除我們對墮胎的看法，其實在事實上已改變了自己。

「墮胎」等觀念不是簡單地給定的，其意思和可理解性，取決於一敘事的解說。事實上，「舊道德」（old morality；尤其是天主教道德神學中的那種）的問題，在某程度上是在於太集中在「對行為的描述」，並以此代表一種「客觀並因而具普遍性的道德」。不過，這些「描述」抽離了使其有說服力的羣體敘事和踐行。於是，
我們便遺忘了「墮胎」不僅是一種對某組事實的描述，更是一種與 118
那羣人的信念相關的建構世界之模式。

但若有人假設我們可由一組基本的道德信念出發，並從這些信念便可知道某種行為到底是對是錯，那麼，這種處理問題的方法，就會誤導人。事實上，這正是試圖抽離敘事處境來顯明某些行為是對或錯時所會牽涉到的錯誤。舉一個例，大多數關注墮胎的人會指出，墮胎之所以是錯，是由於這樣做會觸犯一些基本原則，像是「生命是神聖的」或「直接奪去生命是錯誤的」。所以，禁止墮胎似乎是根據一更基本的原則所演繹出來的。所以，爭論的問題便環繞著到底這種演繹是否確當，以及到底實際上胎兒是否具有人的特徵並因而賦有「人權」。

這種道德反省的模式，無疑具有理性的說服力，但我認為這種反省是有嚴重缺陷的。我並不是反對此處所論到的那些原則本

身，而是不同意：我們論及這些原則、再據為己用的方式，以及這些原則在我們的生命中運作的方法。這種論述不能公正地處理那些形塑我們生命的故事以及與其相關聯的禁令、正面委身之間的關係。我們必須明白到，那些構成道德的德性和規則，是依賴羣體而存在的。

例如，麥金太爾叫我們

> 試想像一個羣體，他們開始認識到，人是可達到某種美善，而這種美善只能夠在一個由這共同目標所構成的羣體的生活中、並透過這種生活才能夠達致的。我們可想像這一羣體需要遵守兩種獨特的訓誡，才能確保那種維持其共同生活所必不可少的秩序得以存在。第一組訓誡，告誡人要追求德性，這些德性若欠缺操練，最終便不可能達致美善，尤其是當那美善是一種以操練德性為重要元素的生活方式。第二組訓誡，則禁止人作出一些會破壞人際關係的行為，而人際關係對羣體是必不可少的，因美善是在羣體中達致的，也是為了羣體而作的，德性也是為了羣體而踐行出來的。這兩組訓誡也是從 *telos* 衍生出其重點、目的和理據的，只是用上了兩種很不同的方式。若觸犯第二種
> 119 訓誡，就是作了一種不能容忍的行動，把自己與那羣體隔離出來，可是人只能在那羣體中才能達致美善。因此，在某種目的論的架構中，是有必要絕對禁止某些特定的行動的。[3]

若用我一直所用的語言來表達麥金太爾的重點，即一個羣體會有某些禁令，若有人觸犯這些禁令，就意味著那人不再是按照那構成該羣體如何理解其基本目的的敘事來過自己的生活。因實際上 *telos* 就

是一個敍事，而美善本身與其說是一清楚定義的「目的」，倒不如說是一種旅程，而那羣體在其中找到自己。用政治的角度來看，這就意味著那羣體的對話，並不**關乎**一些仍待實現的美善；而就那羣體是透過對話以繼續忠於那敍事來說，那對話本身**就是**那美善。

因此，一個羣體的道德禁令，並不是「源自」一些基本原則，這些禁令卻展示出，那羣體如何發現他們的習慣和委身所蘊合的東西。你並非先有「生命是神聖的」這原則，然後再演繹出墮胎是錯誤的。反之，你明白到生命的價值（尤其是我們親生子女的生命的價值），乃因你的羣體的成員和你的父母（他們代表你的羣體）並沒有墮胎。因此，雖然一個羣體的消極的禁令，通常看似可適用於所有人（因其帶有簡約主義的特性，像是「不可殺人」），但事實上，這些消極的禁令是從那羣體一些更實質和積極的踐行中取得其可理解性的。禁令可標示出羣體共有的自我理解之外在界限。簡而言之，禁令叫我們知道，倘若我們干犯某些事或不再不同意那事，我們就不再是活出那原初塑造我們的傳統的人了。

那些以一活的傳統構成的故事（若那些故事是認真的話），其意思在於告訴我們事情的本相——這就是說，我們從這些故事中學會真理所當具備的的條件（conditions of truth）。重新檢視從某些特殊敍事而來的禁令，是其中一種方式——按我們不住經驗到的事情來測試這些敍事；這樣，敍事便會受到挑戰並得著更新。舉一個例，現時墮胎的爭議，並不只關乎是否允許墮胎。若果有人能表明基督徒禁止墮胎其實是做錯了，而這禁令實際上卻是基督教信念的核心的話，那麼，那人就可推斷：基督徒在理解人類存在的性質上，有些基本方面出錯了；而另一方面，道德危機的出現，就可 120
能表示著那羣體沒有正確理解自身信念的實踐能力。

這種測試也可以被視之為一種方式，以表明某些自然律的假設（至少從一種限定的形式來說）乃是基督教倫理學不可或缺的部分。

因「自然律」的確列舉出一些道德信念，是已經受基督徒羣體的測試的，並已被評定為是維繫該羣體的共同生活所不可缺少的。不過，基督教的信念卻必須對基督徒羣體以外的挑戰保持開放，因基督教的信念預設：這是上帝的世界——例如，基督徒可從其他傳統中明白到，若果我們試圖以保護無辜者的利益為理由以支持使用暴力，最終必會自相矛盾。可是，情況也可以不是這樣的：如果我們仍決定繼續生小孩子，並養育他們成人，或者，當我們願意成為這樣的一個羣體時，就可表明，我們的文化現在接受墮胎為道德上可接受的事，乃是「不合乎自然」的。雖然在某些時候，我們未能說服別人墮胎是「不合乎自然」的，但這並不意味著此處牽涉的「問題」並不關乎真理，事實上，這「問題」關乎我們要如何生活，才與在那位慈愛的上帝所創造的世界中生活這一事實相稱。

那麼，我所指到的決疑法，並不只是嘗試在一道德原則的系統中，裁定一些引起疑難的良心問題，而是指到一個過程，並由一個傳統來測試：當按照那羣體基本的習慣和信念來看他們的踐行時，到底其踐行是否連貫一致（即真確無偽），或到底這些信念是否需要一些新的踐行和行為。事實上，傳統通常並不理解其自身基本信念的涵義，惟有靠一羣人承諾保證會天天在自己的生命中體現出那敘事，這些涵義才會變得明顯。因此，我們覺得惟有自己的生活受到別人挑戰時，我們才會正確地發現自己正深深地委身於甚麼事上。不過，那挑戰並不只是從外面而來的，卻也是隨著那已經捕捉了我們生命的敘事而來的。所以，我們會遇到某些危險和挑戰，或更好地，我們只會認出某些危險和挑戰，因為我們已被那約束了我們生命的敘事訓練了要如此行。沒錯，一開始的時候，我們或者不會認出這類危險是屬於那敘事的一部分，但隨著「我們逐漸變成那故事」，就會愈全面地明白到那故事的涵義。決疑法是由羣體對其自身經驗所作出的反省，用想像力來測試他們那些敘事性的委身所通常未被發現和承認的涵義。

或許，我能藉弔詭性的常理（paradoxical truism）而令這方面更 121
為清楚：勇敢的人必須認識懦弱的人不曾經歷過的恐懼，因勇敢的人若不知道恐懼，以及若不知道自己的勇敢會冒上多大危險，他們就不能稱為勇敢。固然，有些人看似很勇敢，而我們有時候無法指出勇敢的人和有勇無謀的人到底有何分別，但若勇敢的人不知道恐懼，就不可能稱為勇敢。所以，不管一個人的行動有多激動人心，也不足以歸因於德性，因我們要作有德性的人，就必須能夠維持一持久的規劃。舉一個例，只有勇敢的人才能拒絕太快就用暴力來解決紛爭，因他們知道自己必須用忍耐來調和自己的勇氣。他們可能確實會害怕因自己看似猶疑不決而失去別人對自己的尊重，但這種猶疑正是勇敢所不可或缺的。我們要作勇敢的人，就必然可能會面對懦夫或有勇無謀的人所不可能知道的危險，那是甚至連我們也並非總是可以預料得到的，但我們知道自己必須作勇敢的人，才能正確地活出我們救主的故事：祂不會用暴力來建立自己的國度。

因此，決疑法並不能只限於考慮一些「個案」或情境，也需要以別人所活出的美好生命和有德性的生命，對我們生活的習慣作富於想像力的測試。我們從這些測試中便可以知道，自己既屬於那敘事和羣體的一部分，就得預期將會遇到怎麼樣的情境。我們把注意力放在這種生命中，並不等於要設法模仿別人（雖然效法別人確實可能有用），但當我們由得別人的生命來塑造我們的生命時，就會明白到自己用以體現出那故事的特別方式到底涉及甚麼。[4] 我們不能靠做出與別人一模一樣的事來學習那故事，因我們根本不可能做出與別人完全一樣的事。反之，我們必須從想像上由得別人的生命來挑戰我們的生命，以致我們學會如何體現出別人的德性，那些德性不但決定了他們會做甚麼，更是決定了他們會用甚麼方法來做那事。

2. 決定、決定、決定！

可能有人會反對，指出這種倫理學的進路根本無法應付道德生活的真實挑戰。強調我們道德信念的敘事形式，並強調德性必然是我們作決定時的背景，是十分好的事。不過，我們仍必須作決定。
122 我一直也沒有論到我們怎樣知道自己應不應作出那些決定，或可以怎樣證明那些決定是成立的。我也從沒處理那些經典的議題，諸如後果的重要性及某些規則的絕對性等。

我們要作決定，也要更清楚的知道如何思考這些決定。我們要決定是否結婚，要決定是否離婚，要決定會否生小孩子，可能也要決定到底會不會墮胎，會不會遵從十八歲就得去註冊當兵的法律。我們要決定自己要當一個律師還是商人。有末期的病人問到，他是否很快會死時，我們要決定是否說謊，或是講出真相，還是支吾以對。孩子因天生的缺陷而日漸衰弱，我們要決定是否允許不替孩子進行維持生命的手術。我們要決定到底是投上更多基金來研究癌症，還是用來幫助聽障和視障人士。我們要決定是否投上更多資源來研發治療危疾的藥物，還是用這些資源來推廣可造福更多人的營養保健計劃。

強調道德反省的敘事性背景，並強調德性是我們作決定時所必須有的基礎，看來完全無助我們回答這些問題；但是，我們認為這些問題才是道德生活的真正核心。我們大可以說：「這些所謂『決定』，是在經過一切努力，嘗試過其他途徑之後，仍然無法圓滿解決，或勉為其難、或孤注一擲所做的。」[5] 但靈巧的修辭始終不能蒙蔽我們，使我們留意不到真正的議題。無論我們發現自己在甚麼敘事之中，無論我們獲得了怎麼樣的德性，我們仍發覺自己必須作出選擇，並證明這選擇是成立的。「疑難倫理學」或許忽視了品格和德性對道德生命的含義，但就算強調品格和德性，我們仍需要用一致的和不任意的方式，以證明自己的道德決定是成立的。

事實上，若是徹底強調品格和德性，可能看來正會招致任意和武斷，因當要作出決定時，個人就會根據自己的「故事」和相應的德性來理解自己應要做甚麼事，而這種倫理似乎最終會採用某種訴諸直覺的方式，以證立這些個人的理解是合理的，並且那是沒有任何公共的準則，可用作測試這些決定的。因此，儘管有人會提出異議，但強調德性到底仍是一主觀的論述。如果我們想要理解所有道德經驗，並尤其是我們的道德決定，就不能避免要論述規則和後果。

這種挑戰，對我一直想發展的那種立場，顯然是嚴肅和含義重
大的，然而，我並非無法回應。強調敘事和德性，本身根本沒有否 123
定我們仍必須作決定，又或者通常要為自己所做的事作出證立。不過，於德性倫理中，這類「決定」的地位，較之於忽略德性之含義的倫理學，肯定沒有那麼高，因至少德性倫理學的部分目的，是要叫我們擺脫那種預期中的「必然」(necessities)和「給定」(givens)的感受，即那些我們作決定時往往不得不接受的東西。其實，我們通常不必作決定，至少不像以我們所假定的方式來作決定。

舉一個例，那些認同非暴力立場的人，通常會被人如此挑戰：「如果某某事情發生，你會怎樣做？」這問題中的某某事情，通常會填上對某個個案的描寫，而在那情況之中，似乎是絕對需要使用暴力而非克制不用暴力，才能帶來最大的善。這些個案經常可說服人相信，非暴力是不能被證立為是一非限定的原則(unqualified principle)。有時候必須使用暴力，這似乎是不證自明的事。當然，人人也會假定在可能的情況下，愈少使用暴力會愈好，但若有任何倫理是不考慮接受合法地、甚至悲劇性地使用暴力以制止罪行的話，看來就是徹底弄錯了一些東西。可是，十分諷刺的是，這個似乎不證自明的假設，對我們的存在帶有一種決定論式的觀點，而我相信這觀點是我們中間極少數人願意接受的。我會主張：如果我

們是一真正非暴力的人，即使情況似乎可允許人正當使用暴力，我們再也不會作出使用暴力的決定，就像勇敢的人，也不可能在某些情況下決定當懦弱的人。

正如尤達已經指出，「如果某某事情發生，你會怎樣做？」這類挑戰性問題，乃假定了一種機械論式的人際關係：

> 如果我用某種方式開動機器，那機器就必然會按某種程序運作。如果我按下一組不同的按鈕，那機器就明顯會向另一個方向運作。這是假設了我在整個過程中是惟一作決定的成員。攻擊者就像已被預先輸入指令似的，並必然不會作出任何其他決定。那人會好像自動操作一樣，作出他所能做出最壞的事，或者做出那特別纏繞他心思意念的惡事。在整個情境中，再沒有其他人的行動可干預這機制的運作，因而，由我來為操控這機制而引起的後果負全責。[6]

這種決定論式的程序一旦啟動了，暴力就肯定成了惟一的選擇——這是一種自我應驗的預言。但情況不一定要如此。這種例
124 子（及那些沒有直接掀起暴力問題的個案）會令人明白到，在太多時候，當我們問「我在甲或乙的情境下應作出甚麼決定？」或「我怎可以證明自己所決定的是成立的？」的時候，乃是嘗試壓抑想像力，並接受某些描述的「必然性」。此外，那些「必然性」在很多時候只是假設那些被給定的事，就是我或我的羣體的限制，而從不想過要建議一些方法，使我的羣體和我能夠在當中改變自己的生命。

例如，當人們爭論到可否允許墮胎時，通常會提到這類個案：假如有一個十二歲的女孩，因姦成孕或因亂倫成孕，在這種情境下，「你會怎樣做？」這問題似乎會馬上令人想到，我們應同意墮胎是對這可憐的小女孩所能做到的最仁慈的惡事了（the least evil thing）。我此處不是想主張，墮胎在這情境中不是一可行的選擇；只是想指出，墮胎在這情境中之所以看似是**惟**一的選擇，在某程度上是由於我們生活在怎樣的一種社會/社羣裏，並由於我們是怎樣的一種人。在這些情境中，墮胎的「必然性」在很多時候是由於我們不願意大幅改變自己的生活，以想出另一可能的方法。

也許，尤達再提醒我們，大多數始於「如果某某事情發生，你會怎樣做？」的情節，也會假設我的公義和我的福祉是高於一切考慮因素的。或我可說，我能考慮接受犧牲自己的福祉而不使用暴力，但我不能考慮接受犧牲其他我要為他們負責任的人的福祉，比方說我的妻子或兒女。然而，我最終要捍衛的，並非真的是那些無辜的鄰舍（以我的妻子和兒女的形式出現），而其實只是那些屬於我的東西。[7] 要承認這點，並不意味著我不應保護自己的妻兒，但卻是把這議題放進另一個思考框架之中。因如尤達所說的，對基督教來說——不像其他把價值放在自我及其關係上的倫理學——不必然會斷定保護受害者是比其他一切來得更重要的。「基督教將自我和生存的價值相對化，因基督教肯定敵人和冒犯者的尊嚴。面對這明確的基督教主張，那看來是不證自明的（*prima facie*）觀點，變得仍有爭論餘地。」[8]

這點提醒我們，某個決定被提出來時所用的描述，與那決定本身是同樣重要的，因那描述會成為那決定的框架。「這些所謂『決定』，是在經過一切努力，嘗試過其他途徑之後，仍然無法圓滿解決，或勉為其難、或孤注一擲所做的」這主張，背後所隱含的真相是：事實上，那些我們似乎「被迫作出」的決定，其實就是那些我們無法滿意地描述的決定。但若說我們沒有令人滿意的描述，這究 125
竟是甚麼意思呢？我認為這是指到，我們沒有令人滿意的方法，把這些決定理解為屬於我自己或我的羣體仍在不住發展中的敘事。因而，這些決定變得意義重大，並不因為這些決定代表著，「在道德上我是怎樣的人」，卻是由於這些決定並不代表「我是怎樣的人」。那些對我們道德上最重要的東西，我們是從來不必作「決定」的。所以，非暴力的人根本不必選擇是否會使用暴力，他們既是非暴力的人，就必然會運用自己的想像力、並根據自己的信念以塑造他們自己整體的生活方式。

所以，結果發現，敘事與「決定」的關係，確實比大多數人所預期的來得更密切，因若把「決定」和「行為」抽出來成為一些「個案研究」，並按照一些支配一切的「原則」來作審斷，再以義務論或結果論的方式來加以證立的話，這種做法實無法處理任何決定的最核心方面——即其敘事的內容。「情境」的描述並非是給定的，卻是來自一段更大的整體敘事。我們作決定時的「自由」，正取決於不去接受別人所加諸的決定論，拒絕他們慫恿我們作出假設，即假設我們因「事情就是這樣」而不得不「作出」那「決定」。惟有當我們擁有出於一真確敘事的描述技能，使我們能用新的角度審視「情境」(那角度叫我們能夠與我們之道德委身一致的方式，做或不做任何事)，這樣我們才能戰勝這種決定論。

舉一個例，尤達叫我們考慮一些與「如果某某事情發生，你會怎樣做？」這問題有關的實際選擇：第一個選擇，會帶來一個悲劇的結局，攻擊者將可成功施行他或她的惡謀。第二個選擇則有可能會使某人為受害者或為自己而以身殉道，尤達提醒我們：「基督徒相信，若有基督徒由於以基督徒的方式行事而死在邪惡者的手中，這種死亡便能透過不屬於那人自己的功德，而特別能見證和紀念上帝的大能。這種死亡，比起他殺人以求自保，對上帝的事業和世人的福祉能帶來更大的貢獻，因後世都會尊重這人。那為甚麼不接受苦難？耶穌已接受了。」[9]

第三個選擇，則是尋找另一條出路，這可能以不同形式的「自然的」方式出現。比方說，一個愛的動作，可能(即使可能性不高)

會在情感上打動那攻擊者，使其解除武裝。或是，可能會有「天佑」
(providence)這一出路，即假設無論發生甚麼事，「都會對愛主的 126
人有益處」。最後一個選擇，就是殺死那攻擊者——但這必然要包括我想殺死對方但卻不幸事敗的可能性。

尤達如此闡明這些選擇，乃是希望激發我們的想像力，叫我們擺脱那種非用暴力不可的根深柢固的假設，以表明若以為在這些情境下，就只能作出第一種或第四種選擇，「在邏輯上根本是荒謬的」。只要人們詳細列出很多其他可行的做法，那麼所提議的暴力解決方法，就不再顯得是不證自明的了。

> 無疑，對於任何處於那特定的人類歷史洪流——我們稱之為基督教會——中的人來説，必須否定死亡是人所能遭受最大的邪惡，因信徒為了上帝的旨意和道路而死，乃是上帝戰勝這世界的邪惡的一部分，所以接受苦難並非是難以想像的事。任何人只要帶有比西方電視節目更深入的眼光察看人類衝突這一台戲，就會在某程度上意識到歷史的因果關係有多複雜，且明白到只有極少的事情，會按照人所預期的那樣發生，尤其是那些人們一直預期可倚仗暴力而帶來美好結果的事。因此，那不可預見的具創意的解決方法，明顯地是屬於那幅圖畫之內的⋯⋯
>
> 把這問題講得更廣泛一點，尤其是當應用在戰爭的情況時：假設我有責任阻止邪惡或審判邪惡，於是授權自己可以完全摒除與對方和解與作出調停的可能性。當我要靠自己雙手來保證事情不會變得令人更痛苦、對我不利或不合法時，我就封殺與人和解這活的可能性了，這種和解本可以在這世界中釋放出來的。[10]

尤達也為「天佑」的觀念據理力爭，認為這是必不可少的觀念，以證明非暴力是成立的。當尤達談到「天佑」時，並不是指那種「船到橋頭自然直」的虛幻想法，亦並不是指人人都有責任將歷史撥亂反正。反之，天佑的觀念「是指相信歷史事件，是依照一些超過我們所能察覺和操縱的方式而受到控制——縱然先知偶然會洞悉歷史事件所呈現出來的模式——而後來將被羣體頌揚」。[11] 尤達指出，這種立場可用一種得體的人文主義思想來加以支持，下述格言可體現出這種人文主義的思想：「如果你要在真實的邪惡和假設性的邪惡中作
127 出選擇，總要選擇那假設性的邪惡。」然而，也有一些明確地是屬於基督教的理由，致使我們接受這種觀點，其中很重要的是：基督徒的愛，要求我們超越得體的人文主義的界限，即不但把敵人視為可彼此相愛的對象，更將這些人視作「特別應該被愛的對象」。[12]

此外，委身的基督徒不會首先將自己的信仰視為

> 一種他們想要一致持守的道德立場，或視之為一組他們不想觸犯的規則；卻會把信仰當作是一種自己想要分享之寬大的恩宥。他們用來引導自己人生的問題，並不是「我如何能避免做錯事？」或甚至是「我如何能做正確的事？」，而是「我如何才能成為自己鄰舍生命中的和解之臨在？」從這角度來看，我或可證明堅決的非暴力約束是成立的，但肯定決非奪去性命不可。在大多數時間，委身的基督徒在理論上會見證上帝介入一些自私的人的生命中，且透過祂的兒女來改變他們的生命；當我想對這攻擊者作出行動，並假定這人的內心是不可能改變時，這豈不正是測試這見證的最好時機？[13]

堅持這種立場的最後一個證立理由（尤其是有可能為此而殉道時），

純粹因為

> 這是用上帝的方法來分享祂的世界。新約和很多後來的基督徒的見證均指出，從某種意義上來說（至少對一些基督徒來說），無辜受苦之路，乃是他們至少有時候需要跟隨的路。所以，若果我用注重實效的方法來控制局面，並把無辜受苦視為必定不可發生的事，那麼，我們又怎能被帶領走上這受苦之路？[14]

當然，我們必須作決定。當然，我們會被迫作出很多自己寧願逃避不作出的決定。然而，我們透過注意這一切決定背後所假定、但卻通常不可明顯看出的敘事背景，就更清楚明白到，其實，怎樣理解那「決定」才是最關鍵的問題。「如果某某事情發生，你會怎樣做？」這問題，對立志不用暴力的人發出挑戰，而我則透過叫大家留意尤達對這問題的分析，嘗試指明最關鍵的問題，並不在於根據某種或另一種規範式倫理學的理論，對「情境」作抽象化的分析；重點卻在於我們如何在一個敘事的架構中理解這些挑戰。尤達訴諸「天佑」，事實上也提供了一種適切的方法「解讀」這些處境，那正好適切地置放於一延續的故事之中，即與上帝一同生活的羣體的故事。因此，這並非盲目地或無根據地相信「船到橋頭自然直」，反 128
而是一很強的理性主張：我們的存在是由一個真理所限定，而真理既是真理，就會用其自身的方式對待我們——用永不止息之愛的大能，戰勝使用暴力的人。就算我們試圖用暴力的手段編寫這世界的敘事，上帝的故事仍是不可能被打敗的。

從這角度來看，我認為就可以看出，為何基督徒一直想從義務論的角度，處理如何「作決定」和證明那決定是成立這種問題，因他們覺得，無論有何後果，自己也必須忠於那故事而行。不管有誰會受傷害，不管會釀成甚麼慘劇，我們也要秉行公義，要講出真相，要做正確的事，因這是上帝對我們的要求。但是若果這種強調抽離了使其能以被理解的敘事背景，就可能僅會變成一種叫人變得道德麻木和自義的公式，因這並不只是關乎「要秉行公義」，也關乎要秉行哪一種公義？由誰人來秉行？並如何秉行？也並不只是關乎「要講出真相」，也關乎要講出甚麼真相？並如何用愛心講出真相？沒錯，垂死的人應知道自己快要死了，但他們在這真相中，也應得到我們必不會丟棄他們的保證。

不過，基督徒一向也會受到不同形式的結果論式的理據所吸引，並影響他們所作的決定。我們很著重「在某些環境下」做最好的事，以及要超出義務的要求服事鄰舍，這似乎要求我們留意自己的行為所帶來的影響。然而，同樣來說，當我們作決定時，倘若把「後果」抽離出來，並當作是決定性的因素時，就會招致一種難以評斷的控制感，以及無所不能的感覺。為「最大的善」或「較輕的惡」所作出的爭論，實在太抽象了，因這些爭論很容易會把我們生活中所遇到的各種「必然性」，視之為給定的。於是，我們便失去想像的能力，且無法藉著成為一種不同的人，向這世界提供一種新的可能性。固然，基督徒羣體的敘事，要求我們留意自身所應做的善事或應防範的惡事，但這種善事和惡事必不可受到那種想像出來的假設所壓抑，即以為這世界所渴求的「果效」就是我們的最後定案。因我們知道，我們並非生來就有暴力傾向，也並非生來就會說謊，也並非生來就會做不公義的事的。因此，基督徒不能滿足於一種接受罪為給定的那種道德；不要忘記，我們的任務是叫自己和別人忠於身為上帝受造物這一身分。

只要我們抵抗那引誘我們、使我們把「情境」和「個案」抽離其
129 敘事背景的試探，就能開始欣賞到很多基督徒和非基督徒的見證，
這些人在一些意義重大的事上，即使涉及到「最艱難的抉擇」，也

根本不需要作「決定」。更確切地說，如果我們知道自己的身分，又知道自己需要做甚麼，決定便會自然出來了。摩耳（Thomas More）沒有選擇死在亨利八世的（Henry Ⅷ）手上，他已做了一切可以做的事來避免被亨利八世處死，他這樣做不只是為了自己，也是希望亨利八世不必背負殺他的罪名。但摩耳無法作亨利八世繼任教會首腦的宣誓，於是不得不被處死。摩耳不會理解自己是因而作了一個「決定」，且需要從「義務論」或「後果論」的角度證明自己的決定是合理的；他乾脆做了自己不得不作的事。[15]

不過，這類戲劇性的例子，可能很容易誤導人，因我們的生命並不是由這類戲劇性的對抗所組成的——雖然我們的生命是由這種委身所構成的。那些立志忠誠生活的人，不必不斷地決定自己是否要待人忠誠，因他們根本就是忠誠的人。這並不意味著他們不會受到試探，但即使這種試探不那麼要求他們作決定——但那並不是一種真實（雖然是存在的）的可能性。這另類選擇並不是一真實的可能性，因這選擇會改變他們的生命，換句話說，即是會改變他們要怎樣講述的自身故事。

只要留意到有多少討論是涉及「決定」，並有多少用來證明這些決定是成立的是涉及性別關係的問題，便會發現情況實在有趣。我們彷彿需要不斷為兩性關係作決定；若情況真是這樣的話，我們就果真是一團糟，因若有甚麼是我們真正需要感到是自由的，那就是我們可以不必永遠就自己要不要在性方面忠心而不斷作出決定。

舉一個例，我有一位經常去旅行的朋友，任何去旅行的人都知道，乘搭飛機前往一些你不太熟悉的地方，這在本質上是一件很誘人的事。這種經驗帶來一種自由的感覺，誘使你與人隨便發生性關係；沒有任何束縛，也不會有任何後果。我的朋友承認，自己時常沉醉於這類幻想之中。但有一次，他在一架幾乎無人乘坐的飛機上，於回家途中，有一位空中小姐居然提議他們可以親熱一會，叫我的朋友嚇了一跳。我的朋友坦白承認，自己最先想到的，並不是「不可姦淫」的誡命，而是想到：「我若遲到了，怎能向妻子交代？」因為這問題已足以叫我的朋友拒絕那提議，也因為若他要那樣做，便要撒謊(雖然他可以想出一個圓滿的謊言)，但他乾脆不想開始過這種生活。

130 無可否認，撒謊不會比隨便發生性關係來得更嚴重，但那謊言仍會改變了他過去的身分。我的朋友拒絕那空中小姐時，並不覺得自己作了一個「決定」；那決定早已被他是哪一種人及他與家人是過著哪一種生活所決定了。[16] 甚至，所有作出了的「決定」，都是叫他意識到自己已經成為他之所是，因他真的不知道，自己已培養出忠誠的習慣。我猜想，我們很多決定，均屬於這一類。我們往往會認為這些就是「決定」，但事實上，這些只是對「我們自己已不知不覺地成為了怎麼樣的人」的一種確認。

當然，這種認知可以是正面的，但同樣也可以是負面的。我們可能會因自己作出某個決定，發現自己原來是「不忠誠」的。或論到暴力來說，我們很少會認出自己被仇恨、憎惡和暴力充滿得有多深。通常那些承諾不使用暴力的人也會如此，因他們那清楚的承諾，可能只是某種策略——以道德公義的名義，取得高於別人的權力。在這樣的情況下，只不過在提醒我們，為何我們迫切需要一個羣體，能藉著使我們對所預設的想法——即以理性的方式證立自身的行為——產生懷疑，挑戰我們那專注於自己的心態。

3. 決疑法、選擇，以及教會

傳統模式的決疑法，又或者在較世俗化的處境中以「規範理論」(normative theory)這形式出現的決疑法，兩者都有一個困難，就是其內含的個人主義式的妄自尊大——彷彿純粹是個人碰上一些決定，而沒有任何相關的羣體處境。但我們知道自己所作的任何決定，也會牽涉其他人，這不僅是從受傷害或受益的角度理解，而是說，我們會影響其他人如何理解他們自己，以及他們與我們並與上帝的關係。事實上，決疑法的首要任務，就是幫助我們明白彼此間的相互關聯性，以致我們更懂得欣賞自己所做的事，是如何可適切於自己人生的故事之內，並怎樣被基督徒羣體那持續發展中的故事所決定，但同時又在決定這一故事。

雖然時下的決疑法備受質疑，且被視為是一簡約主義式的嘗試，以迴避律法主義式倫理所要求的繁重的責任。但沒有羣體能夠或應該試圖避免發展出一種測試道德的傳統，以體現出那羣體就其特質及與之相關的議題所衍生出來的智慧。問題不在於到底有沒
有決疑法，而在於我們應採用哪一種決疑法。基督徒的情況更是如 131
此，因基督教信念的性質，會使任何考慮以自我為中心來作決定的過程都是有問題的。尤達提醒我們：

> 雖然常識告訴我們，人往往是自私的，而這種心態又往往會影響他們對事物的認知，但基督教信仰則提出更極端的意見。基督教信仰尤其提醒我，不要自我中心地控制自己的決定，以作為叛逆的工具，以及作為鞏固自己對造物主之不依靠的方法。基督教的思想把這種一己所執著的叛逆性自主稱為「驕傲」；若不被上帝的恩典所勝，我的叛逆性自主最終會叫我自取滅亡。常識告訴我們，所有人也會受自己的觀察力所限，並會用自己特殊的觀點和有限的視野來評估事實；但基督教信仰告訴我，我那自私的思想、缺乏耐性和好復仇的心靈，以及我的腎上腺素，肯定會遮蔽我認知事實的方式，以致這些事實反映出我的自尊心，以及反映出我的渴望，即不想依靠自己的創造主和鄰舍的渴

> 望。所以，雖然常識告訴我們，我們對自己有能力靠自己作出合理的決定，應保守謙遜，但基督教就要我們為著自以為可單靠自己作決定的這種想法而悔改。

> 好像我們這種「好人」(good people)所會面對的真正試探，並不是粗魯（crude)、愚昧（crass)和屬肉體的事(carnal)，像流行的清教徒主義所定義的那些特徵。耶穌親身遇到的那些真正高層次的試探，並不是天性的肉慾，而是自我中心的利他主義(egocentric altruism)；祂身為美善的和公義的理想的化身，有權叫別人為這些理想忍受苦楚；又可用義務式的口吻，向別人宣稱祂自己為義(self-justification)。[17]

至少，在基督教的處境中，決疑法不只是一可能性，更是必須的，因為決疑法可提供一些途徑，叫我們學習按照自己的羣體演繹上帝的故事的方式，藉此讓自己獨特地演繹這故事。教會不但是一「道德論述的羣體」，更是必須要成為這種羣體——意即這羣體每當面對新挑戰和新情境時，仍不斷嚴格分析其傳承下來之委身的含義。[18] 因我在上文已指出，作為一個羣體，我們通常並不理解那使我們存在的敘事的涵義。而教會這一羣體，正正要為著教會自身的
132 共同生活，以及為著世人的生活，定志不斷反覆察驗上帝故事之涵義，而這是透過以色列和耶穌基督而得以認識的故事。

沒有人能保證這種「察驗」，必定會忠於耶穌所要求的那種作門徒的方式。例如，發展「正義之戰」這種理論很可能是錯誤的，雖然這種理論肯定是從想像上嘗試維繫福音對寬恕和締結和平的承諾，然而，這亦是為要回應基督徒對更廣大社會所承擔的愈來愈大的責任。又或者，因為要維護基督徒對婚姻的忠貞，故就禁止人

「離婚」後再婚，這可能是做得比實際需要來得更苛刻了。這些問題通常都不是顯而易見的，卻視乎在上帝子民中，這些踐行及理念的發展，經受了多少察驗。事實勝於雄辯，我們必須不斷地對下述的可能性保持開放：踐行本身，可能會扭曲我們身為國度初熟的果子所要成為的那一種人。

舉一個例，我們沒有理會一些人對放高利貸的反對聲音，可能是做錯了，尤其是高利貸最先是被譴責為一無愛心的罪。人們若是承諾要彼此看顧，把自己所擁有的一切都任人使用，他們必然會關注到有人想從別人的缺乏中獲利所衍生的問題。當然，有人可能會反駁道，借貸不必然是由於缺乏，也可能是為了投資取利，故不應受到譴責。基督徒羣體的決疑法，正正是必須培養出這種辨別能力。但即使發展出這種區分，仍決不是代表完全接納一切借貸以取利的做法。例如，正如基督徒不可剝削教會中缺乏的人一樣，我們也不可剝削那些在教會以外缺乏的人。

我提出這些例子，不是打算要用來指出教會對再婚或任何形式的借貸應抱持甚麼立場，卻僅是想表明那藉以決定這些事情的過程是怎麼樣的。教會要率先展示出——上帝在耶穌基督裏所成就的——和平之上帝國度的涵義；要這樣做，就要不間斷地反思教會生活的每一方面，並慢慢地明白到，在自己的生活的一切方面上，作一和平的人到底是甚麼意思。那些成了羣體生活一部分的「禁令」，必定不可變成一些簡約主義式的規則。反而，這些「禁令」要策勵羣體和個人的想像，以制定新的回應策略——那是於這暴 133
力世界中作和平子民所必不可少的。

舉一個例，對於這種羣體來説，維繫真確性與非暴力兩者之間的關聯，是尤其重要的，因暴力通常是由於我們向別人撒謊和説出半真半假的話而引起的。虛謊被揭穿的時候，就埋下了憎惡和仇恨，觸發報復和暴力事件（通常是以另一個謊話的形式進行的）。因此，教會在處理一切對待別人和世界的事上，都必須要求真相和真確性。當然，我們通常很難知道真相是甚麼，這點是必須坦白承認的。

當基督徒與那些還未與我們一起分享基督生命的人展開合作時，上述的要求就尤其重要了。雖然我們尋求與其他帶好意的人合作，是無可厚非的，但我們與他們合作的時候，必須清楚知道自己的委身與他們的委身並不相同。換句話說，我們必須清楚他們可以有多信任我們，因我們不總會是他們志同道合的理想伙伴。例如，我們可能會與別人一同攜手爭取更大的公義，或最低限度是要限制某種不公義，但我們的非基督徒朋友必須知道，若果他們決定爭取「公義」是必須訴諸暴力的話，他們就不能寄望我們會參與了。

對我們羣體「以外」的人來說，基督徒可能是太拘泥於一些事情了：像是撒謊、性方面的貞潔、公義的安排等。但我們之所以如此，是由於我們已用了千百年的時間，明白到成為和平子民所必須保持的習慣，可以失落得多麼快。當然，若果我們假定僅是這些習慣的存在，便足以確保我們的和平的的話，這些習慣也可能會變得僵化。我們不可忘記，決疑法是必不可少的，並且必須成為一種羣體活動，因為道德要面對的事情，總是那些有不同可能性的事情。[19] 我們的道德信念，取決於一羣人的經驗和智慧，他們一直走在由上帝所策劃的發現之旅上，並仍會繼續走下去，而我們是透過以色列和基督的生平、受死和復活來認識這位上帝的。這羣人對講出真相、離婚和奪取人的生命等事的判斷，則會反映出以色列和耶穌的故事，並必定會經受這些故事的試驗。但這種試驗不只是一種從經文到實踐的演繹，而是由其他也被那故事塑造的人所進行的一種試驗，並且，這些人或許發現了更多適當的方法，理解和塑造我們的踐行、習慣和選擇。[20]

從這意義上，所有教會成員也要理解自己是參與在一道德的冒

險旅程中，全部人擔當著重要的角色。我們每一個都要不斷找出方 134
法，以期更清楚了解「把上帝的故事變成自己的故事」到底是甚麼意思。我們惟有靠看見別人生命中展示出來之上帝的故事，才能明白那故事的全部力量，所以，我們的生命是確實會彼此互相豐富的。因此，我們必須常常對別人的挑戰保持開放，這些人可能會教導我們用一些自己不曾預期的方式，做一個真誠的人。

不過，我們透過彼此交往來豐富自己的生命，是不能限於現在的，因我們仍要依賴前人來之不易的判斷和智慧。甚至，我們最首要的道德任務之一，就是要保存前人的記憶，並使之仍舊成為一鮮活的記憶；即叫前人的記憶，仍舊作為我們的對話的一部分，一直傳承下去。[21] 我們要如此保存前人的記憶，並不意味著我們必須接受前人的道德結論或標準，不能有任何疑問，事實上，這些結論或標準，也必須接受福音的試驗。但這至少指出，即使我們認為自己必須提出異議，但傳統的智慧通常仍是對話的開場白，因提出異議的標準，必定要忠於我們在耶穌的生平和受死中發現的國度，而我們的前人也確實遵守這標準。

因此，對一羣世世代代都竭力忠於上帝國度的人來說，決疑法是必不可少的活動。不過，決疑法不可以只是一少撮「專家」的分內事，道德反省和推理，是整個羣體的活動。羣體中好些最出色的「決疑者」，甚至未必是那些顯得有最強理性分析技巧的人；有直覺恩賜的人，可能會乾脆「知道」福音對我們的要求，過於他們所能說出來的。教會必須成為一論述的羣體，叫我們不致因害怕上述這種先知的聲音，而失去這種羣體的道德意義。

悲劇和喜樂：締造和平的靈性生活

Tragedy and Joy: The Spirituality of Peaceableness

1. 學會「甚麼都不做」所需的耐性

一九三二年，在日本入侵滿洲之後，理查．尼布爾為《基督教世紀》(*The Christian Century*)這傾向和平主義的期刊寫了一篇文章。在文章中，理查．尼布爾嘗試為接受「無能為力」(helplessness)提出神學論據，認為這是對日本侵華事件惟一可能的道德回應。理查．尼布爾並不天真，也深知那次入侵標誌著國際間的動盪，且很容易會演變成更廣泛的軍事衝突。在那篇以〈甚麼都不做的恩典〉(“The Grace of Doing Nothing”)為題的文章中，理查．尼布爾主張：在這看似沒有人能作任何具建設性的事的情況中，至少還有一「甚麼都不做」(doing nothing)的出路，此乃於神學上意義深遠的。[1] 理查．尼布爾的哥哥萊因霍爾德．尼布爾則應《基督教世紀》一眾編輯的要求，撰寫了一篇回應文章，極力主張基督徒必須藉政府提供的途徑採取行動，即採用脅迫的方法，限制日本這種侵襲行為，免得釀成更嚴重的惡果。[2]

專業的神學家會把這兩篇文章視為經典小品，而事實上，這兩篇文章仍與我們現在的情境極具相關性。考慮到我在本書中所發展出的立場，情況更尤其如此，因任何人嘗試發展一非暴力的倫理，我們最終總會覺得這種委身有點不妥而感到不知所措。那種不和諧的感覺，源於我們覺得非暴力的倫理與我們必須處身其中的世界，脱節得實在太厲害，非暴力的立場像在要求我們以不負責任的姿態袖手旁觀，變得自義，或當面對這世界似乎無盡的戰火和戰爭的風聲時，變得麻木。所以，尼布爾兄弟在一九三二年所辯論的議題，時至今日仍是息息相關的，就如當時一樣切身。因此，我認為我們最好詳加留意他們的論據，以便更清楚理解我們自身的選擇。

136 理查．尼布爾在文章的開首即指出，當所有人面對戰爭爆發，也會急切渴望做一些有建設性的事，但能做到的，通常看來不多。決議案已遞交了，給國會議員的信已寫過了，但採取這些「行動」時，仍會令人感到沮喪，覺得做這些事的作用不大。可是，我們這種對自身的無能（powerlessness）的強烈意識，可能是在欺騙自己，因我們知道即使自己甚麼都不做，其實仍是會不斷影響歷史進程的。「我們面對的問題，通常是要在不同形式的不行動（inactivity）中選擇一種，而不是選擇行動還是不行動。」[3] 但究竟我們應參與哪種形式的不行動，並應如何理解這種不行動，此乃問題所在。

舉一個例，理查．尼布爾指出，悲觀主義者的不行動，與挫敗和於道德上感到憤憤不平的人的不行動是截然不同的。前者的不行動，會加速他們世界的支離破碎；後者的不行動，卻是一種憤怒式的不行動，後者拒絕用干涉的方法，只因為那樣做會導致更多流血和傷害。所以，這些人被迫袖手旁觀，但這種立場會使他們不斷累積怒火，最終可能會叫他們發動一強制的交涉，縱使他們仍感到猶疑。

另有一種形式的不行動，就是保守主義者的不行動，他們在這種危機中甚麼也不做，並相信日本的做事方針也是所有國家的做事方針。在國際舞台上，利己是惟一的生存定律。此外，這種處境所會造成的惟一好處，正是來自國家之間的利益衝突：所以，保守主義者的不行動，就是希圖坐享其成，並等待機會來到，便介入衝突之中，令自己從中得到一些特別的利益。

共產主義的不行動，是建基於一種遠為深邃的盼望。雖然他們的不行動是由於假設即時沒有甚麼具建設性的事可做，但那情況本身就是一徹底改變之前的準備，而那徹底的改變必會消除一切導致那衝突的狀況，而那衝突本身只是這種狀況的產物：

> 所以，這是一個機會，並不是由於可藉以直接介入那衝突中，亦不是由於可坐享其成謀求利己，而是由於可在戰鬥組織中慢慢艱苦建立出一些共產主義的小組織，並將預備好繼承一個新世界，以及有能力在資本主義和國族主義的廢墟上，建立一無階級的國際聯合體。這種不行動帶有一長遠的遠象、堅定不移的盼望，以及一個不干預行動的實際計劃。[4]

但理查．尼布爾則指出，還有一種甚麼也不做的方法，但看似 137
非常不切實際，因這種方法依靠一個幾乎已經落伍的假設：世上有上帝。這種觀點與共產主義就他們不行動所作的假設幾乎不謀而合，這實在奇怪。就如共產主義者一樣，相信世上有上帝的人，並不只是簡單地相信只因人們無法做任何具建設性的事，於是便沒有任何具建設性的事可做。也就如共產主義者一樣，他們相信我們的歷史中有一股力量，最終必會創造出一個不一樣的世界。所以，基督徒的不行動與共產主義的不行動，其異曲同工之處，在於「相信世界的進程最終會帶來美好的結果，並相信一個實際的洞察：美善的事，並不能單靠慢慢培養更好的習慣而成的，而是需要由某個涉及大規模並破壞性的變革帶來。雖然他們甚麼也沒有做，卻是知道有些事正在進行，而這些事所帶來的威脅和應許都是神聖的。」[5]

就「直接干預能發揮效用」的假設來說，基督徒的不行動就是如此。基督徒好像共產主義者一樣，相信可以為將來作出一些很具建設性的事。換句話說，基督徒

> 可以在每個國家內建立一些小組織，他們不會參與國族主義和資本主義的計劃，卻忠於一超越國族和階級分界、更高層次的理想，並因而團結起來，為將來作好預備。今天還沒有所謂的基督教國際（Christian international），因本源基督教（radical Christianity）仍未成為一個計劃和一種歷史哲學，但那些細小的小組織正在形成。羅馬的第一基督教國際曾輝煌一時；日內瓦（Geneva）或斯德哥爾摩（Stockholm）的第二基督教國際很可能會走上第二社會主義國際的路線。現在有需要和有機會出現第三基督教國際。[6]

然而，理查．尼布爾也指出，基督教和共產主義的不行動卻仍存在很大的差異。對基督徒來說，他們意識到自己的不行動，只是叫他們想起自己的過失，而那些過失與侵襲者所做出的過失實在十分相似。美國的基督徒必須承認，日本的所作所為，只不過是模仿我們自己國家的榜樣。美國並不比日本公義、無私，因而美國感到義憤填膺，其實決不算為公義。於是，基督徒的不行動成了悔改的方法，因而，本源基督教的不行動就是

> 138 那些不審判自己鄰舍之人的不行動，乃因他們不能欺騙自

己，使自己相信自己比別人公義。這種不行動並不是聽天由命的忍耐，卻是充滿盼望，並以信作為基礎的。這種不行動也並不是非參戰者的不行動，因其知道世上根本沒有非參戰者，卻是人人也捲入其中，而中國是因著我們的罪和全世界的罪而被釘在十字架上（雖然這字彙用得十分不準確）。這種也不是無憐憫之心的不行動，縱使憐憫的工作只是好像止痛劑，以緩和現時的痛楚，但憐憫的工作仍必須施行，而醫治的過程就取決於一些更深入、更實際和緊急的力量。但倘若上帝並不存在、或若上帝是在天上而不在時間之內的話，這種不行動就顯得十分愚昧了。[7]

所以，在理查．尼布爾看來，基督徒那種可「甚麼都不做」的恩典，反過來正需要對一特定的上帝有一非常特別的信。上帝有能力利用我們的忠心和不忠心，叫和平的國度臨到我們中間，而惟有當這世界實際上是由這樣一位上帝所包圍並編寫其中的故事，我們才能有耐性維持不作出行動。這種基督徒所必須有的締造和平的能力，乃是在本性上與他們所習得的一些和平的習慣息息相關的；而和平的習慣，則是由一特定的靈性生活（spirituality）所塑造出來的。

靈性生活的概念在這背景中顯得有點奇怪。從新教徒的角度來看，靈性生活這一特別的觀念是如此格格不入，因這種思想似乎在指出：敬虔的行為與道德生活的重要議題，根本沒太大關係，又或者實際上使我們的視線轉離這些議題。對天主教徒來說，靈性生活通常會令人聯想到「靈性操練」（spiritual disciplines），像是祈禱、默想及克己等，而這些操練與和平或不公義這議題是沒有緊密連繫的。可是，理查．尼布爾在論到當基督徒面對我們世界中那些暴力的選擇時必須「甚麼都不做」的時候，其實是建議要發展出一種持續地委身於締造和平所必不可少的靈性生活。要在面對暴力時仍懷有盼望，便需要有忍耐，而忍耐則需要有一種以指望為基礎的靈性操練（就像所有的靈性操練一樣），這就是指望我們經如此塑造，就能更清楚聽見上帝的話——那是對我們特定的生命所發出的。

只要留意一下理查 · 尼布爾怎樣回應他的哥哥萊因霍爾德 · 尼布爾於接下來一期《基督教世紀》所表明的立場，就可最清楚闡明某些靈性生活的論述，對基督徒的生命而言，是無從避免的。因其實萊因霍爾德 · 尼布爾的立場，也涉及某種靈性生活，只是這種靈性生活乃建基於一截然不同的前設，這是與理查 · 尼布爾所
139 提倡的那種強調忍耐的前設是有所不同的。萊因霍爾德 · 尼布爾認為，能叫人如此忍耐的那種盼望，頂多只是幻象（若非一種決然的扭曲）。萊因霍爾德 · 尼布爾並沒有指責他的弟弟那過分天真的盼望，即盼望不必借助脅迫，就能於社會之內及在不同社會之間實現倫理的目標（諸如和平）。萊因霍爾德 · 尼布爾意識到，理查 · 尼布爾「對歷史事實有某種實在論式的詮釋」，並承認他的「道德完美主義」（moral perfectionism）並不是一種實在的社會理論，故因此必須完全地歸入一終末論的領域。所以，萊因霍爾德 · 尼布爾將他弟弟對基督徒「不作出行動」的論述，描繪為是嘗試「實現謙卑和大公無私，但並不是由於只要有足夠數目的基督徒願意這樣做，就能改變歷史的進程，卻是由於這種靈性的態度，是一為了國度的來臨而向上帝發出的禱告。」[8]

萊因霍爾德 · 尼布爾不願與這種天啟式的觀點作出爭論，因他也相信強而有力的倫理是必須要有某種恰當的終末論的，但「我弟弟那種終末論則叫我無法接受，這是由於他把一切在歷史中發生的事（朝向災難、另一次世界大戰、甚至世界的大革命）都等同於上帝的忠告，然後突然靠信的飛躍作出下述的結論：即使上帝現在會使用殘酷的手段和暴力，令人於良心上可能仍感不安，但那同一位上帝，最終必會建立一理想社會，純愛（pure love）會在其中支配

一切。」[9]

萊因霍爾德．尼布爾坦言，他覺得這樣的一種信並不融貫一致，因他怎可能把人的憤怒和憎恨説成是上帝的工具，但同一時間，又禁止人以政治上有效的方式來使用這工具——乃因據稱使用這種工具會引起宗教上的顧慮？相反，萊因霍爾德．尼布爾則主張，合乎倫理地使用自然和歷史的力量以引導脅迫，以致避免使用暴力，這樣做會更好；因只要人仍舊是人，便不可能展望一個他弟弟似乎預設著的、並為此而期盼著的純愛的社會。人「就算有完全無私的動機，但由於人有理性和想像力的自然限制，這些限制會阻止人完全為到別人的需要著想，又或者，這些限制會妨礙人根據別人的利益來決定自己的行動。這些個人限制，必會漸漸影響到國家、種族和經濟羣體的生活和行動。」[10]

因此，個人並不可能實現完全無私的理想，故人類羣體也絕不可能做到。沒有國家可以好得足以用愛的力量拯救另一個國家，我們頂多可指望在國際關係之中存在公義，但並不是尋求完美的和諧或和平，而是要針對權利與權利之間的制衡，針對利益與利益之間 140
的制衡，直至實現某一可容忍的權力平衡為止。所以，任何人希望不採用脅迫的方法，以實現一個更接近公義的社會，這種希望純粹是一幻象。實際上，這意味著我們「必須設法説服日本停止軍事侵略，若迫不得已的話，也必須採用脅迫的方法，以阻撓他們，並必須盡量把脅迫的程度減至最低，防止這脅迫會演變成暴力衝突；必須不斷作出自我分析，為要盡可能打擊日本自身的評論和判斷和審判家在道德上的狂妄自大，又必須在所有社會環境中，設法把道德的力量增至最大，但卻不致因我們害怕運用純倫理的途徑，而犧牲實現一倫理道德目標的可能性。[11]

萊因霍爾德．尼布爾説自己很樂意承認他弟弟的「倫理上的完美主義及其天啟式的調子」，比他的觀點更貼近福音，但他作出如此承認，不過是要指出，只根據純愛的倫理，根本無法建構出任何充分的社會/社羣倫理。但同時，我們又不可以放棄那理想，即使我們所能達成的一切，都必然是比不上那理想的。反之，一切充分的社會/社羣倫理，也必須保留那種理想，免得迷失在權宜的相對性之中。「但只要一天這人類世界仍是自然與上帝、現實與理想的相遇之處，人類的進步，仍端乎他們到底有否明智地運用自然的力量來達成這一理想。」[12]

面對萊因霍爾德．尼布爾的實在論，很容易會忽略了他的立場其實也必然帶有一種明確的靈性生活。此外，這是一種要求忍耐和盼望的靈性生活，以支持基督徒於今生中盡可能追求相對的公義。[13] 但這種忍耐和盼望，與理查．尼布爾所提出的忍耐和盼望並不一樣，因萊因霍爾德．尼布爾所提出的忍耐，是必須承認人類的歷史是一不斷重複的悲劇：

> 個人可能投射出來的那些最高理想，於社會和集體方面而言，是永不能實現的。「愛」或可限制歷史的社會鬥爭，但永不會廢止這鬥爭，而若有人嘗試要用完美的愛來統治社會，便將會死在十字架上。那些仰望十字架的人，確實可把十字架看為是神聖的啟示，又啟示出人理應成為、而卻無法成為的樣式，至少就人被捲入歷史的進程中來說，乃是這樣。[14]

萊因霍爾德．尼布爾對我們存在的悲劇性特點的意識，其實是一種幫助訓練我們、使我們的心靈能夠為爭取公義而繼續堅持奮鬥
141 的嘗試，此乃透過無可避免和模稜兩可的脅迫手段而達成的。人固然要有盼望才能堅持如此行，但萊因霍爾德．尼布爾則認為，這種盼望不可能在歷史之中得以實現。反之，這種盼望知道自身只能在

歷史之外實現，但卻可提供一些途徑，讓我們在歷史上存在時，可堅持繼續追求更接近公義，並採用更少的暴力。然而，我們決不可忘記，這些是無法相容的理想，因當我們嘗試爭取相對的公義時，至少必然伴有使用暴力的威脅（甚至會實際使用暴力）。因此，就像和平主義者一樣，那些會使用暴力以確保公義的人，也會受制於一種超乎尋常的靈性操練，因他們必不可對自己所做的視而不見：他們是要兩害相權取其輕者，希望能實現某種相對的善。

雖然美國應如何回應日本入侵滿洲，現在就算作為一理論上的問題，亦已經不再引起我們的興趣了，但尼布爾兄弟當年那段對話所論到的議題，卻仍然極具相關性。例如，如果我們把日本侵華的議題，換上解決核武這一議題，就很快會掀起一系列的議題。如理查·尼布爾所業已指出的，我們可通過議案、寫信給國會議員；但令人沮喪的是，我們似乎無法做到任何具建設性的事。所以，問題是：我們要如何理解自己對建設性行動之缺乏？我們必須成為哪一種人，才不致由得自己的不行動使我們逐漸腐化，並將這世界和其中的暴力視為正常？又或者，從萊因霍爾德·尼布爾的觀點來看，問題是：我們要如何理解某種核武僵局的無可避免性和必然性？我們必須成為哪一種人，才不致由於自己擁有和可能使用這些武器而扭曲了自己？[15]

或者更迫切的問題是：我們如何可按照尼布爾兄弟所提出的方法來解決問題（若能解決的話）？他們二人的看法，也可說是代表了基督教傳統一些重要的方面，亦看來同樣肯定與我們某些更深邃的直覺吻合。那種會令我們自以為是更正確的看法，又或者更符合我們那些未加分析的直覺，我們會否據此而二擇其一？從這書的論證來看，明顯地，我認為我們基督徒必須採取理查·尼布爾的立場，才能按照——已見於拿撒勒人耶穌身上的——與上帝的國度相稱的方式生活。然而，若把這問題，視為是選擇理查·尼布爾的立場而不是他哥哥的，就是把問題說得太簡單了；因我認為，必須有一種非常類似於萊因霍爾德．尼布爾所暗示的靈性生活，才能支撐著理查．尼布爾所代表的那種立場。

142 2. 悲劇與愛好和平

基督徒所體現和尋求的和平，並不是某種遙不可及的理想，即並不像萊因霍爾德．尼布爾所想的那樣。這理想並不是完美的和諧，也不是因抑制一切對公義的正當要求而免除衝突的一種秩序。反之，和平的國度是一當下的實在，因那是上帝使這種和平變得可能，而上帝並非一過去式的主宰，而是這宇宙現在的主。因而，這種和平正是秩序的相反，因這種和平的建制化過程必然會帶來混亂，甚至可能會帶來無政府狀態。實際上，上帝的和平沒有使到這世界更加安全，卻只增加我們不得不去克服的危險。

在或多或少的程度上，所有社會秩序和建制，都是建基於「上帝不是我們自身之存在的主人、我們自己才是自己的主人」這謊話上。實際上，我們捲入了一連串的幻象以確保秩序，因我們的確害怕無政府狀態和無秩序所引起的暴力。我們渴求常態和安全，即使要犧牲別人，也在所不惜。所以，公義和真確性終究是不能分開的，因通常要求公義時，就會挑戰我們「事情理當如此」這類假設。

我們偏愛自欺和秩序，這兩者的關係，從人際關係的層面來看，可能會比從整體社會結構的角度來看，看得更清楚。我們在「愛」和「親密」的事情上最容易欺騙自己和別人，可以肯定自己是誰或知道自己想追求甚麼的，是極少有的，但我們至少知道自己是渴望別人去愛和重視自己的。我們不能活得沒有自尊，甚至即使用上操縱的手段，也不得不令別人尊重我們。這是說，我們甚至得「利用」我們的愛和那些我們所愛的人。

但正就著我們這樣做的程度來說，我們卻使得別人和自己（很諷刺地）活出我們的虛謊。我們獲得了別人的愛和尊重，我們也想忠於這份愛。但那份愛似乎只會加深我們所假設的，即以為我們對自己所抱持的幻象其實是真確的。其他人已接受那些幻象對他們的生命來說是含義重要的，於是也似乎肯定了這些幻象的實在性。所以，我們最深處的道德委身，叫我們更深陷於自己的虛謊之中，因我們為要忠於那些愛我們和關心我們的人，故就必須竭盡全力「使到這些道德委身成真」。

有些人則會透過坦白承認自己是自私或犬儒的，以嘗試保護
自己和其他人免於陷入這種虛謊之中，於是便成為一種有趣的惡
性循環。這些人宣稱自己「沒有任何德性，只會不斷追求自己的 143
利益」，其實不過是想在一個虛謊的汪洋中設法創造一片陸地。但
這種策略註定會失敗，因犬儒的人其實也是有所關懷的（這實在諷
刺）：他們其實是關心得太多，以致造成一自我否定，甚至近乎自
我毀滅。這些人不信任一切，最終必定連因其不信任而賦予他的榮
譽和誠信也一併不信任，因而名副其實變得一無是處。

我們愈是成功欺騙自己（而事實上，我們的虛謊往往帶有幾分真，這意味著我們可以很成功地活出自己的虛謊），就愈會覺得自己必須保護自己不受到任何挑戰。於是，我們會很小心地擴闊自己的朋友圈子，因我們直覺上知道，自己決不可邀請任何可能會對我們的幻象構成挑戰的人進到自己的生命之中。事實上，我們的「朋友圈子」就成了一羣親密的同謀，保護著各人自身的幻象——尤其是當我們認為那些幻象就是「和平」的基礎。

所以，我們害怕讓陌生人進入自己的生命中，他們未曾展開且又不熟悉「我們思想和行事的方式」。通常那陌生人（有時可能是我們自己的子女）仍未充分掌握我們的習慣，就會問及一些從我們自身世界的角度所無法回答的問題。我們學會靠嘲笑或拒絕來處理

這些情況，因而向局外人表示，他們必須接受我們的方式，否則就得繼續面對孤寂。而陌生人通常會「醒悟過來」，用上我們的方式來看事物，並學會忘記自己最初那些令人尷尬的問題，或只記得：那些問題是表示自己的無知或天真。

可是，那陌生人可能會堅持問下去：「為甚麼我們相信生小孩子是『好事』?」「奪去自己的性命有甚麼不對？」「奪去傷殘的小孩的性命，有甚麼不對？」「為甚麼要假定人只能同時與另一個人結婚？」「宰殺動物作為食物，為甚麼是正確的？」「從前人承繼了財產的人，會比沒有承繼財產的人，就應享受到更好的生活嗎？」「為甚麼我們要假定上帝只有一位？」⋯⋯諸如此類。當然，我們可能會設法回答這些問題，因我們對這些問題肯定都有**某種**答案。但我們感到自己不能向陌生人或自己，提出一完全充分和有説服力的答案，這實在熬人。於是，我們惟有排斥那陌生人和他或她所提出的問題。

在我們一些更親密的關係中，也會重複出現這種過程，只是會較為不遵照理性方式進行而已。因而，若要測試兩個人的關係有
144 多真誠，通常可以看看對方有多願意容許另一方與另一人展開情誼，而這另一人亦不會分別與二人建立同樣深的友情。因我們的友誼關係會以我們意料之外的方式改變我們，而當我們其中一人改變的時候，我們原來的關係也會改變。我們害怕這種改變，甚至覺得很難不妒嫉對方所結交的新朋友。我們知道一切親密和雙向的分享都很難建立，於是便懼怕我們建立了的親密關係，會被其他人帶來的改變所摧毀。因而，我們便愈發以一種可保護自己（並與自己關係密切的人）的方式生活——即以不致碰上陌生人的方式來生活。維持現狀，總比可能出現改變可取，尤其是當後者預示著改變。

所以我們喜愛秩序，即使那秩序是建基於幻象和自欺。我們說

想要和平，其實是說，我們想要秩序。因此，我們最大的幻象和虛謊，就是以為自己是愛好和平的人、是徹底非暴力的。當沒有人擾亂我們的幻象時，我們才愛好和平；當沒有人要挑戰我們的地盤時，我們才用不著暴力。故此，暴力不必要與我們的生命交織起來；暴力成了由我們存在穿成的織物的經紗。我們生活的秩序是建基於我們會使用暴力的潛在可能。[16] 從個人的層面上，情況更是如此，我們彼此對質，就如我們組成一些「會社」，為要保護和加強我們那些最珍貴的偽裝。

所以，由於這世界假設暴力是我們用以對付無秩序的終極武器，因此，基督徒所渴求、祈求和得著的和平，是難免會造成不穩定的。正由於這種和平如此徹底地挑戰我們社會秩序的假設，故通常看來就像「甚麼也不做」一樣。因這種和平是建基於真理：我們必須接待我們之存在中的終極陌生者：上帝。上帝對我們來說，是這一陌生者，因我們選擇了將自己視為自己生命的主人，並以這種態度過活。所以，當別人向我們講述他們的故事時，上帝就迫使我們要耐心等候，藉以挑戰我們對別人的種種恐懼。

我們對自己的能力所抱持的虛謊和幻象並沒有甚麼解救良方，我們不能憑意志決定不作幻想，因我們以為自己有能力憑意志這樣決定，正正是我們最大的幻象之一。我們惟一的盼望，在於別人的同在；上帝透過他們使國度臨在，並邀請我們在其中找到自己的生命。惟有如此，我們才能得到一自我（就是一個故事），這自我乃建基於信任而不是恐懼、建基於和平而不是暴力。

然而，這種生命不能抽離羣體而獨自維持下去，那羣體由上帝所塑造，以致可以一直制止我們那自欺和使用暴力的重複不斷的傾
向。正如萊因霍爾德．尼布爾所提議的，必須要有一個羣體，能以 145
承受那些必須的悲劇（necessary tragedies）而不必其他人為此付出代價，人們才能漸漸變得愛好和平。但萊因霍爾德．尼布爾卻錯

誤地認為，那標誌著我們存在的悲劇的，乃是源自我們察覺到自己最終只能透過脅迫和暴力的手段來實現有限的善。其實，那悲劇乃是在於一個事實：我們基督徒所見證的和平，可能會使到這世界變得更危險，因我們並非未經掙扎，就終止了我們對暴力的幻象。[17]

所以，基督徒必須學會一種靈性生活，藉以叫他們面對因自己的信念而帶來的無法改變的悲劇時，仍持守忠心。這種承認悲劇性的靈性生活，是從忍耐鍛鍊出來的靈性生活。如理查．尼布爾所建議：我們若不願意用暴力來使到這世界變得「更好」，就意味著我們必須時常學習等待。然而，這種等待必須不可變成犬儒主義、保守主義或虛假的烏托邦式思想，即假設歷史的進程將會「船到橋頭自然直」。因基督徒並不對「歷史的進程」抱有盼望，而是對上帝抱有盼望，因我們所信的上帝，已在耶穌基督的十字架和復活中決定了歷史的終局。若沒有這種宣告，面對悲劇時存心忍耐，就很容易會變成如斯多葛式（Stoic）之默從於命運。

基督徒立志和平地生活，這決不是斯多葛式的默從接受，因基督徒的那種和平，是會同時向個人和社會/社羣的秩序（那些秩序是以真理作為代價來換取安全的）發出挑戰的。這是為何在上帝的和平與我們必然會面對的自身存在的悲劇性之間，會存在一無情的關聯，因這種和平必然會動搖世人對暴力的屈從，並因而冒險釋放出那些被虛謊之陰謀所抑制的力量。然而，教會作為上帝國度的預示，不得不向那些陰謀發出挑戰，並冒著可能會因而受傷的危險。除非我們所見證的和平，就是那推動著太陽和星辰的真理，否則就不能找到合理的理由，解釋我們為何要發出如此的挑戰。

然而，這種和平仍對我們有一要求：即若這是一種並非帶來安定的和平（unsettling peace），但必須是一種帶著關愛的和平（caring peace）。如果基督徒必須講出世界的真相，以挑戰那些向我們提供秩序的勢力，他們就必須照顧那些因這一挑戰而受傷的人。我們

並非引起動盪，然後袖手旁觀，彷彿自己不需為所發生的事負責一
樣。不，如果我們是一能夠講出真相的羣體，就只因我們正是不肯 146
離棄那些被真相擾亂了生命的人。

或許，這解釋了為何教會通常是由那些在某方面上失去對自己生命的控制權的人，以及那些曾面對被拒之莫名的黑暗的人所組成的，因這些人知道悲劇是我們歷史的重要組成部分，根本無法逃避。我們不能否定自己的過去，但我們能夠透過接納和關心其他業已面對存在的真相的人，接續自身的過去，並為其賦與新的意義。教會就是一羣由上帝開放其生命的人——通常要負上很大代價才能這樣開放生命——因而，他們能不帶恐懼和仇恨來向其他人開放自己。接待陌生人是他們聖潔的一部分，因他們已學會了歡迎上帝這位陌生者的臨在。

3. 喜樂與愛好和平

然而，基督徒因立志追求上帝的和平而來的悲劇感，並不是對這世界的最後一席話，因如果我們相信上帝使之實現的和平是令人不安定的話，這種和平也同樣是喜樂和感恩的基礎。我們發現，那份忍耐的盼望（the patient hope），要求我們在面對暴力時學習等候，那份忍耐的盼望，本身並不是用以達致更大的善的某種途徑，它本身就是善。如此的忍耐並不是我們可去做或所實行的事，卻是源於我們意識到上帝已在我們生命中使到一些東西變得可能。因此，當基督徒面對暴力時，任讓自己由忍耐變成灰心，就是「存心欺騙」的表現，因我們知道自己在本質上並非暴力的人。

萊因霍爾德．尼布爾提醒我們：

> 基督教超越悲劇。如果有人為那在十字架上的人流下眼

> 淚，這些不可能是「憐憫和懼怕」的眼淚。十字架所揭示的生命，並非一與其自身目的相反的生命。反之，十字架宣告著：那看似是生命本身固有的缺陷，其實只是在各人心靈中的偶發的缺陷，那也是罪的缺陷，這些罪乃人於自由中所犯下的。若這人能意識到這事實，能為自己哭泣，認罪悔改，這人也能得救。這人能藉著盼望和信而得救，他的盼望和信，會將實在中的生命特質——即於其基本實在之中的生命特質——與在犯罪歷史中所揭示出來的生命分隔出來。
>
> 那在十字架上能說「不要為我哭」的耶穌，也能救我們擺
> 脫自憐的眼淚。祂啟示出生命的意義，把自憐的眼淚變作
> 147 懊悔和悔改的眼淚。悔改不會怪罪於生命本身，也不會責
> 難上帝，卻會責怪自己。如此責怪自己，就埋藏著盼望和
> 拯救的生機。如果那缺陷是藏於我們裏面，而不是埋藏於
> 生命的特質之中，那麼，生命仍不是絕望的。[18]

因而，我們透過悔改學會接受自己的生命（在個人和社會/社羣來說）並不是悲劇，而是充滿喜樂的。而我們的喜樂並不是需要再去盼望才能得到的，而是一種現在已充滿我們整個生命的氣質。我們的喜樂是一切德性的前設，又是一種發現：發現我們自己天性並不愛說謊和暴力，卻是確實渴望認識真理，並想要與自己、與鄰舍，以及最重要的是與上帝和平共處。因而，喜樂是從盼望而生的氣質，而那盼望是基於我們意識到，要把這暴力的世界變成上帝的和平，斷不是自己的任務；事實上，這任務藉著耶穌釘十字架和復活已成就了。我們的喜樂，就是單單願意藉確信上帝的救贖來生活。

強調喜樂對基督徒生命的含義，似乎有點奇怪，因我們平常會將喜樂與意料之外的剎那驚喜聯想在一起。我們以為喜樂是稍縱即逝的，無法長久保留，不能長時間支撐著我們的。但我們身為基督徒所領受的喜樂，並不是那種稍縱即逝的喜樂，而是源於我們在一羣體中找到自己真正的家，而這羣體能夠承載上帝和平的國度的話語和技能。這羣體能夠喜樂，不表示他們認為自己的掙扎已經結束，因他們意識到自己存在的悲劇性質，並不容他們抱有膚淺的樂觀主義或感情用事。反之，他們能夠喜樂，是由於他們確信自己至少是掙扎得對的。

或是有人可能以為，我是嘗試談到快樂（happiness）而不是喜樂（joy）。但快樂是一種很膚淺的觀念，無法描繪出基督徒的氣質，在太多時候，只是令人想到一己的慾求得到滿足。固然，快樂的意義有多深邃，乃視乎我們渴求甚麼東西，但快樂仍缺乏喜樂所具有的意涵——即使在最深邃的意義上過美滿快樂的人生。[19] 刻劃基督徒生命的那種喜樂，並不是任何渴求的滿足，而是發現自己不僅僅渴求和平，且能成為一羣愛好和平的人。因而，喜樂以禮物的形式臨到我們，並諷刺地反過來叫我們有信心能夠把上帝的和平當作現存的實在一樣活出來。

所以，即使我們可設法尋找快樂，也無法找到喜樂。喜樂往
往以我們難以預計的形式臨到。當我們面對一些自己千方百計 148
想要逃避的事，後來又發現由於自己願意面對那困難或令人感到難受的事，從而發現自身原來擁有一些不曾想過會擁有的資源，喜樂通常就是由此而生的。我們放開自己那虛有其表的安全感（我們以為可藉以得著能力來控制自己和別人的生命），就會得著喜樂。但如此放手，並不是靠意志就能做到，那怕這是靠學會接受逐漸削減那些由於我們瘋狂地尋求權力而臨到我們的困難和悲劇。

安全感和權力的幻象，正是我們暴力的源頭，因而喜樂最終亦根源於我們能放開這種幻象。不是我們決定不用暴力，就能夠「駕馭」暴力。那些長久以來立志不用暴力的人，可見證他們的生命中仍有暴力存在，非暴力的人其中一大試探，就是要利用自己的「弱點」來操縱其他人，以達成自己的目標——而其他人則會用較具侵略性的方式來爭取。跟使用暴力的人一樣，自欺同樣是非暴力的人的問題。

更準確地說，非暴力要我們畢生致力學習放開一切感到可保障自身重要性和安全的東西。而諷刺的是，我們失去愈多東西，就愈有機會活得喜樂，因喜樂這種氣質，是源於我們常常預備好會遇到驚喜；或更有力來說，喜樂就是我們明白到，自己是可以依靠意料之外的事來支撐自己的生命。或許，我們學習活得喜樂，最值得注意的一面，就是我們學會看見自己存在的一些簡單和最普通的方面：諸如視自己的朋友、配偶、子女等純粹是禮物，這都是我們沒有權利擁有，卻臨到我們身上的。

所以，愛好和平就是在悲劇面前練達忍耐，同時也是學習在面對悲劇時活得喜樂，因基督徒的盼望要我們活得「超越悲劇」，由於我們「不看邪惡為存在自身的本質，而是最終在一美善的上帝的統治之下」。[20] 這種盼望叫我們沒有一感情用事的樂觀主義。當我們面對一個國家侵略另一個國家時，或當面對我們控制核武的「互相毀滅原則」（mutually assured destruction）這一政策時，便必須學習「甚麼也不做」（至少按採取行動會帶來清晰、具建設性的結果這一意義上來說）。然而，我們可以有信心為那種和平作見證，我們知道那種和平在今生中可以出現，因我們已開始感到那種和平
149 在我們生命中的力量。如果世上沒有一些「小羣體」（cells）彰現出一種喜樂，即世人除此以外就無法得知在今生中有可能實現的那種喜樂，這世界還有甚麼盼望呢？

4. 論做一件事的恩典

本書是為了向學生介紹基督教倫理學而寫的，但在結尾部分討論到「靈性生活」，並尤其討論到悲劇和喜樂，似乎有點奇怪。然而，每種倫理（不論明顯與否）也會建議一些途徑，叫我們的生命可藉此以體現出那被認為是美善和真確的事。若要避開靈性生活的議題，就是冒險以抽象性來掩飾我們的主張究竟有多嚴肅。任何關乎到基督徒生命的建議，也不只是關乎我們可如何生活的一組觀念，而是指出，如果我們要忠於耶穌和以色列的上帝，就必須怎樣生活。[21]

此外，我之前已提到，此書所採取的立場幾乎是「自尋死路」的（self-defeating），因我們大多數人也會覺得完全未準備好以非暴力的方式來過生活。即使我們相信基督教的信念要我們過這種生活，但我們卻對自己沒能力使到這種生活成真而感到絕望。我對於伴隨著這種生活而來的悲劇感和喜樂所開展的討論，就是為要提供想像上的支撐點，叫我們至少可以展望，和平地生活對我們來說到底是甚麼意思，因基督徒的生命更多是關乎認知和訓練自身的識見和熱情，而過於是關乎選擇和決定。我們透過稍為展示生命的識見和熱情，就能更清楚明白要如何活出這種生命。

但我仍敏銳地意識到，這種生活方式得來不易，我們都不知道自己的暴力傾向到底有多深。我已嘗試指出，若要放棄我們生命中所有使用暴力的可能性，單是這種想法已會嚇怕我們，因這樣做，似乎等於交出自己生命的一切控制權——甚至似乎會令人想到，我們要放棄：那正正能叫我們得以擁有自我的那一重要的東西。

或許，這正是我們所需要的線索，好使我們知道可以從哪裏開始，因我們已習慣了這樣想：如果我們是講究道德的人，就必須找一些方法來處理「這世界的問題」。因而，我們必須找一些方法來處理世界糧食短缺的問題；必須尋找方法使世界變得更公義並使之得以建制化；必須找方法把美國人享有的「自由」推及至所有人。但我們面對這些龐大的挑戰時，卻感到自己甚麼也無法做到。人可以從何處開始著手？靠獲取最高層的權力？而我們亦發
150 現，即使自己是從這方面著手做起，那種權力仍未足夠，因任何嘗試舒緩世界糧食短缺問題的措施，也必定會受到其他旨在維持世界秩序的外交策略所制衡。

不！我們必須記得，世上的權力均借助暴力來運作，而我們各人的內心也埋藏著這種暴力。這並不意味著，我們只能先改變內心，然後才留意更廣泛的結構問題。事實上，這是一種錯誤的二分法，因我們的內心也在那些更廣泛的結構之內。更準確地說，這意味著我不必想望要做到這一切，或是甚麼也不做；我不必一開始便要嘗試「解決」那真正的問題。反而，我可花時間去單單做一件事，以幫助引導自己和其他人進到上帝的和平中。

伯勒爾指出：

> 除非我們採取一些適度的步驟，並使之能夠納入我們自己的故事中，否則便很容易會看不見福音可以怎樣「應用」。不過，如果我們確是開始改變自己的生活模式，便必定會向自己及身邊的人作出解釋。同時，當這些解釋變成我們故事的結構的一部分時，便會使我們看見聖經的故事如何幫助塑造我們的生命。究竟如何區分具建設性的回應與意識形態的反應？分別在於前者明顯地會改變我們自己的生活模式，而後者則會抱怨「這些模式」。[22]

我們不試圖要做到一切，而只做一件可應用在我們身上、改變我們生命的事，就會被進一步引導至上帝的和平國度。因那「一件

事」足以叫我們離開那熟悉的暴力世界，以致我們的想像力可以得著釋放，並發現另一件我們可以做的事：舉一個例，我們身為教會的一員，或會發現比起自己與自己國家的連繫，我們會以一種更深邃的方式，與其他地方的教會連繫起來；「旅行」之所以變得可能或變得必要，因我們現在意識到自己並不是連於一處地方，而是連於一羣總是飄泊四方的人。

可能有人會反對，聖徒和那些苦行的榜樣通常都是從不旅行的，他似乎也沒有因而變得較差。但這正是重點所在，因苦行就是學習在同一處地方旅行的一種修練途徑。例如，學習操練等候，操練與自己安靜相處，操練花時間成為別人的朋友和被人所愛，這一切苦行都是為要叫我們擺脱這世界的常態。我們透過這些操練，就可慢慢從這暴力的世界中想到，自己可展望一羣和平的人會多有意思。

或許，叫我們抓住這暴力的世界不放的主要原因，是由於我們 151
害怕另一種可供選擇的世界會是如此的刻板乏味。我們需要和依靠衝突來進步，而我們則假定衝突必會牽涉暴力。要被非暴力的世界所吸引，我們需要轉化自己的想像力。我們必須要看見，上帝賜下的和平所帶來的歷險，是多麼的令人興奮。但我們不只是看見，更是在自己裏面和自己此時此地的朋友中間經歷這和平，因我們可確信上帝已藉著自己的靈使到祂的和平成為一當下的實在。所以，我們如理查．尼布爾所提議的一樣，花時間在每個國家中建立一些小羣體，忠於比國家或社會階級更高的對象而團結一起，這事實上就是上帝國際（God's international）。

可能有人會反對，認為在瀕臨爆發核子危機的世界中，這樣做並不足夠，我們必須做更多的事。但伯勒爾再提醒我們：

> （聖經）從沒囑咐我們要**成就**任何事。詩篇作者（惟有他們

才能歸納出上帝與自己子民立約的輪廓）一再重複的主題就是：我們要常常放聲講述上帝**所成就的事**，就是祂為我們所行的大事。而我們又如何？上帝要求我們忠誠信實，如同上帝是信實的一樣。我們要忠於上帝藉自己所差的眾先知向我們所展示的道。而在約翰福音所載的、最後晚餐的對話中，耶穌與門徒說話時，也表達出類似的意思。祂提醒門徒，不是他們選擇了祂：「不是你們揀選了我，是我揀選了你們，並且分派你們去結果子，叫你們的果子常存」（約十五 16）⋯⋯但這段話也講清楚前一節那令人大吃一驚的聲明所蘊含的意思：「以後我不再稱你們為僕人⋯⋯我乃稱你們為朋友。」（約十五 15）

我們身為耶穌的朋友，便不必靠完成一些大事來證明自己，我們已被接納為祂的密友。然而，我們沒有豁免作朋友所應盡的本分：要成為對方可信任的人。結果子更像是成為一些甚麼，而不是去做一些甚麼；而其成果不但具體，更能滋養別人。結果子就是叫自己成為別人的禮物，就如耶穌過去所作的，現在仍在作的。[23]

這是「只做一件事」的恩典，但這一件事依仗我們自身之存在這一真相，以及那維繫這浩瀚宇宙的能力。我們這樣做，不是由於這是有效的，只是由於這是真的。

本文英文標題為“Postscript: Twenty Years Later”，原載於 Stanley Hauerwas, *The Peaceable Kingdom: A Primer in Christian Ethics*（London: SCM Press, 2003）, 152 ~ 160。

後記：寫於原書出版的二十年後

我希望自己記得寫過這書。當然，任何作者即使是在二十年前寫了書，也理應能記得自己寫過。可是，我不記得自己是在美國聖母大學任教基督教倫理的那學年間撰寫這書，還是在該課程開始前或完結後的夏天寫成這書。我可能是在那學年之前、之後或期間寫成這書。我希望記得自己寫書的過程，因我再重讀這書以書寫這篇後記時，仍覺得這是一本好書，二十年後仍值得閱讀。

所以，我很感謝 SCM 出版社決定向新一代的讀者重新推薦《和平的國度——基督教倫理學獻議》。這書在美國從未斷版，每年銷量也不俗。我盼望這是由於很多教師仍然覺得，這書向傳統倫理學課程提出的挑戰，對於如何教導倫理學是有用且重要的。聖母大學出版社的社長蘭福特博士（James Langford；我在一九八三版的序言中曾說，他建議我寫一本好像《和平的國度》的書）談到這書長壽的原因，提出了截然不同的觀點。蘭福特歸功於教授們所用的發黃的筆記，就是他們年復一年用來講授相同課程的教材，千篇一律。蘭福特認為，書本銷路好，皆因教授們不願意突破求新。我猜想，蘭福特講解這理論時，心中沒有特別想到《和平的國度》；但蘭福特可能覺得，長遠來說，這理論也適用於《和平的國度》。

不過，我盼望蘭福特說錯了《和平的國度》長壽的原因。最低限度，因應這書的寫作特點，讀者在倫理學課程中使用這書，不會是出於因循苟且。《和平的國度》寫來是要叫讀者看得頭昏腦脹的。我寫這書，不只是為提供「另一個選擇」，使之與其他倫理學理論一同供人考慮。反而，我寫這書，為要改變生命，這是說，要發展所必須的概念性工具，藉以幫助基督徒重新發現一超凡想像的世界，即上帝邀請他們在基督的身體和基督的血中作肢體而帶來的超凡想像世界。

《和平的國度》同樣向教師和學生發出種種挑戰，最低限度，他們要回答，究竟這本書是否真的是「倫理學」的書籍。在天主教的圈子中，這書似乎不是談論倫理的，因這書沒有一開始就思考自然律。[1] 在新教的圈子中，《和平的國度》的倫理學也似乎太過「神學性」。從新教的角度來看，基督教倫理學最好是盡可能不牽涉明確的神學主張，因神學主張會令人更難成為「多元」社會中的「參與者」(player)。然而，從前我寫作《和平的國度》的時候，已知道自己不是一個倫理學家在使用神學，而是一個不折不扣的神學家。我確實盼望《和平的國度》可用於倫理學課程，也可用於神學課程。若果我批評倫理學家沒有察覺倫理學的神學中心，那麼，我也認為神學家疏忽職守，沒有察覺神學信念的實踐性質。

我寫《和平的國度》之前，已寫了四本書。[2] 有些人覺得，我說自己寫《和平的國度》前「已寫了四本書」，是誤導人的。《和平的國度》面世之前，只有《品格與基督徒生活》或可算得上是一本書。其他「書」都是把文章結集起來，編成一本書的模樣。我不介意別人這樣評論我寫書的方法，但我仍會這樣把文章結集成書。我仍是較喜歡寫文章，因我看自己的作品是「基督教倫理學的進深研究」(Further Investigations in Christian Ethics)，這是《真確與悲劇》(*Truthfulness and Tragedy*)的副題；如這副題所示，關鍵字是「研究」(investigations)。

不過，《和平的國度》是一本書，不是文集，書中的篇章是順序寫成的。但我不想給人一個印象，即認為篇章的次序「表達了更多意義」，因而覺得《和平的國度》這本書，與我那些由其他文章結集而成的書，是形成了鮮明對照的。其實，我是會嘗試努力思考，自己的文章可以如何結集成書的。事實上，我寫新文章時，內容通常與先前所寫的文章有關，心目中像是計劃要寫書一樣。所以，當我說《和平的國度》這本書與我其他所寫的書形成對照時，只是表示《和平的國度》的寫作過程與格式，符合大多數人心目中期望的「書本」的標準而已。

然而，比較起我在前幾本書中發表的文章，我不否認《和平的國度》看來較艱澀難明。比起我之前或之後所寫的、由文章所結集的書，《和平的國度》較少爭辯的味道。事實上，我擔心讀者閱讀《和平的國度》時，可能會用太虔誠的態度來讀。於《和平的國度》中，我冒險用上第一階的基督教語言，以說明做基督門徒的含義。我不覺得這種語言有問題，但擔心用上了這種語言，有些讀者就會覺得我在推薦要「與耶穌建立個人的關係」或之類。敬虔的情緒通常無甚害處，但我擔心這類情緒，只會培養加固其內在的參考架構，而不是使其更能追求認識這世界的真正面貌，因而妨礙基督教的語言發揮其當有的功能。

不過，我寫作《和平的國度》的時候，已愈來愈意識到，自己不能單單是**寫**甚麼**關於**(write about)神學和倫理學的。我必須真正地做神學(do theology)。若讀者不是神學家，聽到我這種說法，可能會很奇怪；但在現時神學的學術世界中，神學家寫到某個立場，而自身接受自己所寫「以外」的另一個立場，根本不足為奇。

事實上，如麥金太爾所說過的，羅馬天主教的道德神學家似乎不再對上帝有興趣，反而極其關心其他羅馬天主教道德神學家的觀點。麥金太爾的評語揭示了大量神學研究的實況，而這情況實在令人婉惜。

我寫《和平的國度》時，嘗試把上帝寫得尤關重要。我盼望自己之前的作品不乏這志向。假如我沒有寫下之前的書，就肯定不會寫下《和平的國度》。我之前寫下的書，是我必須做的練習，從而才可以掌握到充足的技巧與信心，寫下像《和平的國度》這樣的書。我寫這書時，仍相對年輕。人還年輕，想要超越自己年紀的智慧所限，其實很傻；這是其中一個原因，我希望自己記得寫過這書。我想知道應如何剖析寫成這書的這個人，因我很驚訝，當時自己竟是夠分量寫下這書的一個基督徒。

事情的真相是，我認為當時靠一己的主體性，不足以完成任務。這本書能夠寫成，是由於我這個新教徒的身邊，環繞著聖母大學這傑出的羣體。我盼望在《和平的國度》的註腳中已指出，像是伯勒爾、尤達等好些人，幫助我超越了自己本來無法超越的自己。我多次參加的聖母大學校園的聖心教堂（Sacred Heart Church）所舉行的彌撒，以及我所教導的學生對我所抱的期望，對於寫成這書也是必不可少的。

所以，我認為明白到《和平的國度》的寫作背景，有一部分是聖母大學，是十分重要的。大多數選讀基督教倫理學的學生，都是羅馬天主教徒，但不表示他們很清楚自己是羅馬天主教徒所帶有的含義。但大多數學生也曾就讀教區的天主教學校，意味著他們認為基督教十分重要，即使其中有些學生覺得天主教總有點獨裁，對這方面不太接受。但對我這樣的人來說，這是何等不可思議的資源。有些人覺得，若有人能把基督教信仰變成一種具吸引力的「生活方式」，可供他們選擇，就會考慮相信基督教——我不必為這些人寫下《和平的國度》；反之，只要學生們對基督信仰的態度，或許是僅僅打算去經驗一下，究竟「基督教這東西」是、並可以有多麼不同凡響，我都可以教導他們基督教倫理學，並為他們寫作這方面的書。

坦白說，我若不是因要預備寫這篇後記而重讀《和平的國度》，便已忘記了這書是多麼「天主教的」。說到「天主教的」，我不是指讀者可能誤會我是羅馬天主教道德神學家。反而，我形容這書是「天主教的」，是想人留意很多與我對話的伙伴，其實都是羅馬天主教徒。我批評奧康奈爾等羅馬天主教道德神學家，又批判「根本的選擇」的觀念，很可能透露了我非常熟悉天主教的文化。不過，《和平的國度》之所以仍是頗有意思的讀物，我盼望其中一個原因，是由於我嘗試指出，天主教思想的發展可以如何反映所有基督徒都要面對的種種挑戰。

經常有人問我，要閱讀甚麼書才能弄清楚我想要說甚麼。經常有人發出這問題，因發問的人知道用來解讀侯活士的角度可以有很多，但他們無疑想約略掌握我的思想方式。我通常會推薦《和平的國度》。[3] 這書肯定是取材自我前幾本著作所發展出來的好些省思，甚至可說是這些省思的「合作成果」。然而，我擔心讀者們看了《和平的國度》，就可能會覺得「已掌握了」一切我認為需要說的話——即關乎基督徒應怎樣思考「他們究竟要如何生活」、（或更重要是）「我們究竟要如何生活」。《和平的國度》是一本導論，可能會給人一個印象，以為我在書中論到的內容某程度上是包羅萬有的。

不過，比起我其他由文章結集而成的書，《和平的國度》同樣著重研究性的層面。說到「研究性」（investigative），我不是指這書是試驗性的——若「試驗性」（tentative）是指我僅提出意見，即建議基督徒可以怎樣思考，我們究竟要怎樣活出基督徒的樣式。

《和平的國度》代表我一直所思考、基督徒應怎樣生活的想法。說到「研究性」，我反而是指我在《和平的國度》中採取的立場（我不喜歡用這字——若這字意味著：我所想的，比教會所要行的，可能更為重要）決不是「總結」，而是「進一步的研究方向」，是需要繼續努力作出反省的。[4] 我寫《和平的國度》後，寫了很多書。我要這樣做，因我需要不斷迫使自己反思我在《和平的國度》中說了的東西。如果《和平的國度》是把我的思想「全部」整合起來，那麼，在我其後所寫的書中，我似乎便是一直要拆解這些思想，好要明白這些思想是如何結合的。

所以，我盼望讀者看了新版《和平的國度》的這篇後記，也可考慮重讀一次這書。我用了二十年「閱讀」自己在《和平的國度》中所寫下的，仍不肯定自己明白這書（藉著我）所說的話。所以我仍喜歡這書。忘記了、或者沒有留意到，自己曾寫過的東西，不斷給我帶來驚喜。對生活「失去控制權」，就是《和平的國度》對做基督徒是甚麼意思的首要形容。[5] 基督徒想要控制自己處身的世界（甚至我們自己的書本所創造的世界），很多時候，我們的想像力便會因而窒息。但生活得「失去控制權」，並不容易做到。所以，《和平的國度》必須不斷動搖「我們敬拜的上帝始終可以被充分描述或受人控制」這一前設，即使這甚至是《和平的國度》的作者自身也秉持的前設。你每次說完了自己認為需要說的話，若你說的話是忠於那位在基督裏呼召我們的上帝，你就必須再說一次。

我認為替新版的《和平的國度》寫一篇後記，會比寫一篇序言以及新的「導論」來得更適合。假如我寫的是「導論」，我想自己就必定無法忍受試探，而會向本書的新讀者講述他們將會讀到的內容（這樣做不必然是「壞事」，若你記得，德性需要重複培養，尤其是透過書本而習得的德性，更要如此）。若果我在《和平的國度》所主張的，是離正確不遠的話，那麼，我可以做的最糟糕的事，就是再一次解釋自己在書中想要表達的。但若果我能解釋我在書中想要表達的，那麼，讀者就真的值得思索一下，他們是否真的有需要閱讀這書，更不用如我所言，再重讀這書一遍。

《和平的國度》需要重讀，不但由於這書嘗試動搖「倫理學」的普遍前設，也由於我需要讀者不斷幫助我明白這書的含義。其中一種理解《和平的國度》的方法，就是把這書看成是一個相當龐大的語言轉換計劃。如果《和平的國度》所提出的論點，其主要重點和概要是正確的話，那麼，很多時候，我們說話的方式，即我們的語言習慣，其實是會透露我們應要知道的事的。例如，我時常發現《和平的國度》有些句子的文法透露出這書的論點。例如，請思想這一句：「『成聖』只是一種用來提醒我們的方法，叫我們記得如果自己想要把耶穌的故事變成自己的故事時，就必須踏上怎麼樣的旅程」。[6] 在這句子中，「把⋯⋯變成」這動詞語氣太重。這一句本應寫成：「『成聖』只是一種用來提醒我們的方法，叫我們記得自己必須發現的旅程，上帝透過基督的生平、受死與復活，使到這旅程成為可能。」我希望大家閱讀《和平的國度》時，會找到自己需要重寫的句子。

鑒於這書所引發的論爭，這種重寫句子的練習尤其重要。當我說：所有「倫理學」都需要有「限定詞」，這句話不只是一句描述性的句語，用來談論我們可能遇上的各種倫理；我更盼望讀者會發現，這主張最終來說，會使一形而上學成為必須，即承認這一切都是被創造出來的。要解釋上述這兩個主張，如何互相關連，或許需要說明很多方面，我不敢說《和平的國度》已完全交代清楚；但我盼望自己在這書中所說的，已經足夠使讀者在聽到有人認為這些主張是彼此相關並因而產生興趣時，會進一步思索甚麼是需要再詳加說明的。我知道自己繼續關注這些問題，因這些問題明顯是我另外兩本書的核心，分別是《宇宙之道——教會的見證與自然神學》

（*With the Grain of the Universe: The Church's Witness and Natural Theology*）及《活現信仰——潘霍華與非暴力的踐行》（*Performing the Faith: Bonhoeffer and the Practice of Nonviolence*）。[7]

所以，儘管《和平的國度》原書的副題稱這書為「入門」（primer），但盼望不同的讀者——不論是剛開始神學反省的、抑或可稱得上是神學家的——都能從這書中獲益。尤達提議我在《和平的國度》中寫下自己思想的「導引」（basic introduction），但他卻從不打算自己寫同類的導引。尤達說我把《和平的國度》稱為「入門」，但入門所表示的三種意思，都跟這書格格不入。尤達談到《和平的國度》：

> 這書不是小學教育意義上的入門讀物，給一年級學生閱讀，因這書不是從頭開始說起，又沒依照課程編排的。第二，這書也不像是第一層的油漆，為要填補木材表面的小孔或提高金屬表面的黏著力，以便塗上第二層真正的顏料時，可黏合得更佳，這書不是這種意義上的入門。（第三）這書也不像是第一桶水，注入抽水機的水泵，潤滑活塞的皮帶，加強真空的吸力，從井底抽水上來。（韋氏〔*Webster's*〕辭典對「入門」這字有另外兩個解釋，但都不貼切。）無疑，有別於侯活士先前的著作，《和平的國度》是一氣呵成、以一整體來寫就的，但其實《和平的國度》也同樣具選擇性又別樹一格。假如我要寫一本類似的書，就真不知道會寫了甚麼出來。[8]

《和平的國度》的副題用上「入門」一語，我真希望可以把使用這形容詞的功勞歸給自己，但其實這是蘭福特的主意（他是聖母大學出版社的前社長），他建議把這書稱為「入門」，因我一寫成這書，便明顯可見這書不是導論課本（若「導論」是指到一本要介紹其他人思想的書）。但學生就算未曾長時間研究神學與倫理學，也可能讀得明白。我不肯定蘭福特認為「入門」這字有甚麼意思。即使尤達指出，「入門」這字不足以描述這書，但我認為尤達指到的三種意思，其實都可以用來形容這書的某些方面。不過，第三種意思特別有幫助，因如果這書打算是要達到甚麼目標的話，就是要「起動水泵」。所以，盼望初學者與老手閱讀這書時，都能有所獲益。

此外，我認為二十年後再讀這書，也有好處。當然，在一九八三年閱讀這書，跟現在再讀會很不一樣。在一九八三年，後現代主義仍未被公認為是一種新的智性發展。《和平的國度》肯定大大的受到反基礎主義（anti-foundationalism）影響，而有些人可能會把反基礎主義解讀成是現今後現代主義的先驅，但我不太有興趣這樣作出劃分。[9] 我遠為有興趣知道，今天的讀者，會怎樣理解我把罪解釋為一關乎神學的實現（theological achievement），或如何理解我不把「啟示」歸於認識論的範疇。我嘗試表明何以任何確當的基督論，都不可與作門徒分割，這想法到底會受到怎樣的評論？這是我同樣很有興趣知道的。這想法固然是我從尤達學到的功課，但我仍然奇怪何以極少人會像我一樣，覺得這功課十分重要。

我同樣很渴望知道，當代的讀者會如何理解《和平的國度》編排的方式。前三章都是「導論」，第四章才正式開始。然而我不得不設法先建立其概念架構，這是說，要在這書的前幾章帶出敘事與品格等概念，又不致看來是以自由派新教神學的方式建立某種人論式的起始點。我設法一開始寫作時，不致透露出之後的內容，同時又希望前幾章的內容寫得有趣，吸引人閱讀。因此，我決定在第二章介紹「學習做一個罪人究竟是甚麼意思」，但又恐怕會重蹈自由派的覆轍——特別是由於我使用萊因霍爾德．尼布爾對罪的解釋。

不過，我盼望自己在第三章，把罪解釋為自欺（尤其是這種解釋，要求對人類的行為作出一種與萊因霍爾德·尼布爾所前設的、截然不同的解釋），就足以叫我基本上與萊因霍爾德·尼布爾的神學立場，保持距離。[10]

按照同一思路，我盼望有些人會發覺我到了第六章才提出對德性的解釋。這書最初受到注視，是由於我嘗試重新提出，德性對倫理學是十分重要的。這是恰當的，因我確實想要在書中嘗試重申，想要對「怎樣才是活得好的人生」理解得更好，德性是十分重要的考慮因素。但我開始擔心有些人似乎認為「德性倫理學」可以代替其他正式的倫理學理論。因而我故意在論到教會的一章提及德性，為要強調：基督教的德性要依靠教會具體的踐行才可明確表現出來。據我所知，我在《和平的國度》中主張，如果我們想要正確理解基督教信仰的終末論的性質（或更好來說，是其天啟主義的性質），盼望與忍耐都是極重要的德性，[11] 但只有極少人曾討論過我這主張。這不意味著我認為阿奎那堅持愛是諸德行的形式（form of virtues），是說錯了；但我確實認為阿奎那沒有詳述盼望的重要性，以及盼望所必須具備的忍耐，這就意味阿奎那整體的觀點，在終末論方面是不足的。當然，阿奎那沒有忘記我們是客旅；但在阿奎那看來，我們對上帝國度的預期，是否會決定我們將來的境況如何，卻是不清楚的。

我擔心自己在這最後的幾段中，開始做了我答應自己不會在「後記」裏做的事，這是說，向讀者解釋你們剛剛讀完了的內容是甚麼。不過，我結束之前，想回答一個《和平的國度》的讀者經常會提出的問題。他們想知道那個在飛機上拒絕了空中小姐引誘的人是誰（原書頁 129 ~ 130）。那人是我。我沒有在書中指明那人是我，因我通常不會訴諸「自己的經驗」，也不想叫人留意我的「正直」，即使那已是妥協了的一種正直；但無論怎樣，我當時也已是盡力而為了。這點我盼望自己已講得夠清楚。

不過，我確實很重視要說出真理（或真相，下同），即使我不得不承認自己根本不肯定是否知道甚麼是真理；或我要講出真理，是否基於誠實求真以外的理由。然而，我盼望《和平的國度》的讀者可清楚肯定，這書是寫來幫助我們在這世界中承載真理的，因這世界是由謊話構成，或更糟糕，這是由真偽參半（half-truth）的語言構成。我相信非暴力與承載真理是不能劃分的。如果《和平的國度》的讀者看了這書後，能對這現象何以如此，有了多一點端倪，我就已經心滿意足。

註釋

龔序

1. Stanley Hauerwas and Samuel Wells ed., *The Blackwell Companion to Christian Ethics* (Malden, MA.: Blackwell Publishers, 2006) .
2. Stanley Hauerwas and Charles R. Pinches, *Christians Among the Virtues* (Notre Dame: University of Notre Dame, 1997) .
3. George A. Lindbeck, *The Nature of Doctrine: Religion and Theology in a Postliberal Age* (Philadelphia: Westminster Press, 1984) .
4. Richard H. Niebuhr, *Christ and Culture* (New York: Harper, 1951) .
5. Steven Shakespeare, *Radical Orthodoxy: A Critical Introduction* (London: SPCK, 2007) , 81 ～ 117.
6. Stanley Hauerwas, "Beyond the Boundaries: The Church is Mission," (Unpublished paper) .

中文版導讀

1. Samuel Wells, *Transforming Fate Into Destiny: The Theological Ethics*

of *Stanley Hauerwas*, foreword by Stanley Hauerwas (Carlisle, UK: Paternoster Press, 1998), 31.

2. 約拿單・威爾遜(Jonathan R. Wilson)著:《破碎世界裏的忠心教會:從麥金太爾的《德性之後》學習教會之道》,陳永財譯(香港:基道出版社,2008),頁 59。本書的英文版於一九八七年由 Trinity Press International 初版。
3. David W. Gill, review of *The Peaceable Kingdom*, by Stanley Hauerwas, in *Journal of the Evangelical Theological Society* 28, 4 D(1985):477.
4. Stanley Hauerwas, *Matthew*, Brazos Theological Commentary on the Bible(Grand Rapids, Michigan: Brazos Press, 2006), 75.
5. Gill, review of *The Peaceable Kingdom*, 477.
6. Howard J. Loewen, "Rethinking Christian Ethics: From Moral Decisions to Character Formation," *Direction* vol. 18, 1(Spring 1989):59～61.

原書序

1. John D. Barbour, "The Virtues in a Pluralist Context," *Journal of Religion* 63(1983), 178.
2. *Summa Theologiae* 2.-2. 182;比較 *Aquinas: Goal and Action*(Notre Dame, Ind.: University of Notre Dame Press, 1979), 165～167;見當中我所作出的註解。

153 第 1 章 破碎和暴力世界中的基督教倫理學

1. 這樣來談及這問題是會令人誤導的,因若堅持要有一個限定詞,就似乎假定了「倫理學」是一能先於那限定詞來加以確認的活動。可是,宗教傳統的情況肯定並不是這樣。不過,西方哲學傳統已發展出一種相對地融貫的「倫理學」論述,用來研究和分析美善的事。不過,這套傳統本身存有極大的分歧,肯定會阻礙任何想將倫理學成為一門整全學科的嘗試。
2. 所以,我們的學院和大學發展出醫學倫理學(medical ethics)、商業倫理學（business ethics）、法律倫理學（legel ethics）及職業倫理學（professional ethics）等課程，這些發展實在有趣。雖然這些課程本身並非壞事，但這些課程不能裝成可以為各種不同的活動提供一種充分的「倫理」，以確保各從業員會因修讀了這些課程便會「按倫理」行事。這並不是因為他們缺乏善良意志，而是因為「倫理學」的真正意思在本質上是一備受爭議的概念。

3. 有關對疑難倫理學的批判，見 Edmund Pincoff, "Quandary Ethics" in *Revisions: Changing Perspectives in Moral Philosophy*, ed. Stanley Hauerwas and Alasdair MacIntyre（Notre Dame, Ind.: University of Notre Press, 1983）, 92～111。
4. Alasdair MacIntyre, *After Virtue*（Notre Dame, Ind.: University of Notre Dame Press, 1983）, 1.
5. MacIntyre, *After Virtue*, 2. 對麥金太爾（Alasdair MacIntyre）這重要著作更詳盡的分析，見我和韋德爾（Paul Wadell）在 *The Thomist* 46/2（April 1982）, 313～322 中的評論。
6. Peter Berger, *The Heretical Imperative*（Garden City, N.Y.: Anchor Press, 1979）.
7. Berger, *The Heretical Imperative*, 25. 雖然我發現伯格（Peter Berger）的分析很具刺激性，但我不同意他某些方法論上的前設——諸如「似真性結構」這一重要的概念。
8. MacIntyre, *After Virtue*, 22. 154
9. MacIntyre, *After Virtue*, 30.
10. Immanuel Kant, *Foundations of the Metaphysics of Morals*（New York: Liberal Arts Press, 1959）, 39.
11. Aristotle, *The Nichomachean Ethics*, trans. Martin Ostwald（Indianapolis: Bobbs-Merrill, 1962）, 1094b15～27.
12. 有關這些議題的討論，見 Gene Outka and John Reeder ed., *Religion and Morality*（Garden City, N.Y.: Anchor Press, 1973）。
13. 科爾曼（John Coleman）在他最近一本很出色的著作中，便舉例說明這種張力。該作品是 *An American Strategic Theology*（New York: Paulist Press, 1982）。科爾曼比大多數人更清楚明白到，若天主教要對美國政體（polity）作出貢獻，就必須要維持一有紀律的羣體，但就美國的天主教徒而言，他們已同化於美國社會，而那種紀律的基礎則遭受到破壞。

14. 我並不是要否定信對理解宗教信仰和踐行的重要性，例如，見 Wilfred Smith, *Faith and Belief*（Princeton, N.J.: Princeton University Press, 1979）。伯勒爾（David Burrell）對這著作則有很精闢的評論：David Burrell, "Faith and Religious Convictions: Studies in Comparative Epistemology," *Journal of Religion* 63（1983）, 64 ～ 73。現代神學試圖要表明信是人類經驗一個不可避免的層面，故此，宗教信念不管是真是假，也是無可避免的。現代神學藉此從護教的角度來處理其神學目標，我所反對的正是這種現代神學的傾向。
15. 例如，見 Alasdair MacIntyre and Paul Ricoeur, *The Religious Significance of Atheism*（New York: Columbia University Press, 1969）。
16. 如萊辛（Gotthold Lessing）所說：「若果沒有歷史事實是可證明出來的，那麼，通過歷史事實，根本就不能證明甚麼。這是說：歷史的偶然性真理（accidental truths），永不可以用來證明理性的必然性真理（necessary truths）。」當然，我們只會認為後者才能夠維持一種真正的道德。我們好像萊辛一樣，沒注意到幾乎一切「理性的必然性真理」，在根本上都是沒趣味或是虛假的。"On the Proof of the Spirit and of Power," *Lessing's Theological Writings*, translated with an introduction by Henry Chadwick（London: Adam and Charles Black, 1956）, 53.

第 2 章　一種限定的倫理：基督教倫理學的敘事性質

1. Bernard Williams, *Morality: An Introduction to Ethics*（New York: Harper & Row, 1972）, 29 ～ 39.
2. Williams, *Morality*, 29.

155 3. Williams, *Morality*, 11. 另一個相似的論據，見我所寫的 "Learning to See Red Wheelbarrows: On Vision and Relativism", *Journal of the American Academy of Religion* 45（June 1977）, 644 ～ 655。
4. Williams, *Morality*, 3 ～ 4.
5. 見 David Solomon, "Rules and Principles," *Encyclopedia of Bioethics*, vol. 1., ed. Warren Reich（New York: The Free Press, 1978）, 407～413。

另可見 G. J. Warnock, *The Object of Morality*（New York: Methuen, 1971），其中會分析規則並其與德性的關係。

6. 見 Alasdair MacIntyre, *After Virtue*（Notre Dame, Ind.: University of Notre Dame Press, 1981）, 12。
7. 例如，福蘭克納（William Frankena）在其很具影響力的著作《倫理學》（*Ethics*）中，便乾脆假定「我（或我們）理應做甚麼？」這問題是最首要的。*Ethics*, 2nd ed.（Englewood Cliffs, N.J.: Prentice-Hall, 1973）, 12。
8. 例如，見福蘭克納和我在 *Journal of Religious Ethics* 3（Spring 1975）, 27～62 中的對話。
9. 較以上所提出的這些不同選擇的一個更全面的論述，見 Frankena, *Ethics*, 14～20。
10. 例如，見拉姆齊（Paul Ramsey）在其著作 *The Patient as Person*（New Haven: Yale University Press, 1969）中對立約的強調。
11. 這種立場的經典表達（雖則表達得過度簡化）仍然是弗萊徹（Joseph Fletcher）所寫的 *Situational Ethics*（Philadelphia: Westminster Press, 1966）。當然，拉姆齊在其著作中一開始便強調愛是基督教倫理學的核心概念，甚至是支配一切的概念。不過，拉姆齊被迫要在概念上使用勉強構想出來的「原則上之愛中的規則」（rule inprincipled love），使之與弗萊徹的立場作出劃分。例如，見 Paul Ramsey, *Deeds and Rules in Christian Ethics*（New York: Charles Scribner's Sons, 1967）, 117～144。雖然拉姆齊一開始便發展出立約忠誠（covenant fidelity）的主題，但直至在他後來的著作中，才為其基本洞見提供一個更恰當的表述。
12. 例如，見菲利普斯 （Anthony Phillips）在他所寫的 *Ancient Israel Criminal Law*（New York: Schocken Books, 1970）中對十誡的處理。
13. MacIntyre, *After Virtue*, 135. 另可見他在頁 163 以下的討論。
14. 有關敘事在神學中的位置，一個更全面的分析，可見 Michael Goldberg, *Theology and Narrative: A Critical Introduction*（Nashville: Abingdon, 1982）。
15. 信經通常會嘗試把各式各樣對那故事的論述作出區分，因而可從批判的角度引導我們更清楚知道哪些論述是並不足夠的。但信經並不決定**那**故事，彷彿那只是一個單一的故事。信經卻是標示出我們嘗試要忠於上帝時所要正確地留意到的那些故事。

16. Kenneth Schmitz, *The Gift: Creation*（Milwaukee: Marquette University
156 Press, 1982）, 47～48. 施米茨（Kenneth Schmitz）用這點來指出，我們存在之有天賦的特質，正是從無中創造（*creation ex nihilo*）這教義中利害攸關的問題。
17. Schmitz, *The Gift*, 56.
18. 我要感謝福伯特（Philip Foubert）幫助我在這些事上作出區分。
19. 例如，里克爾（Paul Ricoeur）獨具慧眼地主張：「沒有聖經的敘事是會僅作為敘事來發揮功能的。聖經的敘事會與其他論述的模式結合，從而取得其神學上、甚至原來的宗教意義。我在其他地方，已強調敘事和律法在律法書中不可分割的聯繫。律法會把敘事轉化成命令，而敘事則會把律法轉化成恩典禮物。然後，我們便會發現，希伯來的傳統不致會變成一種神祕化的意識形態，這歸功於其與預言之間辯證關係。另一方面，預言在敘事本身之內揭示出那些仍未實現的應許所帶的可能性，那些應許可把過去的故事重新校準（re-orient）而指向將來。此外，敘事為『新』時代的終末性預期（anticipation），提供一些意象和預表。為了預測將來，而以預表式的方法運用過去的故事，便可賦予那些敘事本身一種與原初講故事時截然不同的意義。此外，我們也必須考慮到智慧文學對那些敘事本身的衝擊，叫那些敘事從此以後展示出永遠帶有智慧話語特色的痕迹。敘事透過智慧而蛻變，加上為預期要來的時代而以預表式的方法運用過去的故事，就使到聖經的敘事脫離流行講故事的潮流。最後，那些敘事在宗教儀式的處境中再次演示（re-enactment），並透過讚美、哀悼和悔改的詩篇被再次重述，就使到那敘事和非敘事的論述模式之間那錯綜複雜的關係變得圓滿。因而，整個模式也可被視為是被分發在講故事和讚美這兩極之間。在新約的著作中，敘事和非敘事的信仰表達所帶有的辯證性既沒有減弱，也沒有被簡化。相反，用懷爾德（Amos Wilder）的說法，那「新的話語」（new utterance）產生一些新的對立（像是新與舊的對立、既濟與未濟的對立），這些張力給新約的敘事帶來一種特別的風格。當我們把純粹以宣道方式（Kerygmatic）表達信仰的最簡短的敘事，與符類福音傳統（synoptic

tradition）較長篇的敘事作出比較時，這些張力就會變得引人注目。在這傳統中，宣講和敘事的關係，似乎是在新約中索回舊約那讚美和敘事的的兩極化關係。」"Toward a Narrative Theology,"（Spring 1982）, 16～17；講於哈弗福德學院（Haverford College）。

20. 有關一個對敘事的特性及希伯來聖經的敘事藝術所作出的非凡論述，
見 Robert Alter, *The Art of Biblical Narrative*（New York: Basic Books,
1981）。奧爾特（Robert Alter）主張以色列的一神論與希伯來聖經中 157
所展示的敘事藝術帶有一內在的連繫，因前者必然會創造出一個空
間，致使意向性活動的展示變得不可缺少。雖然奧爾特對於「一神論
是聖經中對上帝的概念的標誌」的這種堅持是過分了，但他的基本要
點對我來說是正確的。

21. Reinhold Niebuhr, *The Nature and Destiny of Man*（New York: Charles Scribner's Sons, 1957）, 178～179.

第 3 章 論處於歷史性的狀態：踐行性、品格及罪

1. 由於現代倫理學強調自由，因而普遍會忽略了我們的本性對道德生命的重要性。然而，乃是我們的本性(尤其是以我們慾求的形式出現的)驅使我們要變得有道德。例如，慾（lust）肯定可能會帶來混亂，但也可叫我們追求某種生活方式，叫我們會關心一些事。因此，它是一種寶貴的資源，是我們所不能缺少的。
2. 康拉德（Joseph Conrad）在《諾斯特羅莫》（*Nostromo*）中對帝寇（Martin Decoud）的描寫，是他在這方面其中一個最引人注目的描繪。
3. Frithjof Bergmann, *On Being Free*（Notre Dame, Ind.: University of Notre Dame Press, 1977）, 57. 我要感謝伯格曼（Frithjof Bergmann）對這一章的論據所作的分析，而理由應該十分明顯。
4. Aristotle, *Nichomachean Ethics*, trans. Martin Ostwald（Indianapolis: Bobbs-Merrill, 1962）, 1114b1～7.
5. Stanley Hauerwas, *Character and the Christian Life*（San Antonio: Trinity University Press, 1975）, 115.
6. Gene Outka, "Character, Vision, and Narrative," *Religious Studies Review* 6/2（April 1980）, 112.

7. Alasdair MacIntyre, *After Virtue* (Notre Dame, Ind.: University of Notre Dame Press, 1981) , 202.
8. Timothy O'Connell, *Principles for a Catholic Morality* (New York: Seabury, 1978) , 59.
9. O'Connell, *Principles for a Catholic Morality*, 60.
10. O'Connell, *Principles for a Catholic Morality*, 60.
11. O'Connell, *Principles for a Catholic Morality*, 62.
12. O'Connell, *Principles for a Catholic Morality*, 63.
13. O'Connell, *Principles for a Catholic Morality*, 64.
14. O'Connell, *Principles for a Catholic Morality*, 65.
15. Charles Taylor, *Explanation of Behavior* (Atlantic Highlands, N.J.: Humanities, 1964) . 在我看來，這書是能為這幾點作出最佳辯護的著作之一。

158 16. Richard Bondi, " Fidelity and the Good Life, " Ph. D. Dissertation: University of Notre Dame, 1981, 162. 我要感謝邦迪 (Richard Bondi) 對我較早期就品格與踐行性的關係所作出的一些公式化表達而提出的批判。

17. MacIntyre, *After Virtue*, 204.
18. MacIntyre, *After Virtue*, 206.
19. MacIntyre, *After Virtue*, 207.
20. David Evans, *Struggle and Fulfillment* (Philadelphia: Fortress, 1981) . 埃文斯 (David Evans) 提供了一個極具說服力的論述，指出我們生命中充滿著對人的不信任。從一欣賞又批判的角度對埃文斯的立場所作出的評論，見邦迪和我所寫的 " Language Experience, and the Life Well-lived: A Review of the Work of Donald Evans, " *Religious Studies Review* 9/1 (January 1983) , 33 ～ 37。
21. O'Connell, *Principles for a Catholic Morality*, 71.
22. 巴特 (Karl Barth) 對驕傲和懶怠的論述在當代神學中仍未被人超越。他正確地指出，惟有在耶穌的真正謙卑及其作為上帝彌賽亞所作的工作之中，我們的驕傲和懶怠才會被揭示出來，而這兩者就是我們的罪。見 Karl Barth, *Church Dogmatics*, IV/1 trans. G. M. Bromiley (New York: Charles Scribner's Sons, 1956) , 413 ～ 478，以及 *Church Dogmatics,* IV/2 trans. G. M. Bromiley (Edinburgh: T. & T. Clark, 1958) ,

378 ~ 498。

第 4 章 論在中間開始：自然、理性以及神學倫理學的任務

1. 我們仍缺乏一部令人滿意的天主教道德神學發展史。雖然天主教道德神學應當受到很多批評，但批評者通常只是抨擊天主教道德神學乃一種滑稽模仿（caricature），而不是抨擊天主教道德神學的踐行本身。不過，這情況部分是由於天主教道德神學往往以滑稽模仿的方式呈現，因其欠缺用來形容自身豐富活動的途徑。有關道德神學的簡史，見 Timothy O'Connell, *Principles for a Catholic Morality*（New York: Seabury, 1978）, 10 ~ 19。下述是一本對理解天主教和新教倫理學之間的議題所無可取替的資料：James Gustafson, *Protestant and Roman Catholic Ethics*（Chicago: University of Chicago Press, 1980）。
2. 例如，見 Karl Barth's *Church Dogmatics*, II/2（Edinburgh: T. & T. Clark, 1961）。巴特（Karl Barth）在書中堅持「倫理學的一般概念與罪的概念正不謀而合」（頁 518）。
3. 對新教基督教倫理學的發展更詳盡的論述，見我的文章"On Keeping Theological Ethics Theological" in *Revisions: Changing Perspectives in Moral Philosophy*, ed. Stanley Hauerwas and Alasdair MacIntyre（Notre 159
Dame , Ind.: University of Notre Dame Press, 1983）16 ~ 42。
4. 甚至，「聖經倫理」這說法與「聖經神學」同樣會令人誤導，因這兩種說法也指到一種聖經根本不具有的統一性。關於表明聖經的多元性之神學含義，有一重要的嘗試，見 Paul Hanson, *The Diversity of Scripture: A Theological Interpretation*（Philadelphia: Fortress Press, 1982）。
5. 有關《神學大全》（*Summa theologica*）的結構，見 M. Dominigu Chenu, O.P., "Introduction to the Summa of Saint Thomas," *Theorist Reader: Texts and Studies*（Washington, D.C.: The Thomist Press, 1958）。
6. 我最先從哈特（Julian Hartt）那裏學會以這種方式來表達這問題。特別見他所寫的 *Christian Critique of American Culture*（New York: Harper & Row, 1967）。強調基督教信念的實踐性，並不是要否定形而上的主張也會牽涉其中。當然，神學主張也會涉及對實在的形而上描繪——例如指出這世界是有限的。不過，我強調語言的實踐性，

是希望藉以提醒我們「有限性」並不只是一存有論的主張，也是一道德主張。

7. “Decree on Priestly Formation”, *Documents of Vatican II*, ed. Walter Abbott (New York: America Press, 1966), 452.
8. O'Connell, *Principles for a Catholic Morality*, 39～40.
9. O'Connell, *Principles for a Catholic Morality*, 40. 有些人或會覺得我挑出奧康奈爾(Timothy O'Connell)加以批判並不公平，因他只是代表一種天主教徒中很普遍會持守的立場。不過，我集中論到奧康奈爾，因他可以將很多人只能暗示或含糊其詞地表達的東西清楚寫明出來。此外，他這本書十分暢銷，這亦意味著很多人會認同他的立場，故我要嘗試指出自己與他相異的地方。
10. O'Connell, *Principles for a Catholic Morality*, 20～29.
11. O'Connell, *Principles for a Catholic Morality*, 35.(文字的強調為作者所加。)奧康奈爾在這方面的主張，在當代神學中是很廣泛地獲得認同的。耶穌因而是「為別人而活的人」或「捨己之愛」的模範。這些主張的問題，在於會叫人難以理解耶穌的受死，因耶穌不只是由於想要捨己才要受死。無疑，羅馬人(及一些猶太人)視耶穌為一個政治上的威脅。若是把一切強調都落在耶穌作為「像基督的人物」(Christ figure)或上帝永恆恩典的榜樣之上，就會失去福音書的終末論架構，而離了這架構，就沒法明白耶穌對國度的宣講。
12. 柯倫(Charles Curran)藉著抽出他稱為「五重的基督教奧祕：創造、罪、道成肉身、救贖，以及復活的命途(resurrection destiny)」，而尤其傾向如此的抽象概念。*Moral Theology: A Continuing Journey* (Notre Dame, Ind.: University of Notre Dame Press, 1981), 38。柯倫似乎假定
160 這些抽象概念的意義是很清楚的，而神學家的任務，基本上就是明白不可因過於強調某些概念而犧牲了另一些概念——所以有人說「有些新教神學家否定創造的美善」(頁 39)。但問題卻在於到底創造或罪的意思是甚麼，以及到底這種觀念是怎樣從基督教傳統中取得其可理解性。柯倫運用這些術語，使到這些術語變成無生命的抽象概念。

這並不是要否定「自然」對於神學反省來說是一根本的範疇，但雖然如此，這又並不意味著自然有一種整全性，足以維繫一種獨立自主的倫理。就上帝創造了我們能以領受祂的恩典來說，我們是

「自然的」。因而，我們本性上（即按上帝的旨意來說）是可不依靠上帝的活物。可是，我們的本性必然仍是未完全的，因在本性上，我們本身並不自足。自然作為一個神學概念，總會是模稜兩可的，因這是作神學反省所必不可少的條件，然而自然本身卻是不可能用可理解的方式作展示或分析的。我能以此方式表達這問題，有賴拉希（Nicholas Lash）教授的啟發。

13. 指出下面一點會很有意思：當有人為了支持某種普遍性的倫理而把創造和救贖、自然與恩典等視為最首要時，就會傾向接受暴力是一種基督徒行事的合法方式。因有人會斷言基督徒必須為「創造」負責任，即使是要使用暴力。此外，那所成就的「救贖」會變成一種理想，並且會抽離於耶穌的生平和教導來加以說明。所以，雖然耶穌的救贖被申明了，但仍沒做到必須認真按照祂的教導來引導自己的生命。但耶穌的「救贖」與祂的教導卻是帶有連續性的，除非我們認真看待耶穌的教導，否則就不能明白耶穌的救贖所含有的意思。
14. Joseph Fuchs, "Is There a Specifically Christian Morality?" in *Readings in Moral Theology, No. 2: The Distinctiveness of Christian Ethics*, ed. Charles Curran and Richard McCormick (New York: Paulist Press, 1980), 5～6.
15. Fuchs, "Is There a Specifically Christian Morality?", 7.
16. Fuchs, "Is There a Specifically Christian Morality?", 8.
17. Fuchs, "Is There a Specifically Christian Morality?", 15.
18. Richard McCormick, "Does Faith Add to Ethical Perception," in *Readings in Moral Theology, No. 2: The Distinctiveness of Christian Ethics*, ed. Charles Curran and Richard McCormick, 169.
19. 例如，見我對紐豪斯（Richard Neuhasu）的言論的回應："Christianity and Democracy," in *Center Journal* 1/3 (Summer 1982), 42～51。
20. McCormick, "Does Faith Add to Ethical Perception," 157.
21. 大多數的基督教系統神學也忽視了這議題。尤達（John Howard Yoder）比任何人更致力要重新建立教會—世界範疇的重要性和首要性。例如，見 John Howard Yoder, *Christian Witness to the State* (Newton, Kansas: Faith and Life Press, 1977)。
22. 「要寬恕我們的仇敵」這命令，肯定最能令人想到「基督教倫理學是人的倫理學」這主張有多誤導。人的倫理學是以自衞的合法性的假設為基礎的，而大多數對自然律式倫理學的論述，也會把合法生存視為道德原則的來源。從另一角度來說，基督教倫理學則會嚴厲地限定這種「慾求」。

23. Alasdair MacIntyre, *After Virtue*（Notre Dame, Ind.: University of Notre Dame Press, 1981）, 202.
24. MacIntyre, *After Virtue*, 205.
25. McCormick, "Does Faith Add to Ethical Perception," 157.
26. Gerald Hughes, *Authority in Morals*（London: Heythrop College, 1978）, v ～ vi.
27. Hughes, *Authority in Morals*, 5.（文字的強調為筆者所加。）
28. 例如，參考伯勒爾（David Burrell）對類比論據（analogical argument）的論述。見 David Burrell, "Argument in Theology: Analogy and Narrative," in *New Dimensions in Philosophical Theology*, ed. Carl Raschke（Chico, Calif.: Scholars Press, 1982）。伯勒爾主張：「模稜兩可的表達與類比的表達之間的分別，乃在於是否具系統地使用這些表達——這是說，要去表明很多表達的用法是如何能與某一種用法連繫起來。我們只需舉出一個例子，就能做到這方面。然而，由於例子不會在一般情況下產生——像在幼稚園中的上台說故事（show-and-tell）一樣——而是要敍述出來的，我們在舉例子時，其實就是在講故事。」

    另可見 Nicholas Lash, "Ideology, Metaphor, and Analogy," in *The Philosophical Frontiers of Christian Theology*, ed. B. Hebblethwaite and S. Sutherland（New York: Columbia University Press, 1982）。作者極其仔細地論述敍事和形而上學的關係。
29. Gilbert Meilaender, "Against Abortion: A Protestant Proposal," *The Linacre Quarterly* 45（May 1978）, 169.
30. 為著一些原因，那些關注「神諭論」（Divine Command theory）的有效性的人，會堅持對這簡單的事實不予理會。
31. Stanley Hauerwas, *Vision and Virtue: Essays in Christian Ethical Reflection*（reprint, Notre Dame, Ind.: University of Notre Dame Press, 1981）, 2.

32. 我極意識到此處所提到的議題，需要一更全面的詮釋學討論，這是過於我所能提供的。不過，有關這個議題，一個我在情感上十分認同的立場，見 Charles Wood, *The Formation of Christian Understanding: An Essay in Theological Hermeneutics* (Philadelphia: Westminster Press, 1981)。伍德 (Charles Wood) 討論到正典性的性質，在我看來尤其令人獲益良多。例如，他指出：「正典的格式本身可能已顯示出其一部分的運作模式。人們把正典視為一整體時，其敘事元素的中心性就難以忽視：不單是按時序之連綿的整體 —— 從創造到新的創造 —— 162
包括各式各樣的事件和發展，這些事件和發展有時會被稱作『拯救歷史』(salvation history)，還可看見較宏大的敘事部分如何交織起來，為其他餘下的材料提供一個脈絡，以致這些材料也可在那進行下去的故事中佔一席位，而這些其他材料 (比喻、詩歌、祈禱、摘要、神學解釋) 也會以不同的方式發揮功用，叫讀者能以掌握那故事，並投入故事中來生活。正典這整體的敘事特性，加上其被選定為是上帝的話語，就令人想到正典似乎可被理解成一故事，而上帝就是這故事的『作者』。這故事描繪到一些真實的事件和人物，揭示出這些事件和人物與上帝及上帝之旨意的關係；這故事最終會涉及和敘述到全人類和一切事件，再靠著上帝的靈的大能被人述說和聆聽，就成了上帝自身作決定的自我揭示 (self-disclosure) 的載體。上帝不單是這故事的作者，也是故事中的主角；以致這故事被述說出來的時候，我們就明白上帝是誰。而由於上帝不單是這故事的作者，也是主角，故這故事的揭示就是上帝的自我揭示了。我們認識到上帝就是在這故事背後、又是在這故事當中的那位。如此理解的正典，可以成為基督徒見證的規範，但並不是靠著提出一些簡單的經文敘述來測試其他敘述，亦不是靠著提供某種另類的理想，卻是靠著提醒那羣體記得自己擁有承載上帝話語的身分。」(頁 100 ～ 111)
33. 一個更全面地表達出這建議的，見 Patrick Sherry, "Philosophy and the Saints," *Heythrop Journal* 18 (1977), 23 ～ 37。

第 5 章　耶穌：和平國度的臨在

1. 僅舉一例，見 A. E. Harvey, *Jesus and the Constraints of History*

(Philadelphia: Westminster, 1982), 84。

2. 耶穌對國度所作的強調本身並非獨一無二，如弗雷尼(Sean Freyne)提出：「根據使徒行傳五章 33 至 39 節，好像保羅的老師迦瑪列一世(Gamaliel I)這麼具影響力的法利賽文士，也預備由得那新運動順其自然，以嘗試證明那運動是否從上帝而來。在昆蘭(Qumran)，公義教師(the teacher of righteousness)和他的跟隨者清楚地在自身的羣體中經歷到新時代的臨在，他們描寫新時代的臨在為『立約，就是上帝在大馬士革(Damascus)的地上與以色列人永遠所立的約』。第一世紀由此至終也有一羣奮鋭黨的領袖宣稱自己就是彌賽亞，並快要發動對抗邪惡的最後聖戰……所以，宣講上帝現在已作王統治，並
163 已展開行動(甚至説已到其最後階段)，其實根本不是令人吃驚的新事。*The World of the New Testament* (Wilmington, Del.: Michael Glazier, 1980), 139。
3. 見弗米斯(Gerza Vermes)對用基督論的語言來分析福音書所提出的警告。Gerza Vermes, "The Gospels without Christology," in *God Incarnate: Story and Belief*, ed. A. E. Harvey (London: SPCK, 1981), 55～68。可能有人會反對，指出保羅的寫作明顯可反駁此處所作的主張。不過，我會主張，雖然保羅書信沒有好像福音書一樣提供耶穌生平的詳細資料，但他的書信實際上是以這些細節為前設的。此外，保羅的救贖計劃——他的終末論——乃是與上帝的故事完全一樣，即將耶穌出生至復活視為對那計劃的融貫一致所不可缺少的。
4. Athanasius, *The Incarnation of the Word of God* (New York: Macmillan, 1946), 34.
5. 我要感謝格里爾博士(Dr. Rowan Greer)這樣來詮釋古教父對道成肉身的理解。
6. Ernest J. Tinsley, *The Imitation of God in Christ* (London: SCM Press, 1960), 31.
7. Tinsley, *The Imitation of God in Christ*, 35.
8. Tinsley, *The Imitation of God in Christ*, 55.
9. 此處廷斯利(E. J. Tinsley)是摘自 H. H. Rowley's *The Unity of the Bible* (New York : Meridian, 1957), 25。
10. Tinsley, *The Imitation of God in Christ*, 61.

11. Tinsley, *The Imitation of God in Christ*, 86 ~ 87. 我極力強調耶穌和以色列的延續性，可能會令人覺得誤導，尤其是從這書的中心主題來看（即非暴力），就更是如此。希伯來聖經描寫戰爭和暴力，仍舊支持很多人所死抓住的一幅含糊、但仍很有力的圖畫：舊約的上帝是那位有忿怒和會報仇的上帝，而相比新約的上帝，祂則是有憐憫和慈愛的。但諷刺的是，抓住這幅圖畫的人，通常會訴諸於希伯來聖經，為基督徒認可戰爭而作出辯解。若要向這種對希伯來聖經的戰爭理解發出挑戰，就超過了本書的討論範圍了。不過，有一個仔細用論據證明上述的觀點在釋經上何以會令人懷疑的研究，見 Millard Lind, *Yahweh is a Warrior: The Theology of Warfare in Ancient Israel*（Scottdale, Pa.: Herald Press, 1980）。林德（Millard Lind）主張：「耶和華是戰士，但不是靠祂的子民作軍隊而作戰的，卻是用神蹟的方法來爭戰的；『並不是用你的刀，也不是用你的弓』（書二十四 12）。當我們論到神蹟時，乃是指到一種以色列人自己無法控制的拯救行動，並超過任何人類踐行性之操縱。以色列人有時會在耶和華作出行動之後才與敵人爭戰，卻是事倍功半，就可清楚地突出這種信念；信是指到以色列要依靠耶和華的神蹟來保護他們，而不是依靠士兵和武器。作為踐 164
行者在耶和華的作為中，與其說是戰士，不如說是先知。（頁 23）

12. John Howard Yoder, *The Original Revolution*（Scottdale, Pa.: Herald Press, 1971）, 1 ~ 32. 因而，尤達（John Howard Yoder）主張：「人要悔改，並不是要感覺難受，而是要改變思想。新教（或尤其是福音派的新教）很注重要幫助所有人在具備充足意識和誠懇的狀態下作出自己真實的抉擇，也許會不斷使人將國度本身與國度所帶來的好處混淆了。如果有人悔改，轉去以新的生活方式跟從耶穌，就會叫他漫無目的的人生起了變化。那人會得著團契的相交，其孤單感也會有所改變……所以，布特曼（Rudolf Bultmann）和葛培理（Billy Graham）的支持者認為：『福音』就是去傳講人可得著恢復的自我，並擺脫焦慮和罪疚，他們並沒有說錯……**但這一切並不是福音**，都只不過是額外的好處，就像你買肉時、肉販用來包起那塊肉的包裝紙一樣，如果我們先求上帝的國和祂的義，『這一切』都會加給我們，我們不必費心。」

13. Donald Mickie and David Rhoads, *Mark As Story*（Philadelphia: Fortress

Press, 1982), 109.

14. Mickie and Rhoads, *Mark As Story*, 111.
15. 我們現時憂慮核子戰爭可能會滅絕一切生靈，在某些方面來說，使到我們的情況與早期基督徒的情況相似。例如，見我所寫的 "Nuclear Disarmament," *NICM Journal* 8, 1 (Winter 1983), 7 ~ 16。
16. Harvey, *Jesus and the Constraints of History*, 71 ~ 72.
17. Harvey, *Jesus and the Constraints of History*, 91. 哈維 (A. E. Harvey) 主張：「新約學者看來最後也同意，耶穌的國度講論 (Kingdom-sayings) 包含一些說話，既必然是指到將來，又必然是指到現在。這些學者傾向會論到這是處於『既濟』和『未濟』(already but not yet) 的張力之間；甚至，每當耶穌用上「上帝的國度」這說法時，這種張力總是無可避免的。因在現實中沒有比這抽象名詞更能與那『上帝是王』的事實聲明相呼應，而『上帝是王』這聲明本身，也同樣帶有現在和將來的張力。上帝此時此刻作王，信徒都不會否認。但若問到究竟上帝是否已經完全作王？究竟我們現在所知的世界，又是否祂作王的完美典範？持守聖經傳統的信徒都必定會指出，在某種意義上，上帝仍未作王。上帝的受造物仍未全部接受祂的國度……那『既濟』和『未濟』之間的張力，是一種學術上的張力，生活的經驗或耶穌的教導中，都沒有任何內容可與之真正對應。」
18. John Riches, *Jesus and the Transformation of Judaism* (London: Darton, Longman & Todd, 1980), 93 ~ 94. 林德的著作則會更全面地論述到這種對聖戰傳統的理解。

165 19. Riches, *Jesus and the Transformation of Judaism*, 95.
20. Harvey, *Jesus and the Constraints of History*, 86.
21. Harvey, *Jesus and the Constraints of History*, 51.
22. 耶穌與祂當時各種形式的猶太教到底有多少延續性和非延續性？這問題不容易解決。無疑，大部分耶穌的信息，是與以色列就他們與上帝的關係所經已發現的認識是帶有延續性的，而最關鍵的分別，則在於現在那關係轉到耶穌這人的生命上，就使到祂在好些截然不同的方面上，與祂當時各式各樣的團體發生衝突。如弗雷尼 (Sean Fryne) 指出：「耶穌宣告上帝會臨到作王統治，又是眾人的天父，而人們已可於耶穌自己的生命和位格中體認上帝的臨在。耶穌如此宣告，就削弱了各式各樣在猶太教內發明出來的系統，這些系統控制上帝的臨在、並控制如何親近那種臨在。對法利賽人和撒都該人這類團體來說，這些系統埋藏著真實的巴勒斯坦人生活中的能力來源，而愛色尼派（Essenes）和奮鋭黨（Zealots）等團體也想藉著這些系統得到權力。由於耶穌的宣稱意味著另一些可尋求上帝的途徑；或更好地說，是意味著另一些上帝臨到眾人的途徑，是可脱離和獨立於一切團體及他們的程序來達成的，再加上眾人也覺得耶穌的宣稱十分吸引，於是耶穌就明顯地對每一個團體及其哲學所需要的存在理由帶來打擊。耶穌以上帝對自己子民那最終和不能改變的應許之名義來做這些事，就令那些團體無法容忍了。」見 *The World of New Testament*, 140。

23. Riches, *Jesus and the transformation of Judaism*, 106.
24. Yoder, *The Original Revolution*, 42.
25. 有關一個就寬恕與我們重述自己歷史的能力之間的關係的經典論述（卻通常被忽視了的），見 H. R. Niebuhr, *The Meaning of Revelation*（New York: Macmillan, 1960）, 82～90。
26. Rowan Williams, *Resurrection*（London: Darton, Longman & Todd）, 49.
27. Williams, *Resurrection*, 85.

第 6 章　僕人羣體：基督教社會/社羣倫理學

1. 這種觀念的經典陳述，仍是 G. H. Mead, *Mind, Self, and Society*（Chicago: University of Chicago Press, 1934）。哈羅德（Howard Harrod）近來嘗試重申這種洞見，並同時保留一種踐行性的意識，可見他所寫的 *The Human Center: Moral Agency in the Social World*（Philadelphia: Fortress Press, 1981）。
2. 這種對權威的理解與德性之統一性的問題之間，有一種極重要的關係，卻不常被人關注。我不相信德性對個人或羣體而言會形成一
統一性，因根本不可能從德性中衍生或整理出任何單一的原則。因 166
此，美善的羣體也不可能排除分歧和潛在的衝突。甚至，如果教會要有必不可少的資源，是足以忠於那構成「聖經」之多方面的故事的話，就需要有真正多樣化的德性和相對應的生命。

3. John Howard Yoder, *The Original Revolution*, (Scottdale, Pa.: Herald Press, 1971) , 116.

那被稱為「世界」的實在，明顯是一極其複雜的現象。在新約中，「世界」通常會被用來指那種不參照上帝旨意來組織和運作的秩序。在約翰的著作中，這情況尤其真確。然而，聖經仍形容世界是上帝所愛的對象（約三 16），甚至在約翰壹書中，耶穌被稱為「世界的救主」（四 14）。所以，即使在約翰的著作中，世界也沒有被描寫為是與上帝的同在和/或美善的秩序完全隔絕的。我們可能會試圖假設自己清楚知道哪一些可經驗到的對象（即是政府、社會等）就是等同於約翰所描述的，但這種假設乃是試探，也會帶來極大問題。所以，我才認為尤達把教會與世界有別的基礎定位在踐行者，而不是存有論上的秩序或建制，實在很有智慧。這樣做可清楚表明：（1）教會和世界的分別存在於所有的踐行者，因而，那些明顯與教會認同的人，並沒有可自以為義的根據；（2）很多人稱為「必然的」（necessities），必須被接受為是構成「世界」的主要部分（像是暴力），但這只是因為我們不忠，情況才會變得如此。所以，當世界忠於其作為上帝的救贖對象的本性時，才可以不必借助暴力來管治和取得秩序。

4. 我此處明顯是倚仗理查．尼布爾（H. R. Niebuhr）的著作，尤其是他所寫的 *The Responsible Self*（New York: Harper & Row, 1963）。

5. 古斯塔夫森（James Gustafson）所寫的 *Treasure in Earthen Vessels*（New York: Harper & Row, 1961）仍然是對教會作為一「自然」的建制所作出的最佳分析。此外，古斯塔夫森所寫的 *The Church as Moral Decision-Maker*（Philadelphia: Pilgrim Press, 1976），則從規範的方向發展這種洞見，非常有參考價值，卻是常被人忽略了。

巴特（Karl Barth）巧妙地歸納出我此處想要捍衛的基本立場，他說：「基督教羣體必須要根據自己的訓導（upbuilding）和章程（constitution），向公眾和一切人類的社羣作見證，這就是他們對公眾的培育、運作和維護所能作出的最具決定性的貢獻。基督教羣體不能在世界中直接描繪出耶穌基督（祂也是這世界的主和救主）或上帝國度的和平、自由和喜樂，因這羣體本身只是一個人類的社羣——
167 就像其他社羣一樣運作，彰現上帝。但基督教羣體以它在其他社羣中存在的形式存在時，就能夠和必須提醒他們身邊的世人，想起上帝國度的律法，已在耶穌基督裏在地上設立了，並應許在將來會彰顯出來。事實上，不管基督教羣體自己是否認識到這方面，他們也能夠並應該向世人表明地上已存在一種秩序，乃是以人類狀況的巨大改變為基礎的，並指向其所彰現的。Karl Barth, *Church Dogmatics,* IV/2 trans. G. M. Bromiley（Edinburgh: T. & T. Clark, 1958）, 721。在後幾頁中，巴特提議，「如果基督教羣體想像在耶穌基督裏所成就的人類成聖的工作，只會達到他們自己中間和信徒的聚會之中，並且沒有教會以外（*extra muros ecclesiae*）的相對應的影響的話，便會完全抵觸他們對自己的主所作的認信了。」（頁 723）

儘管教會是一自然的建制，也決不會減低他們對自己所身處的社會的要求——其中最要緊的，就是要求可以自由傳講福音。沒有社會或國家（政府）會遠離上帝到一個地步，在原則上無法承認這主張的合法性。當然，教會所享有的「自由」的形式可以有很大的差別，無疑那些業已把教會要有自由的必要性，變成賦予教會或宗教特別的法律地位的社會，暗示著這類法律地位，通常會導致教會任性地失去自由。若要求教會要有自由，這要求永遠是對教會自身所作出的要求（要求教會成為一羣足夠獨特的人，叫人覺得他們的「自由」十分吸引），而並不是對社會所作出的要求。

6. James Gustafson, *Christian Ethics and the Community*（Philadelphia: Pilgrim Press, 1971）, 153～163. 所有人際關係也會要求並喚起某種信任的感覺，這表明德性為何需要敍事的解說（narrative construal）。因若沒有敍事的解說，我們行善所必須有的真正技能，可為我們那些最具毀滅性的能力所用。我們意識到這點，很多時就會試圖避免信任任何人或任何事，於是便會變得從屬於那最壓制性的暴君——這暴君就是我們自己。
7. 所以，尤達（John Howard Yoder）主張：「在任何時候，克制不用暴力，總是比接受使用暴力來得可取；但耶穌最首要譴責的，並不是暴力，而是譴責那種驅使人身不由己去侵犯別人尊嚴的意圖。重點不是指出，人不必用暴力的途徑就能達到人一切合法的目的，而是在於每當我們無法用立法的途徑來達到這些合法的目的時，我們都要預備好放棄這些目的，而這種預備好的心態，本身就叫我們參與在羔羊得勝的受苦之中了。」*The Politics of Jesus*（Grand Rapids, Mich.:

Eerdmans, 1972）, 243～244。

8. Yoder, *The Original Revolution*, 121. 將尤達這觀點與諾瓦克（Michael
186 Novak）對天主教主教就解除核子武器的事上所作出的批評作比較，會很有啟發性。諾瓦克明確地斷定：「基督教信仰沒有教導我們依靠神蹟」。"Making Deterrence Work," *Catholicism in Crisis* 1/1（November 1982）, 5。
9. 我這種處理問題的方式，是借用范布倫（Paul van Buren）所寫的 *Discerning the Way*（New York: Seabury Press, 1980）。
10. 如韋利蒙（William Willimon）所說：「聖餐是一個『使人成聖的宗教禮儀』（sanctifying ordinance），聖餐亦是一延續性、必需性，以及可得到上帝所賜予之能力、神聖共享、確認及澆灌恩典的記號。上帝不斷在我們的生命中作工，藉以塑造我們的品格，又使之成聖。成聖就是當我們願意這樣看待自己生命的重要性：惟有自己的生命被塑造成上帝給我們的形象時，我們的生命才算重要。在保羅看來，那形象總是與教會、社會和羣體有關的。我們專心回應這成為聖徒的呼召時，便會發現自己被這扣人心弦的恩典修正了自己的思想、感情、視野和行為。我們變得被視為是一羣用另一種方式關心這世界的人，與那些沒有被如此修正的人截然不同。我們漸漸會擺脫以自身天生的自我中心、獨斷獨行的方式來看世界，直至我們成為自己所宣稱的那種人。我們是與別不同的。」*The Service of God: How Worship and Ethics are Related*（Nashville: Abingdon Press, 1983）, 125。
11. Enda McDonagh, *Doing the Truth: The Quest for Moral Theology*（Notre Dame, Ind.: University of Notre Dame Press, 1979）, 40～57.
12. Vincent Donovan, *Christianity Rediscovered*（Maryknoll, N.Y.: Orbis Books, 1982）, 125. 我要感謝福伯特（Philip Foubert）叫我留意多諾萬（Vincent Donovan）這本引人入勝的著作。
13. Donovan, *Christianity Rediscovered*, 127.
14. Enda McDonagh, *Church and Politics*（Notre Dame, Ind.: University of Notre Dame Press, 1979）, 27.
15. Yoder, *The Original Revolution*, 165～166. 有關尤達對民主的神學地位的更全面分析，見"The Christian Case for Democracy," *Journal of Religious Ethics* 5（Fall 1977）, 209～224。
16. McDonagh, *Church and Politics*, 34.

17. 麥克多納(Enda McDonagh)強調國家(state)與社會之區分的重要性,這說得相當正確,因毫無疑問,為確保可得到一些更接近公義的社會秩序,這種區分是至關重要的。此外,還有種種理由,可推想國家與社會的區分(即是假設社會是一個比統治機關更重要的道德實在〔moral reality〕,因而使到後者是要服從和服務前者),這是由於基督徒對羅馬帝權(Roman imperium)的權威所發出的挑戰而引起的。可是,我們並不能就此斷定,相比起其他社會秩序,教會與那些似乎在理論上可維持一個「有限」國家的社會秩序有更重大的利害關係。因沒有國家會比那些聲稱會保障我們的自由不被「國家控制」的國家,來得更要求我們在一切方面上都忠於國家。見 McDonagh, *Church and* 169
Politics, 29～39。
18. McDonagh, *Church and Politics*, 69.
19. 基督徒在多大程度上,可以或不可以參與在一社會的政府中,並不可能在原則上作出斷定,卻是要視乎個別社會和其政府所有的特性和性質而定。大多數政府的功能(即使在軍事上)也不需依靠脅迫和暴力,所以基督徒或許可以在某些社會中任職警察、獄警等。不過,最要緊的是,基督徒要致力幫助社會培養出一種羣體和建制,使政府能以不借助暴力來作統治。

第 7 章　決疑法:一種敘事的藝術

1. Mary Douglass, *Purity and Danger: An Analysis of Concepts of Pollution and Taboo* (London: Routledge and Kegan Paul, 1966), 39. 拉姆齊(Paul Ramsey)在 "Abortion: A Review Article," *The Thomist* 37/1 (January 1973), 203 中也喚起對努爾人(Nuer)的關注。
2. 確實,從這角度來看,問題是在於我們作為人應會有甚麼種類的疑難。具有德性的人並非沒有疑難,但他們所面對的**那種**疑難,乃是因應他們到底是哪一種人。
3. Alasdair MacIntyre, "Theology, Ethics and the Ethics of Medicine and Health Care," *Journal of Medicine and Philosophy* 4/4 (December 1979), 437.
4. 因而,亞里士多德(Aristotle)提到我們惟有按照正義的人的方式行事，才會變得正義。*The Nichomachean Ethics*, trans. Martin Ostwald（Indianapolis: Bobbs-Merrill, 1962）, 1105a25 ~ 1105b10。

5. 雖然我不肯定默多克（Iris Murdock）曾在甚麼著作中這樣説過，但我可以肯定這段話是出自她。特別見她所寫的 *The Sovereignty of Good*（New York: Schoken Books, 1970）。
6. John Howard Yoder, "What Would You Do If ?" *Journal of Religious Ethics* 2/1（Fall 1974）, 82 ~ 83.
7. Yoder, "What Would You Do If ?", 86.
8. Yoder, "What Would You Do If ?", 87.
9. Yoder, "What Would You Do If ?", 90.
10. Yoder, "What Would You Do If ?", 94.
11. Yoder, "What Would You Do If ?", 96 ~ 97.
12. Yoder, "What Would You Do If ?", 99.
13. Yoder, "What Would You Do If ?", 100 ~ 101.

170 14. Yoder, "What Would You Do If ?", 101.

15. 捍衛這種對摩耳（Thomas More）生平的詮釋，見謝弗（Thomas Shaffer）和我所寫的文章 "Hope Faces Power: Thomas More and the King of England," *Soundings* 61（Winter 1978）, 456 ~ 479。
16. 可能有人會反對，指出這問題其實根本與説謊無關，而是關乎犯姦淫，因我的朋友可以與那空中小組幽會片刻，回家再將真相告訴妻子。我的朋友或可以這樣做，他的妻子也甚至可能會接受他的不忠。但重點是，我朋友的妻子不應接受這種「真相」，因我的朋友和他妻子都不應對婚姻抱有比應有之要求更低的期望。從這種意義來説，由於犯姦淫會令人想起基督徒在婚姻中所要求的那種忠誠，此乃婚姻作為一種誠實真誠的制度所必須有的條件，這問題才關乎到犯姦淫。所以，我所舉出的例子，確實是要根據一種規範性的婚姻觀，我沒有在此處為這種婚姻觀作出辯解。不過，這是一個我會捍衛的觀點立場，因我相信婚姻中忠誠的問題與真確性的問題乃是息息相關的。
17. Yoder, "What Would You Do If ?", 101.
18. 古斯塔夫森（James Gustafson）比任何人都更全面地建立了道德論述（moral discourse）的重要性，見他所寫的 *The Church as Moral*

Decision Maker（Philadelphia: Pilgrim Press, 1970）。約翰遜（Luke Johnson）在他所寫的 *Decision Making in The Church Biblical Model*（Philadelphia: Fortress Press, 1983）中，透過分析使徒行傳，以說明初期教會如何透過一個敘事過程來作出其決定。所以，在使徒行傳第十五章中，惟有根據哥尼流信主的事件來看，才能明白耶路撒冷大會所作出的決定。

19. Aristotle, *The Nichomachean Ethics*, 1098a5 ～ 1098b7.

20. 例如，伍德（Charles Wood）提醒我們，「理解一份文本」並不是一件單一的事，也不能用任何一種方法準確地刻劃出來。反之，理解（understanding）其實掩藏著各式各樣的能力，而這些能力是可從不同的方式表現出來的。所以，我們要去理解基督教，這任務可能會顯得比我們想像中來得還要艱鉅。在伍德看來，情況會是如此，乃是由於「基督教所教導的好些核心觀念，都是一些相當複雜、根源自存在的觀念，需要人先有某些形式的道德和情感成長，方能學會這些觀念。感恩或喜樂等觀念也有觀念上的先決條件，例如感恩的能力是以那人對自己和別人有一特定的意識為前提的，而喜樂的能力則以那人有能力去關心為前提。所以，人若想要學會這些基督教別具一格的觀念，藉以『理解基督教』，就必須對人類的存在作出相當密集和徹底的學習，尤其是若那人在這些方面一向只是受到斷斷續續的教育，情況就更是如此。」*The Formation of Christian Understanding: An Essay in Theological Hermeneutics*（Philadelphia: Westminster, 1981），24 ～ 25。

21. 「鮮活的記憶」（lively memory）會不斷透過類比的比較（analogical
comparison），以測試我們的道德觀念。因決疑法只不過是透過不斷 171
根據一些新的情況組合和／或按照某些觀念與其他觀念的關係，以測試這些觀念，藉以更詳盡討論這些觀念的含義。舉一個例，呼吸治療（respiration therapy）的發展，確實要求我們再思安樂死意味著甚麼，或更好來說，可有助我們更明白到，在禁止安樂死的事上，在道德上利害攸關之處，然後再必須考慮安樂死與自殺有何相似或相異之處；亦必須討論自殺和安樂死到底是否都算是謀殺。最後，既然我們相信上帝（並非我們自己）才是我們生命最終的主，就不能避免在神學上討論這些奪去性命的形式何以與我們上述的確信有關，這問題正是可能決定為何以某些形式來由得人死去，並**不應**被稱為安樂死。

我要感謝施米特（David Schmidt）提醒我類比對決疑法的重要性。

第 8 章　悲劇和喜樂：締造和平的靈性生活

1. H. Richard Niebuhr, "The Grace of Doing Nothing," *Christian Century* 49 (March 23, 1932), 378 ~ 380.
2. Reinhold Niebuhr, "Must We Do Nothing?" *Christian Century* 49 (March 30, 1932), 415 ~ 417.
3. H. Richard Niebuhr, "The Grace of Doing Nothing," 378.
4. H. Richard Niebuhr, "The Grace of Doing Nothing," 379.
5. H. Richard Niebuhr, "The Grace of Doing Nothing," 379.
6. H. Richard Niebuhr, "The Grace of Doing Nothing," 379.
7. H. Richard Niebuhr, "The Grace of Doing Nothing," 380.
8. Reinhold Niebuhr, "Must We Do Nothing?" 416.
9. Reinhold Niebuhr, "Must We Do Nothing?" 416.
10. Reinhold Niebuhr, "Must We Do Nothing?" 416.
11. Reinhold Niebuhr, "Must We Do Nothing?" 417.
12. Reinhold Niebuhr, "Must We Do Nothing?" 417. 萊因霍爾德．尼布爾（Reinhold Niebuhr）堅持以自己的說法來描繪理查．尼布爾（H. Richard Niebuhr）那「純愛」（pure love）的立場，實在很有趣。理查．尼布爾在自己的文章或著作中並沒有採用這說法，只是發展出對終末論的強調。所以，他們兩兄弟更深的分別，不在於對非暴力作為基督徒生活規範的看法，而是牽涉到一些基本的神學用語，而那些神學用語則為基督徒對世界的理解設置背景。所以，理查．尼布爾寫了一封信回應他哥哥的文章，在信中提出的問題，其實並不關乎選擇行動還是不行動，因他們其實是在論到兩種不同形式的行動。「在我看來，最根本的問題在於，到底是否與我哥哥所說的一樣，即『人類歷史是一個不斷重複的悲劇』，而這悲劇惟有從一個在歷史以外的目的才能取得意義？還是，我所致力支持的終末論信仰才是無可非議的？在這種信仰中，悲劇只是最終實現（fulfillment）的前奏，也是由於人性所必然會有的一個序幕；上帝的國度必會來到，但究竟我們會否看見這國度，就取決於我們是否察覺到這國度的臨在，又視乎我們是否接受那種惟一可叫我們能夠進入那國度的生命，就是悔改和寬恕的生命。」"A Communication: The Only Way into the Kingdom of God," *Christian Century* 49 (April 6, 1932), 447。

13. 麥卡恩(Dennis McCann)眼光獨到地處理萊因霍爾德·尼布爾的觀點，認為他提供了一些神學上的理由，以證立一種足以維繫一種能夠實現的基督教社會/社羣倫理的靈性生活，見 Dennis McCann, *Christian Realism and Liberation Theology* (Maryknoll, N.Y.: Orbis Books, 1981)。
14. Reinhold Niebuhr, "Must We Do Nothing?" 417.
15. 進一步對這議題的反思，見我所寫的"On Surviving Justly: An Ethical Analysis of Nuclear Disarmament," *Religious Conscience and Nuclear Warfare,* ed. Jill Raitt (Columbia, Missouri: University of Missouri, 1982)。
16. 就暴力如何是處於社會生活的基礎所作出的非凡論述，見 René Girard, *Des choses cachées depuis la fondation du monde* (Paris: Grasset, 1978)。
17. 我要感謝桑托里(Edward Santouri)幫助我明白到悲劇感與那種認為「道德生命內在固有地涉及悲劇困境」的主張之間有何分別，前者不必然會帶來後者那種強烈的主張，但我仍相信，我們若要對自己道德上的存在作一充分的論述，就必須對悲劇性的選擇作出一些論述。

    論到悲劇怎樣可以限制德性的論述，巴伯(John Barbour)提出一極有趣的論述，其觀點亦十分重要：由於悲劇的獨特性質本身，我們不能「選擇」去抱持一種「對人生的悲劇感」，因惟有當悲劇不是由人自己所選擇，而是迫於無奈才發生時，這才是真正的悲劇。所以，我不是在建議基督徒應抱持或應當有一種「悲劇感」，而是想指出，我們已立志要活出一生命，這生命使到悲劇無可避免必會發生。所以，我們需要有耐性以面對悲劇，並盼望可以避免悲劇。見 John Barbour, "Tragedy and Ethical Reflection," *Journal of Religion* 63/1 (January 1983), 1～28。
18. Reinhold Niebuhr, *Beyond Tragedy* (New York: Charles Scribner's Sons,

1937), 169.

19. 仍沒有其他人能比起亞里士多德(Aristotle)更優秀地論到快樂，雖然他的說法常會被人誤解。因按亞里士多德所描繪，快樂至終與其說是一些我們渴求的東西，不如說是在人生活得美好幸福後才會
173 得到的東西，那就是一已被正確的德性所正確地塑造的生命。例如，見 J. L. Ackrill, "*Aristotle on Eudaimonia*," in *Essays on Aristotle's Ethics*(Berkeley: University of California Press 1980), 15 ~ 34。巴特(Karl Barth)的倫理在很多方面與亞里士多德的論述截然不同，但巴特的倫理也接通了喜樂的觀念，實在有趣。*Church Dogmatics* III/4, (Edinburgh: T. & T. Clark, 1968), 373 ~ 385。
20. Reinhold Niebuhr, *Beyond Tragedy*, xi.
21. 見 Rowan Williams, *Wound of Knowledge*(London: Darton, Longman & Todd, 1979)，此書很出色地論到基督教傳統中的靈性生活。勞溫．威廉斯(Rowan Williams)一貫的主題，是去探討基督教的靈性生活，在哪些方面上很容易會變成一種逃避的方法，而不是一些忠心跟隨基督的途徑。勞溫．威廉斯主張：「如果我們想找出基督徒身分在歷史上有何意義，就必須著眼於這我們稱之為『靈性生活』所帶有的反思和質問的方面，至少要好像我們著眼於系統神學的程度一樣多，雖然這兩者是截然不同的。我們在這點上，就幾乎能最清楚地看見基督徒所經歷的那種張力：既肯定人類和偶發性，但又全然拒絕作為被造物之中保性(creaturely mediation)。一方面來說：道是肉身，並以肉身(即是在歷史的傳統中、在與個人的相遇中，以及在物質的聖禮中)溝通。道重新塑造人類存在的可能性，叫我們在公共(社會和歷史)的世界中，創出一羣新人類。另一方面：就在那釘十字架和復活的極大危機和革命中，道成了肉身才被人認出來。世人拒絕這道，將祂釘在十字架上；惟有當我們看見這世界中沒有地方容得下這道時，才明白到祂就是上帝的話、就是那隱藏和超越之創造者的道。**然後**，也惟有這樣之後，我們才能又看見、又聽到，又經歷到那位創造的上帝之嶄新、復活和恩典，並經歷到從絕對否定和絕望中所得著的新生命。基督徒的和平，是在天父和祂兒子耶穌中間的和平，是人與人之間的和平，又是相遇和恩賜之間的和平；這種和平會**包含**沒有盼望和空虛的時刻，就是那十字架的時刻，再把這時刻與生命交織

起來。」(頁 177～178)。

22. David Burrell, "Contemplation and Action: Personal Spirituality / World Reality," *Dimesnsions of Contemporary Spirituality*, ed. Francis A. Eigo, O.S.A. (Philadelphia: Villanova University Press, 1982), 152.
23. Burrell, "Contemplation and Action: Personal Spirituality / World Reality," 160.

後記：寫於原書出版的二十年後

1. 不過，其實我在《和平的國度》也有從正面的角度評論自然律的(原書頁 120)，但由始至終，這都時常被人忽略。其實，我總是假定神學上必須有某種自然律的論述，基督教道德生活的論述才令人滿意。我只是反對把自然律變成必不可少的「基礎」，而藉此推演神學主張。
2. *Vision and Virtue: Essays in Christian Ethical Reflection* (Notre Dame, Ind.: University of Notre Dame Press, 1981)；*Character and the Christian Life: A Study in Theological Ethics* (Notre Dame, Ind.: University of Notre Dame Press, 2001)；*Truthfulness and Tragedy: Further Investigations in Christian Ethics* (Notre Dame, Ind.: University of Notre Dame Press, 1977)；*A Community of Character: Toward a Constructive Christian Social Ethic* (Notre Dame, Ind.: University of Notre Dame Press, 1981)。《識見與德性》(*Vision and Virtue*)最初由菲德斯出版社(Fides Press)出版，見於一九七四年的《品格與基督徒生活》(*Character and the Christian Life*)中。《品格與基督徒生活》是我論文的修訂本，一九七五年由三一大學出版社(Trinity University Press)出版。《識見與德性》由菲德斯出版社出版，《品格與基督徒生活》由三一大學出版社在德州聖安東尼奧(San Antonio, Texas)出版，顯示當年我這年青學者，認為由哪一間出版社出版自己的作品都不太相干。菲德斯出版社是在印地安納州南岸(South Bend, Indiana)的一間小型出版社，寬大為懷，願意出版無名年輕神學家的作品。今天很多年輕學者為尋求終身職業，「第一本書」都要由「信譽昭著」的大學出版社出版，但我並沒有這種際遇(三一大學出版社當年願意出版《品格與基督徒生活》，但就當時情況來說，這出版社未算很有地

位）。在一九七〇年代，這種傲慢的風氣已經「存在」，我只是沒有承襲。換句話說，我是個不夠合羣的年青學者，而不是「專業學者」。我不介意由誰來出版我的著作。即使有點不夠謙卑，我認為自己有話要說，可改變我們的思想方式，而我不在意自己那些不得不說的話究竟會以甚麼方式「傳開」。我說出這段話，是要「多謝」過去包容我的各位，願意出版我早期的作品。

3. 現在出版了：John Berkman and Michael Cartwright ed., *The Hauerwas Reader*（Durham, N.C.: Duke University Press, 2001）。《和平的國度》與《侯活士讀本》（*The Hauerwas Reader*）相比，哪一本書才是認識我作品的最佳途徑，必不能由我這人來下判斷。我確實認為很多人會覺得，卡特賴特（Michael Cartwright）的"Stanley Hauerwas's Essays in Theological Ethics: A Reader's Guide"（*The Hauerwas Reader*, 623～671）是很有用的導論，清楚介紹我的作品。
4. 有關我的思想發展，最出色的論述，見：Samuel Wells, *Transforming Fate into Destiny: The Theological Ethics of Stanley Hauerwas*（Carlisle: Paternoster Press, 1998）。韋爾斯（Samuel Wells）發現我的著作有七個轉移：從疑難到品格，從品格到故事，從故事到羣體，從羣體到教會，從空間到時間，從悲觀到諷刺。韋爾斯指出我結合了這一切主題，令人思想學習過基督徒的生活，可以如何促使命運變成命途(fate to destiny）。我覺得韋爾斯的論述極具啟發性，但我必須承認，自己從未對自己所寫的東西，能達致如此清晰的理解程度。
5. 我忍不住要「解釋」為何我會用上「失去控制權」來容形做基督徒是甚麼意思。我這樣說，某程度上由於我感到灰心。我想當時《和平的國度》的書評與後來的討論，也沒有留意到我很著重這一形容。說到「失去控制權」，我是指：基督徒失去了社會地位與政治力量，以致無法控制事情。我盼望指出，基督徒「失去控制權」後，就能打開新的機會，幫助我們明白到，當人不再去問「如果我們要做個負責任的人，如何能相信福音？」的時候，人才能最清楚得聽福音。說到「負責任」，人們通常是指到要控制這個或那個社會組織（通常這是指到「政府」）時需要做的事。基督徒一意識到我們不再控制事情，我們的想像力便可能得到釋放，領會我們無法控制自己的生命。我認為這種意識是必須的起步點，然後我們才可能承認上帝是上帝，而我們不是上帝。基督徒沒有這種領會，就不可能欣賞到堅持基督教非暴力所能產生的力量。非暴力使我們失去控制權，叫我們需要彼此依靠，而藉著這種依靠，我們發現自己不曾知道自己擁有的資源。讀者若是剛讀完了《和平的國度》，我盼望文中指出的這些連繫，沒有破壞了你們驚喜的心情。若我破壞了你們驚喜的心情，我提議你們再讀一次這書，看看實際上我剛帶出了的連繫是否真的「存在」，這應會十分有趣。

6. Stanley Hauerwas, *The Peaceable Kingdom: A Primer in Christian Ethics*（Notre Dame, Ind.: University of Notre Dame Press, 1983）, 94.
7. *With the Grain of the Universe: The Church's Witness and Natural Theology*（Grand Rapids, Mich.: Brazos Press, 2001; London: SCM Press, 2002），這書是由我於二○○一年在聖安德烈大學（University of St. Andrews）吉福德講座（Gifford Lectures）發表的講義編輯而成的。我認為自己的著作都彼此相關，但也假定自己不必然是明白這些連繫如何運作的最佳人選。不過，我從沒間斷要建立這些連繫。吉福德講座是為「自然神學」而設，而這些講課提供我所需要的機會，給我講清楚自己的著作形而上的層面。*Performing the Faith: Bonhoeffer and the Practice of Nonviolence*（Grand Rapids, Mich.: Brazos Press, 2003），在此書中，我嘗試從更具體的方向進一步探究前書一開始的反省，這比我在吉福德講座中所能做到的更深入。
8. John Howard Yoder, *For the Nations: Essays Evangelical and Public*（Grand Rapids, Mich.: Eerdmans, 1997）, 9.
9. 我用既認真又不認真的角度論述後現代主義，見我所寫的 "No Enemy, No Christianity: Preaching Between 'Worlds,'" in *Sanctify Them in the Truth: Holiness Exemplified*（Nashville: Abingdon, 1998）, 191 ～ 200；以及 "The Christian Difference: Or, Surviving Postmodernism," in *A Better Hope: Resources for a Church Confronting Capitalism, Democracy, and Postmodernity*（Grand Rapids, Mich.: Brazos Press, 2000）, 35 ～ 46。
10. 我不是暗示萊因霍爾德．尼布爾（Reinhold Niebuhr）不能體會我們的生命有多深地陷於自欺中，萊因霍爾德．尼布爾肯定曾寫到自欺的問題，而且寫得很有影響力；反而，我指出萊因霍爾德．尼布爾論述我們的生命時，並不欣賞到亞里士多德與阿奎那對人類活動提到的分析，以及並不欣賞到何以這二人會認為：我們想明白如何能習慣於德性時，這些論述極其重要。

11. 有關尤達與我的著作帶有的天啟主義性質，這方面極其重要的論述，見：Douglas Harink, *Paul Among the Postliberals: Pauline Theology Beyond Christendom and Modernity*（Grand Rapids, Mich.: Brazos Press, 2003）。

索引的頁碼為英文原書頁碼，而原書頁碼已標於正文兩旁。

索引

三劃

四劃

五劃

六劃

七劃

八劃

九劃

十劃

十一劃

十二劃

十三劃

十四劃

十五劃

十六劃

十七劃

十八劃

十九劃

二十二劃